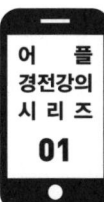

무비스님 新 금강경강의

불광출판사

차 례

머리말		008
금강경 강의에 들어가면서		010

제1분..	법회가 열린 인연[法會因由分]	019
제2분..	선현善現이 법을 청하다[善現起請分]	028
제3분..	대승의 바른 종지[大乘正宗分]	035
제4분..	아름다운 행위는 머물지 않는다[妙行無住分]	044
제5분..	그러한 이치를 사실대로 보다[如理實見分]	052
제6분..	바른 믿음은 희유하다[正信希有分]	059
제7분..	얻음도 없고 설함도 없다[無得無說分]	071
제8분..	법에 의하여 출생하다[依法出生分]	079
제9분..	하나의 상도 상이 없다[一相無相分]	087
제10분..	세상을 장엄하다[莊嚴淨土分]	100

제11분.. 무위의 복이 수승하다[無爲福勝分] 112

제12분.. 올바른 가르침을 존중하다[尊重正教分] 121

제13분.. 여법하게 받아 지니다[如法受持分] 128

제14분.. 상을 떠난 적멸[離相寂滅分] 143

제15분.. 경을 지니는 공덕[持經功德分] 171

제16분.. 업장을 깨끗이 맑히다[能淨業障分] 184

제17분.. 철저히 아我가 없다[究竟無我分] 195

제18분.. 한 몸으로 동일하게 보다[一體同觀分] 213

제19분.. 법계를 모두 교화하다[法界通化分] 227

제20분.. 사물도 떠나고 형상도 떠나다[離色離相分] 233

제21분.. 말도 말할 것도 없다[非說所說分] 241

제22분.. 법은 얻을 수 없다[無法可得分] 249

제23분.. 텅 빈 마음으로 선행을 하다[淨心行善分] 255

제24분.. 복과 지혜는 비교할 수 없다[福智無比分] 261

제25분.. 교화하되 교화하는 바가 없다[化無所化分] 269

제26분.. 법신은 형상이 아니다[法身非相分] 276

제27분.. 아주 없는 것이 아니다[無斷無滅分] 284

제28분.. 누리지 않고 탐하지 않는다[不受不貪分] 291

제29분.. 위의가 조용하다[威儀寂靜分] 299

제30분.. 하나로 된 이치의 모습[一合理相分] 304

제31분.. 지견을 내지 않는다[知見不生分] 312

제32분.. 응·화신은 진신이 아니다[應化非眞分] 320

머리말

날이 갈수록 세상은 더욱 어지럽고 복잡다단하여집니다. 사람들이 살아가기에는 모든 것이 편리해진 것 같으나 옛날에 비해서 훨씬 더 어렵고 문제가 많습니다. 심지어 세상의 빠른 변화와 혼란스러움을 따르지 못하여 정신에 이상을 일으키는 사람들도 적지 않습니다. 아마 하루하루 시간이 지날수록 그 도는 더욱 심해질 것입니다.

　이와 같은 시대 상황에서 불교는 무엇으로 세상의 혼란을 조금이라도 치유할 수 있을까요. 불교에서 그 해답을 찾으려고 해도 불교 역시 너무나 복잡다단합니다. 말할 수 없이 방대한 팔만대장경八萬大藏經에서 그 실마리를 찾기가 대단히 어렵습니다. 그래서 고민 끝에 단 한 권의 책으로 반드시 의지해야 할 인류의 교과서적인 경전으로 선택한 것이 금강경金剛經입니다. 이 한 권의 가르침이면 세상이 아무리 변하고 그 변화에 따른 고통과 문제들이 많다 하더라도 마치 벼락을 치듯이 단박에 고통과 문제들을 말끔히 씻어버리고 안락하고 편안한 해탈감解脫感과 인생으로 태어난 보람을 한껏 누리게 합니다.

예컨대 저 당唐나라 육조 혜능六祖慧能 스님은 시장에 나무를 팔러 왔다가 이 금강경 한 구절을 듣고는 곧바로 나뭇짐을 내려놓고 인생의 다이아몬드를 한 짐 짊어지고 돌아간 예도 있습니다. 이 금강경을 마주하는 독자들도 유심히 정성을 다해서 읽으신다면 반드시 한 권의 종이로 된 책을 내려놓고 다이아몬드를 한 짐 얻을 것입니다.

그동안 금강경 강의본講義本 수백 가지가 세상에 출판되었습니다. 그러나 그것은 어제의 일이고 오늘은 또 오늘의 사람들에게 오늘의 문제를 해결할 새로운 강의가 필요합니다. 부처님의 가르침은 언제나 문제 해결의 원칙만을 제시하였습니다. 구체적인 해결 기술은 그때그때마다 그 시대 사람들이 풀어내야 합니다.

그래서 새로운 강의를 시도해 보았습니다. 이것은 시대적 요구라고 할 수 있습니다. 불교를 공부하는 사람들은 언제나 그 시대에 적절한 번역과 해석을 수시로 내놓아야 하리라 생각합니다. 그래야 부처님의 가르침이 언제 어느 때나 살아 있는 활불교活佛敎, 인간 불교, 인간 보리菩提로 거듭 빛을 발할 것입니다.

책을 출판하기까지 많은 분들의 정성과 노고에 감사의 마음을 표합니다. 특히 불광출판사의 관계자 여러분들에게 심심한 감사의 뜻을 전합니다. 부디 이 인연 이 공덕功德으로 모든 분들에게 금강경의 태양처럼 빛나는 지혜로 모든 문제들을 말끔히 해결하여 대 자유를 누리길 빕니다.

2010년 가을 금정산 범어사 화엄전에서
여천무비如天無比 씀

금강경 강의에
들어가면서

●

빛나는 지혜로 삶의 문제를 해결하는 가르침

　금강경金剛經의 원 제목은 '금강반야바라밀경金剛般若波羅蜜經', 범어로는 Vajra-Prajñā-Paramita-Sūtra입니다. '금강'은 다이아몬드, '반야'는 지혜, '바라밀'은 '저 언덕에 이르다' 또는 '모든 일들을 다 해결하다', '경'은 가르침이라는 뜻입니다. 금강반야바라밀 낱낱의 뜻을 다 연결하면 "다이아몬드와 같이 견고하고 날카롭고 빛나는 지혜로써 모든 삶의 문제들을 해결하는 가르침"입니다.

　'모든 삶의 문제'에는 우리가 일상에서 겪고 있는 아주 사소한 것에서부터 인간이면 누구나 다 겪게 되는 근본적인 고통이자 가장 큰 고통이라 할 수 있는 늙고 병들고 죽는 고통이 있습니다. 어찌 보면 세상살이는 문제의 연속이라 할 수 있습니다. 누구든지 눈을 뜨면서부터 자잘한 문제, 굵직굵직한 문제를 해결하면서 살아가고 있습니다. 그런데 다이아몬드와 같이 견고하고 빛나는 지혜의 가르침으로 이 문제들을 모두 다 해결할 수 있다는 것입니다.

금강경을 일러 "벼락과 같은 가르침이다."라는 다이내믹한 표현도 합니다. 벼락을 치듯이 이 반야경의 가르침을 통해서 우리 삶의 모든 문제들을 한꺼번에 해결해버린다는 뜻입니다. 금강경을 제대로 이해하면 해결하지 못하는 문제가 없다는 것입니다. 반야는 깨달음의 지혜를 뜻하고, 바라밀은 '모든 문제를 다 해결하다'라는 뜻이 포함되어 있습니다.

경전의 제목에는 그 경의 주된 내용이 함축되어 있습니다. 제목을 잘 이해하면 그 경전에서 가르치는 뜻을 일목요연하게 알 수 있습니다. 그래서 경전 제목만 사경하고 외워도 본문 전체를 사경하는 것에 버금가는 공덕이 있고 효과가 있다고 합니다. 법화경 같은 경우 경전 제목을 외우는 종단까지 있을 정도이니, 제목에 얼마나 큰 뜻이 담겨 있는지 알 수 있을 것입니다. 그렇기 때문에 경전을 공부할 때 먼저 제목에 마음을 깊이 기울여야 합니다.

◉

집착을 깨뜨리면 진정한 행복이 열린다

화엄경의 대의는 통만법通萬法 명일심明一心, 이 세상 일체 만법을 통괄해서 하나의 마음을 밝히는 것이고, 법화경은 회삼승會三乘 귀일승歸一乘, 삼승을 모아서 일승으로 돌아가는 것이라고 합니다. 금강경의 대의는 한마디로 파이집破二執 현삼공現三空, 나[我, 주관]와 남[法, 객관]이라고 하는 두 가지 집착을 깨뜨려서 세 가지 공[我空·法空·俱空]을 나타낸다는 말입니다. 두 가지 집착은 아집과 법집을 말합니다. 나[我]

에 집착하는 것은 아집이고, 나 이외의 다른 것에 집착하는 것은 법집이라고 합니다. 나도, 나 이외의 다른 것인 법도 고정 불변하는 실체는 존재하지 않습니다. 이것을 분석하거나 경험을 통해서 아는 것은 성문이나 연각이고, 보살의 수준이 되면 그대로 당체 즉 공이라는 것을 압니다.

내가 공하다는 것도 알고 법이 공하다는 것도 알면, 즉 일체 모든 것이 공하다는 것을 알면 깨뜨릴 것도 없지요. 그런데 나와 남이라고 하는 이 두 가지 집착 때문에 문제가 야기됩니다. 그래서 주관과 객관을 깨뜨려서 자유롭고 해탈된 삶을 누리고자 하는 것이 금강경의 큰 뜻입니다. 우리 인생이 공한 줄 알고, 무상한 줄 알아서 매사에 가뿐한 사람, 집착하지 않는 사람은 금강경을 잘 아는 사람이라 할 수 있습니다.

"아유일권경我有一卷經하니 불인지묵성不因紙墨成이라 전개무일자展開無一字하니 상방대광명常放大光明"이라는 게송이 있습니다.

우리는 종이에 담긴 경전을 베껴 쓰기도 하고 읽기도 하면서 공부를 하고 있습니다. 하지만 그것은 진짜 경전을 만나기 위한 하나의 매개체 역할을 하는 것이라고 이해해도 좋습니다. 위의 게송이 일깨워주고 있듯이 진짜 경전은 종이에 있지 않습니다. 한 글자도 없지만 항상 큰 광명을 놓고 있는 것을 누구나 다 한 권씩 갖고 있습니다. 이렇듯 살아 있는, 생명이 넘치는 경전을 늘 중심에 두고 봐야 비로소 흔들리지 않고 삿되지 않습니다. 그럼 진짜 경전이 뭐냐? 스스로 해야 할 일을 할 줄 알고, 부르면 대답할 줄 알고, 시간 되면 잠자리에 들 줄 아는 것, 참 신기하지 않습니까? 이보다 더 위대한 게 세상에 무엇이 있습니까?

혹여 그동안 남은 가졌는데 나는 갖지 못했다 해서 속상해 한 일이 있다면 문제될 것이 없습니다. 내게 있는 한 권의 경전, 이미 우리가 가지고 있는 것만으로도 무량대복을 누릴 수 있습니다. 이미 갖추고 있는 무량대복을 누리고 풍요로움을 누리는 길을 알기 위해서 부처님 공부, 금강경 공부를 하는 것입니다.

부처님께서는 금강경에서 가장 행복하게 잘 사는 길을 분명하게 열어 보여주셨습니다. 금강경의 대의에서 알 수 있듯이 잘못 알고 있는 나, 잘못 알고 있는 세상에 대한 집착을 깨뜨릴 때, 삶의 온갖 장애들도 다 깨지고 진정으로 행복한 삶, 영원한 기쁨의 삶이 열리는 것입니다.

◉
이미 갖춰진 보물을 깨닫는 공부

불교 경전을 일컬어 흔히 팔만대장경이라 합니다. 매우 방대한 경전을 편집 시기와 내용에 따라 두 가지로 분류하는데, 첫째는 전통적인 관점 다시 말해서 교상판석敎相判釋이라고 하는 입장이 있고, 두 번째는 근세에 서양학문의 영향을 받아 정립된 교리발달사적인 관점에서 살펴보는 입장이 있습니다.

전통적으로 오시교五時敎라 하여, 부처님 일대시교를 화엄시, 아함시, 방등시, 반야시, 법화열반시 등 다섯 시기로 나누어서 설명합니다. 이것은 천태지자 스님이 팔만대장경을 섭렵하고 나눈 것입니다. 그 후로도 많은 스님들이 여러 가지로 교상판석을 하였습니다만, 천

태오시교가 가장 대표적이고 타당성 있는 분류법으로 인정받고 있습니다.

부처님께서 처음에 깨달으시고 나서 21일 동안 법희선열을 누리며 설하신 것, 즉 부처님의 정신세계를 그대로 그려놓은 것이 화엄경입니다. 최초화엄삼칠일最初華嚴三七日이라고 표현하지요. 그런데 부처님께서 깨달으신 경지를 그대로 설하다 보니 너무 수준이 높아서 아무도 알아듣는 사람이 없었다고 합니다.

그래서 부처님께서 유치원생도 알아들을 수 있게 수준을 낮춰서 처음부터 다시 시작하겠다는 마음을 가지고 12년이라고 하는 긴 시간 동안 설하신 것이 아함경입니다. 여기에서 사람이면 누구나 겪을 수 있는 고통과 해결방법에 대한 것을 소상하게 설명해 주셨지요.

그러고 나서 어느 정도 수준이 높아지니까 방등경을 8년간 설하셨고, 그다음 21년간 가장 긴 세월 동안 설하신 것이 600권 반야부 경전입니다. 21년이라는 긴 세월 동안 설하셨으니 얼마나 방대한지 알 수 있을 것입니다. 금강경은 바로 이 반야부 경전에 해당됩니다.

그러고 나서 법화경과 열반경을 8년간 설하시고 대열반에 드셨습니다. 이것을 법화경 신해품에 나오는 궁자의 일생과 연관시켜서 이야기하기도 하는데, 금강경은 영지보물반야시令知寶物般若時라 하여 보물에 해당됩니다. 금강경 공부는 부처님의 보물을 알아차리고 지니는 것, 곧 우리 인생의 진정한 가치를 체득하고 실천하는 길임을 마음에 새겼으면 합니다.

다음은 교리발달사적인 관점에서 살펴볼 수 있는데, 서양 학문을 도입하면서 일본 사람들이 팔만대장경을 서양식으로 재정리한 것이 소위 교리발달사적인 관점에서 보는 것입니다.

부처님 당시와 부처님 열반 후 100년 내지 200년 가까운 시대를 근본불교시대 혹은 초기불교시대 간혹 원시불교시대라고도 표현하는 경우도 있습니다. 그다음은 불교의 부파가 상좌부上座部와 대중부大衆部 둘로 나눠진 부파불교部派佛敎시대입니다. 부처님께서 열반하시고 200년 내지 300년의 세월이 흐르다 보니, 부처님의 가르침 중에서도 각자 성향에 따라서 좋아하는 내용이 다르고, 생활규범에 있어서도 조금씩 견해를 달리하는 일이 생겨 20개, 26개 부파까지 나눠졌다고 합니다. 그러다가 좀 더 진보적인 성향은 대중부 불교, 보수적인 성향은 상좌부 불교로 나누어진 것입니다.

상좌부 불교는 태국, 미얀마, 스리랑카 등 남방불교권에 전해져 발달했고, 대중부는 티베트, 중국, 한국, 일본 등 북방불교권으로 전해졌지요. 특히 우리는 남방불교를 대승경전이 없다 하여 소승불교라고 하는데, 그쪽에서는 상좌부 불교라는 표현을 씁니다. 소승불교의 소의경전은 아함부 경전이고, 대승불교에서는 소승경전을 포함한 그 밖에 많은 대승경전에 의지를 합니다.

시대적으로 보면, 부처님께서 열반하신 지 500년쯤 됐을 때 대승불교 운동이 일어나기 시작합니다. 부처님의 근본정신을 훼손하지 않는 입장에서 그 시대 상황에 맞도록 부처님의 가르침을 새롭게 편찬한 대승경전이 등장하고, 대승불교운동이 일어난 것입니다.

금강경, 반야심경, 유마경, 법화경, 화엄경, 능엄경 등 우리와 친숙한 경전들은 다 대승불교경전입니다. 동양에는 일찍이 주역, 대학, 중용, 노자, 장자 등을 통해 이미 높은 정신세계에 도달해 있었기 때문에 소승불교의 소의경전인 아함경을 가지고는 동양인들을 교화할 수가 없었습니다. 대승경전이야말로 그들의 정신을 능가하는 가르침이기 때문에 중국이나 한국, 일본에서는 가장 발달한 불교라고 할 수 있는 대승불교를 선호할 수밖에 없었던 것입니다.

티베트에서는 밀교가 발달했고, 중국에서는 선불교가 등장하여 꽃을 피웁니다. 우리나라도 중국의 영향을 받아서 대승불교와 선불교가 조화를 이루면서 오늘에 이르게 되었습니다.

● 금강경이 인류의 교과서가 되어야 하는 까닭

금강경은 대승불교와 선불교가 함께 어우러져 발달하면서 가장 선호한 경전입니다. 그래서 우리나라의 대표 종단인 조계종에서도 금강경을 소의경전所依經典으로 삼고 있는 것입니다. 소의경전이라고 하는 것은 우리가 살아가는 데 있어서 생활의 지침서, 수행의 지침서, 인생의 지침서가 되는 경전이라는 뜻입니다.

부처님께서는 믿으라는 말 대신에 이치를 설해 주셨습니다. 이치대로 살면 유익하고 행복하다고 하셨습니다. 특히 금강경은 우리의 만 가지 고통의 근본원인인 집착을 깨뜨리는 법을 확실하게 보여 줍니다. 개인이든 국가든 모든 고통은 집착에서 비롯되는 것입니다. 그래서 저는 강의할 때마다 금강경이 인류의 지침서, 교과서가 되어야 한다는 말을 자주 합니다.

육조 혜능 스님이 "무상無相으로 위종爲宗하고, 무주無住로 위체爲體"를 삼으라고 하셨는데, 이는 금강경의 핵심을 꼭 집어 말씀하신 것입니다. 금강경에서 수없이 나오는 상相은 미혹한 중생들의 본업本業을 말합니다. 상相이라는 것이 사실은 본래 없는 것인데 어리석은 중생들이 있다고 생각하니, 금강경을 통해 상이 확실히 없음을 일깨우는 것을 근본으로 삼으라고 한 것입니다. 또한 무주無住로 위체爲體라, 머무름이 없는 것을 본체本體로 삼으라는 것입니다.

금강경 제 2사구게가 응무소주 이생기심應無所住而生其心, 머무는 바 없이 그 마음을 내라는 것입니다. 본래 어디에도 머물지 않고 자유로운 것이 우리 마음의 속성인데, 애착이 생기다 보면 그만 자신도 모르는 사이에 자꾸 거기에 머물러서 문제를 일으킵니다. 상이 본래 없다는 것과 머물지 않는 이치를 알면 온갖 번뇌 망상에서 벗어나 완전한 행복을 이룰 수 있습니다.

거듭 말씀드리지만, 금강경을 공부하는 것은 자기가 본래 갖고 있는 다이아몬드를 찾아내는 일입니다. 그것은 반야, 곧 지혜입니다. 사람으로 태어나 살아가는 진정한 보람은 우리들 자신이 본래 갖고 있는 지혜를 알아 그 능력을 한껏 펼치며 살아갈 때 느낄 수 있습니다. 이 책을 만난 모든 분들이 밝은 지혜로 완전한 평화와 행복을 열어가며 빛나는 인생, 성공적인 삶을 살아가시길 바랍니다.

육조 혜능 스님이 나무를 팔러 갔다가 금강경 한 구절을 듣고
나무 대신 다이아몬드를 한 짐 지고 돌아온 것처럼
여러분도 금강경을 공부하면서
몇 푼어치 안 되는 나무를 내려놓고,
대신에 다이아몬드를 한 짐 짊어지고 돌아가
행복한 삶을 여는 인연이 되었으면 합니다.

제1분

法會因由分

법회가 열린 인연

금강경은 그다지 길지 않은 경전입니다. 그런데도 금강경과 관련된 주석서는 굉장히 많습니다. 중국에서는 금강경 53가해라고 하는 방대한 양의 주석서가 있고, 우리나라에서는 함허 스님이 설의를 붙인 금강경오가해가 대표적인 금강경 해설서로 알려져 있습니다.

금강경을 해설할 때 양무제의 아들인 소명 태자(?~531)가 내용에 따라서 32단락으로 나누고 네 글자씩 이름을 붙인 해석이 간단하면서도 가장 우수하여 많은 사람들이 이것을 근거로 금강경을 해설합니다. 우리가 공부하는 교재도 이것을 따랐습니다.

첫 단락인 '법회인유분法會因由分: 법회가 열린 까닭'에서는 금강경을 설하게 된 동기를 밝히고 있습니다. 금강경은 반야를 근본사상으로 삼고 있으며, 반야는 또 무상無相과 무주無住와 묘행妙行으로써 그 뜻을 삼습니다. 부처님께서 걸식을 하시고, 발을 씻으시고, 자리를 펴고 앉으신 모습을 보여주심으로써 무상, 무주, 묘행을 구체적으로 표현해 주고 계십니다. 일체 상이 없어야 반야가 빛납니다. 부처님께서는 걸식을 통해 네 가지 상(아상, 인상, 중생상, 수자상)을 소멸시키는 모습을 보여주셨습니다. 또한 그것을 분명히 보여주기 위해서 발을 씻으셨고, 더욱 철저히 보여주기 위해 다시 자리를 펴고 앉으신 것입니다.

여기에서 반야를 보아야 합니다. 세상 사람들 가운데 밥 먹고, 발을 씻고, 자리를 펴고 앉지 않는 이가 있습니까? 이것은 부처님만의 일이 아닙니다. 모든 사람들이 매일매일 하는 지극히 평범한 일입니다. 이것은 곧 만인의 일상 속에 금강경의 진리가 있다는 것입니다. 금강경이 곧 나의 일상이요, 나의 일상이 곧 금강경입니다. 법회인유분은 단순히 금강경을 설하게 된 인연을 보여주는 것이 아니라 금강경을 통째로 담고 있다 해도 과언이 아닙니다.

◉

불교 경전의 특색, 육성취六成就

여시아문如是我聞하사오니 일시一時에 불佛이 재사위국기수급고독원在舍衛國祇樹給孤獨園하사 여대비구중천이백오십인與大比丘衆千二百五十人으로 구俱하시니라

이와 같은 내용을 저는 들었습니다. 어느 날 부처님께서 사위국의 기수급고독원에서 일천이백오십 명의 큰스님들과 함께 계셨습니다.

경전은 전통적으로 신信·문聞·시時·주主·처處·중衆이라고 하는 여섯 가지 조건에 의해 성립됩니다. 이것을 육성취六成就라고 하는데, 육하원칙과 유사합니다.

첫째, 여시如是, '이와 같이'라고 하는 말로 '모두 믿게 된다'는 것입니다. 둘째, 아문我聞 내가 하는 것이 아니고 부처님께서 말씀하신 것을 들었다는 뜻입니다. '누가 이렇게 이야기 하더라'가 아니고 '누가 이야기 하는 것을 이렇게 들었다'라고 전달해야 된다는 것입니다. 똑같은 말도 들은 사람에 따라서 다 다르게 들릴 수가 있습니다. 아난 존자가 "부처님께서 말씀하시는 것을 저는 이와 같이 들었습니다."라는 것도 다른 사람은 달리 들을 수도 있습니다. 정말 무서운 원칙이 이 안에 깔려 있습니다. 셋째, 일시一時는 어느 때라고 해석하는데, 정해진 시간을 말하는 것이 아니라 살아 있는 시간을 뜻합

니다. 부처님이 반열반에 드신 지 몇 년이 지났든 우리가 경을 펼치고 공부하는 지금 이 순간이 바로 일시입니다. 이런 표현에서도 경전의 위대함을 볼 수 있습니다. 넷째, 불佛은 설법의 주인인 부처님을 뜻하고, 다섯째는 설하시는 장소, 여섯째는 설법을 듣는 청중與大比丘衆을 말합니다. 이렇게 불교 경전은 타종교의 경전과는 달리 육성취를 갖추었습니다.

대부분의 경전은 네 번째 항목까지는 비슷하고, 설하시는 장소와 청중이 경전에 따라 다른 경우가 있습니다. 금강경은 사위국 기수급고독원에서 설하셨습니다. 부처님께서는 사위국을 중심으로 교화 활동을 하셨습니다. 사위국에는 부처님께서 20여 년이 넘게 머물며 법을 설하신 기수급고독원이 있습니다. 기수급고독원은 흔히 기원정사라고 부르는데, 불자들은 '기원정사'라는 말만 들어도 가슴이 두근거릴 정도로 불교 역사상 중요한 의미를 지닌 절입니다. 그런데 특별히 금강경에 기수급고독원을 등장시킨 이유가 있습니다. 이곳은 기타祇陀 태자가 땅을 보시하고 급고독給孤獨 장자가 세웠는데, 절을 지은 인연 이야기만으로도 크나큰 교훈을 줍니다.

부처님 당시에 고독한 사람, 불쌍한 사람들을 돕는 거부 장자가 있었습니다. 그는 본명이 있었음에도 불구하고 선행이 그대로 이름이 되어 '급고독 장자'라고 불렸습니다. 그런데 부처님께서 왜 굳이 그가 세운 절에서 금강경을 설하셨을까요? 우리는 거기서 금강경의 정신인 '무주상보시無住相布施'를 읽어야 합니다. 상相 없이, 나라는 관념 없이, 조건 없이 베푸는 '무주상보시'를 하려면 금강경의 정신대로 자기 자신을 철저히 비워야 하기 때문입니다.

'밥 두 숟가락', 금강경의 열쇠

이시爾時에 세존世尊이 식시食時에 착의지발著衣持鉢하시고 입사위대성入舍衛大城하사 걸식乞食하실새 어기성중於其城中에 차제걸이次第乞已하시고 환지본처還至本處하사

그때 세존께서는 공양을 드실 때가 되었으므로 가사를 입으시고 발우를 들고 사위성에 들어가서 걸식하셨습니다. 그 성안에서 차례대로 걸식하여 마치시고 본 곳으로 돌아오셨습니다.

지금도 남방불교에서는 부처님 당시의 근본 생활규칙을 그대로 따른다는 뜻에서 걸식을 합니다. 한편 선진적이고 진보적인 생각을 하는 대중부에서 발달한 대승불교는 부처님 근본 뜻을 중요시 여길 뿐 조건과 환경에 따라서 달라지는 규칙을 가지고 크게 문제 삼지 않습니다. 걸식은 밥을 구걸하는 일입니다. '나'라는 상이 있으면 설대 하기 힘든 일입니다.

저도 걸식(탁발)을 경험한 적이 있습니다. 4.19 일어나던 해 12월인가 11월에 대법원에서 정화불사에 대한 판결을 잘못 내려서 스님들이 대법원까지 가서 데모를 했습니다. 그 일로 유치장에 갇혀 한 달씩이나 지내다가 다시 범어사로 내려왔습니다. 그런데 그때 일을 원만하게 처리하기 위해서는 돈이 필요하다 해서 사찰뿐만 아니라 모든 스님, 어린 사미에게도 승려 의무금이 부과되었습니다. 그래서 그 돈을 마련하기 위해 범어사 스님들과 함께 국제시장에 탁발을 나갔지요. 제가 생전 처음 경험한 걸식입니다. 국제시장 부근의 대각사에 짐

을 풀고 학인스님들 20여 명이 전부 가사장삼을 입고 발우를 들고 탁발을 했습니다. 그야말로 세존이 사위성에 들어가서 걸식하듯이 쭉 줄을 서서 탁발을 하였는데, 얼마나 부끄러웠는지 고개를 들 수가 없었습니다. 자존심이라고 할까, 자아의식이라고 할까, 아상이라고 할까, 하여튼 온갖 상이라는 상은 다 동원되어 아찔했습니다. 어떻게 걸어갔는지, 누가 돈을 넣는지, 가져가는지, 도대체 앞을 볼 수가 없을 정도였지요. 상 때문에 그렇게 부끄러웠던 것입니다. 그 상이 떨어져야만 걸식이 가능하다는 것입니다.

왕자로 태어나 만인의 스승이 되신 귀하디귀한 부처님께서 걸식을 하셨다는 것은 아상이 없음을 보여줍니다. 아울러 부처님의 눈에 비친 모든 존재는 그 어떤 것도 고정불변의 실체가 없고 텅 비었다는 사실, 무상無相의 도리를 일깨워 주십니다. 굳이 금강경 맨 처음에 걸식하는 모습을 등장시킨 이유가 바로 여기에 있습니다.

부처님께서는 성에 들어가서 순서대로 걸식을 다 해 마치십니다. 걸식은 칠가식七家食이라 하여 어느 지점에서 시작하든지 차례대로 일곱 집에서 음식을 빌어야 합니다. 가난한 집이라고 해서, 부자라고 해서, 별로 마음에 안 든다고 해서 뛰어넘으면 안 됩니다. 부처님의 큰 제자 가섭 존자는 조그마한 복이라도 짓게 하기 위해서 가난한 집만을 찾아다녔고, 반면에 수보리는 가난한 신도에게 폐를 끼치지 않으려고 부잣집만을 찾아다녔습니다. 그것을 보고 유마 거사가 가난하다 부자다 하는 차별심을 내었다고 질책한 일이 있듯이 부처님께서는 차별 없이 일곱 집을 돌라고 하셨습니다.

걸식할 때 일곱 집에서 얼마 정도 얻으면 되겠습니까? 한 집에서 크게 두 숟가락만 밥을 떠서 주면 일곱 집만 돌아도 한 바릿대가 됩니다. 딱 두 숟가락입니다. 금강경의 종지宗旨가 "무주상보시無住相布施, 상에 머무름 없이 베푸는 데 있다."고 했을 때 '밥 두 숟가락 떠주는 심정'을 생각하면 이해하기 쉽습니다.

상대방에게 밥 두 숟가락을 떠주는 일이 얼마나 쉽습니까? 그것도 부처님께 올리는 일이라면 더 말할 나위가 없습니다. 설사 거지에게 밥 두 숟가락을 떠줬다고 해도 그에 대한 보상을 바라거나 그 일이 가슴 깊이 남지는 않을 것입니다. 이것이 무주상無住相입니다. 이 열쇠 하나면 금강경 전체를 다 풀 수가 있습니다. 사실 알고 보면 간단합니다.

부처님께서 걸식을 마치시고 기원정사에 돌아오셔서 공양을 드셨습니다. 여기에서는 반사흘飯食訖이라고 읽습니다. 가운데 글자는 '밥 식食, 밥 사食, 먹을 사食'라는 음과 뜻을 가지고 있는데, 여기서는 동사로 먹다는 의미로 쓰입니다.

거듭 말씀드리지만, 바로 이 대복에서 금강경의 깊은 뜻이 나 실해졌습니다. 남에게 베풀 때 '밥을 두 숟가락 떠주듯이' 그런 마음으로 인생을 살면 됩니다. 아무리 거지근성이 몸에 배었다 하더라도 남에게 뭔가를 얻는다고 하는 것은 자존심 상하는 일입니다. 그렇기 때문에 줄 때도 자기를 텅 비우고 주어야 하고, 받는 사람도 자기를 철저히 비워야만 제대로 얻을 수 있는 것입니다. 어떤 관념도 다 떨어진 상태에서 서로를 위하면서 상相 없이 주고받을 때 모든 인간관계는 조화를 이루고, 인간관계에서 벌어지는 문제가 원활하게 해결이 된다는 뜻입니다. 이것이 금강경의 첫 장인 법회인유분에서 걸식이 나오고, 급고독 장자가 등장하는 의미가 되겠습니다.

상相을 씻으면 일상생활 그대로가 진리다

반사흘飯食訖하시고 수의발收衣鉢하시며 세족이洗足已하시고 부좌이좌敷座而坐하시니라

공양을 마치신 뒤 가사와 발우를 거두시고 발을 씻으신 다음 자리를 펴고 앉으셨습니다.

부처님께서는 탁발하러 갈 때, 예배를 드릴 때, 설법할 때 입는 옷이 다 달랐습니다. 그래서 탁발할 때 입던 옷을 정리하고 발을 씻고 나서 자리를 펴고 앉으신 것입니다. 그런데 금강경 설할 때만 발을 씻지 않았을 텐데, 굳이 발을 씻었다는 내용이 나오는 것에 주목해야 합니다. 여기에도 걸식과 똑같은 뜻이 있습니다. 발을 씻었다는 말은 우리들 마음의 때를 다 씻었다는 말이고, 특히 금강경에서는 상相이라고 하는 때를 씻었다는 말입니다. 그 상 때문에 집착하게 되고, 알량한 자존심을 내세우다가 큰 싸움이 되는 겁니다. 소리가 나다 보면 금이 가고, 금이 간 데에 자꾸 부딪치면 깨집니다. 온갖 고통의 원인인 바로 그 상을 씻어버리면 진정한 행복을 누릴 수 있는 겁니다.

그리고 부좌이좌, 그것 가지고도 안 되거든 자리 펴고 한번 앉아 보라고 하십니다. 몸뚱이만 앉아 있는 게 아니라 마음도 그 자리에 철저히 앉아 보라는 말씀입니다. 나라고 하는 상이 없어야 걸식은 물론이고, 발 씻고, 자리에 앉는 것도 제대로 할 수 있습니다. 나라고 하는 상이 없으면 남이라고 하는 차별의식이 없고, 중생상이라는 열등의식

도 없고, 수자상이라는 한계의식도 없습니다.

    법회인유분에서는 법회가 열리게 된 원인을 이야기 하고 있지만, 원인 속에 결과가 있습니다. 씨앗이 곧 결과인 것과 마찬가지로 걸식과 세족洗足과 부좌이좌敷座而坐 이 속에 금강경의 종지가 담겨 있는 것입니다.

제2분

善現起請分

선현善現이 법을 청하다

무문자설無問自說이라고 하여 제자가 묻지 않는데도 부처님께서 설하실 때도 있습니다. 그러나 대부분의 경전에서는 제자가 이런 상황에서 부처님께 법을 청합니다. 선현은 수보리를 번역한 말입니다. 수보리는 부처님 제자 중에 공의 이치를 제일 잘 알아 흔히 '해공제일解空第一 수보리'라고 합니다. 수보리가 주인공으로 등장하는 것만 보아도 금강경에 공空의 이치가 주된 내용임을 짐작할 수 있습니다. 그렇듯 경전의 등장인물은 철저하게 배려되어 있기 때문입니다.

이 장은 수보리가 평소 의심스러웠던 점과 알고 싶었던 점들을 부처님께 여쭙는 대목입니다. 즉 보리심을 발한 사람들은 어떻게 살며, 어떻게 그 마음을 다스려야 하는가? 공은 반야로 표현하기도 하는데, 반야의 삶은 무엇이며 부처로서의 삶은 무엇인가 하는 문제를 여쭙는 것입니다. 그런데 그러한 것을 꼭 부처님께 물어야 합니까? 어떠한 길이든 다 수보리 자신 속에 있습니다. 모든 것이 다 수보리 자신이거늘 어찌 밖을 향해서 찾는단 말입니까? 그러한 사실을 부처님께서 걸식하시고, 발을 씻으시고, 자리를 펴고 앉으심으로써 이미 다 보여주셨습니다. 부처님께서는 인간의 본래면목, 반야의 참모습을 일상 속에서 보여주셨고, 수보리는 확인하는 차원에서 여쭙고 있는 것입니다.

◉

법을 청하고 경전을 읽는 자세

시時에 장로수보리長老須菩提가 재대중중在大衆中이라가 즉종좌기即從座起하사 편단우견偏袒右肩하시며 우슬착지右膝著地하시고 합장공경

合掌恭敬하사 이백불언而白佛言하사대

그때 덕이 높으신 수보리須菩提 존자尊者가 대중 가운데 계시다가 곧 자리에서 일어났습니다. 옷차림을 바르게 정돈하고, 오른쪽 무릎을 땅에 꿇고, 합장 공경하면서 부처님께 사뢰었습니다.

수보리는 연세도 많고 존경받아 마땅한 부처님 10대 제자 중의 한 분이라서 장로長老라는 말을 썼습니다. 장로는 본래 나이도 많고, 덕도 높고, 학식과 인품이 뛰어난 분을 가리키는 불교용어입니다.

편단우견偏袒右肩은 스님들이 가사를 입을 때 매듭을 왼쪽 어깨에 걸쳐놓고 오른쪽 어깨를 드러내는 것을 말합니다. 장로 수보리가 오른쪽 무릎을 꿇었습니다. 인도 사회에서는 전통적으로 계약을 한다거나 고백할 때 이런 자세를 취하여 그 마음이 진실하다는 것을 보입니다. 이러한 수보리의 모습이 바로 법을 듣고자 하는 자세입니다. 이렇듯 간곡한 마음으로 법을 청하고 들을 때 큰 깨달음이 옵니다. 그렇지 않고 '그냥 심심해서' 또는 '상식적으로 불교가 궁금하기 때문에' 하는 정도 가지고는 큰 깨달음이 오기 어렵습니다. 수보리처럼 간곡한 마음으로 청법하는 자세가 필요합니다.

『지도론智度論』에 다음과 같은 말이 나옵니다.

"설법을 듣는 사람은 자세를 단정히 해야 한다. 마치 목마른 사람이 물을 마시고자 하는 마음이어야 한다. 일심一心으로 말의 의미 속에 들어가라. 그런 뒤에 기쁜 마음으로 법을 듣고 감격해야 한다. 이런 사람이라야 가히 그를 위해서 법을 설할 수 있으리라."

자, 이제 경전을 읽는 마음과 자세를 잘 가다듬으셨습니까?

어떻게 그 마음을 다스려야 합니까

희유希有하십니다 세존世尊이시여 여래如來가 선호념제보살善護念諸菩薩하시며 선부촉제보살善付囑諸菩薩하시나니 세존世尊이시여 선남자선여인善男子善女人이 발아뇩다라삼먁삼보리심發阿耨多羅三藐三菩提心하나니는 응운하주應云何住며 운하항복기심云何降伏其心하리잇고

불언佛言하사대 선재선재善哉善哉라 수보리須菩提야 여여소설如汝所說하야 여래如來가 선호념제보살善護念諸菩薩하며 선부촉제보살善付囑諸菩薩하나니 여금제청汝今諦聽하라 당위여설當爲汝說하리라 선남자선여인善男子善女人이 발아뇩다라삼먁삼보리심發阿耨多羅三藐三菩提心하나니는 응여시주應如是住며 여시항복기심如是降伏其心이니라 유연唯然이니다 세존世尊이시여 원요욕문願樂欲聞하나이다

"희유하십니다, 세존이시여. 여래께서는 모든 보살들을 잘 보살펴 주시고, 모든 보살들에게 잘 당부하십니다. 세존이시여, 선남자선여인이 최상의 깨달음에 대한 마음을 일으킨 이는 어떻게 머물며, 어떻게 그 마음을 항복받아야 합니까?"

부처님께서 말씀하셨습니다.

"매우 좋은 질문이다, 수보리야. 그대의 말과 같이 여래는 모든 보살들을 잘 보살피고 잘 당부하느니라. 그대들은 이제 자세히 들어라. 마땅히 그대들을 위하여 설명하리라. 선남자선여인이 최상의 깨달음에 대한 마음을 일으킨 사람은 반드시 이와 같이 머물고, 이와 같이 그 마음을 항복받을지니라."

"예, 그렇게 하겠습니다, 세존이시여. 바라건대 즐겁게 듣고자 하나이다."

희유는 '드물다', 선善은 '잘', 호념護念은 '염려하고 보살핀다'는 뜻입니다. 수보리는 여래가 모든 보살들을 잘 보살피고 가르치고 당부하신다며 찬탄합니다. 부촉이라는 말은 '어떤 수행을 해라' '잘 지키고 유념해라' 등등 부처님께서 제자들에게 무언가를 당부하실 때 쓰는 말입니다. 절에서는 소임을 줄 때도 부촉한다고 합니다.

제보살諸菩薩은 부처님의 가르침을 따르면서 의미 있고 보람 있게 살고자 하는 사람들입니다. 보살은 수행을 열심히 하면서 모든 사람을 보살피며 교화하는 분들입니다. 이러한 뜻이 함축되어 있는 '상구보리上求菩提 하화중생下化衆生'이라는 말에 우리 삶의 지향점이 잘 표현되어 있습니다. 금강경의 입장에서는 어떤 관념에도 사로잡히지 않으면서 무주상 보살행을 하는 사람이 보살입니다. 이러한 보살들을 잘 호념하고 부촉하시는 부처님께 "어떻게 머물고 어떻게 그 마음을 항복 받겠습니까?"라며 확실하게 내용을 콕 집어서 질문합니다.

선남자선여인은 줄여서 선남선녀라고 합니다. 불교에서는 근본적으로 모든 사람을 긍정적으로 봅니다. 훌륭하게, 위대하게 보고 더 나아가서 보살, 부처님으로 보기 때문에 단 한 번도 사람을 비하해서 부르는 경우가 없습니다. 이 점만 보더라도 불교가 진정한 성인의 가르침이라는 것을 여실히 알 수 있지요.

아뇩다라삼먁삼보리심은 한마디로 요약하면 '최상의 깨달음'입니다. 이에 대해서 마음을 내는 것을 발심, 발보리심했다고 합니다. 보리심은 자비와 원력입니다. 사람들을 보면 저절로 연민과 자비심이 일어나고 잘 보살펴주겠다는 원력을 세웁니다. 이 원력을 보리심, 깨달음의 마음이라고도 합니다. 사실 불교를 제대로 알면 자비심, 연민심이 저절로 일어나기 마련입니다. 그런데 여기서 잠깐 생각해야 할 것이 있습니다. 굶고 헐벗은 사람들에 대해 연민을 갖는 것도 좋지만, 법을 모르는 사람들을 가엾게 여기고 그들에게 최상의 법을 전해야 한다는 것입니다. 백년 탐낸 재물은 하루아침의 티끌이고, 삼일 닦은 마음이 천년의 보배라는 말과 같은 선상에서 이해하시면 됩니다. 당장 눈앞의 몸뚱이를 살리는 것이 중요한 게 아니라 의식의 질적인 향상이 있어야 하는 것입니다.

수보리가 "대자비와 대원력으로 살고자 하는 사람은 어떻게 살아야 합니까?" "어떻게 그 마음을 항복받아야 합니까?" 하고 묻습니다. 항복받는다는 것은 다스린다는 말입니다. 세상을 살다보면, 자기 인연도 아닌데 욕심을 낼 수도 있고, 조금 좋은 일을 해놓고도 생색을 내고 싶을 수도 있습니다. 그럴 때 그 마음을 어떻게 다스려야 되느냐고 묻는 것입니다. 이와 같이 금강경은 '마음을 다스리는 길'과 '살아가는 방식'에 대한 수보리의 질문에 대한 답이라고 할 수 있습니다.

수보리의 질문에 선재선재라, '훌륭하고 훌륭하다'며 칭찬을 해주셨습니다. 이는 수보리의 질문이 훌륭하다는 뜻도 있습니다만, 모든 생명을 찬탄하는 말씀입니다. 우리들이 질문을 잘 못하고 묵묵히 앉아만 있어도 부처님께서는 모두가 선재로 보입니다. 또한 이 말에는 '참 훌륭하고 훌륭하다. 어찌하면 그렇게 볼 줄도 알고 들을 줄도 알고 기뻐할 줄도 알고 화낼 줄도 아느냐. 참 신기하고 신기하다'라는 의미까지 포함되어 있습니다.

부처님께서는 수보리의 말을 그대로 긍정하면서 설해 줄 테니 자세히 들으라고 하십니다. 여기서 여汝는 수보리라고 할 수도 있지만,

그 자리에 모인 1,250명의 대중이기도 하고, 바로 지금 금강경을 읽는 우리들이기도 합니다. 수보리는 다 알고 있으면서도 우리 중생들을 위해서 부처님께 법을 청하였고, 부처님 또한 수보리의 뜻을 알아차리고 흔쾌히 모든 중생들을 위해 법을 설하신 것입니다. 부처님과 수보리의 중생을 애민히 여기고 아끼는 마음을 생각하면 가슴이 뭉클해질 정도입니다.

한편 이 대목에서 주목할 것은 여시如是입니다. 여시는 '아래와 같이' '앞으로 말할 내용과 같이'라는 뜻입니다. 그래서 예로부터 주석가들은 '여시'라는 말에 상당한 무게를 두고 설명을 하기도 했습니다. 부처님께서 '앞으로 설명되어질 삶의 방식과 마음을 항복받는 방법'을 말해 주겠다고 하시면서 '그와 같이 마음을 항복받고 그와 같이 살라'고 당부하십니다.

그러자, '유연唯然이니다 세존이시여', '예, 그렇게 하겠습니다'라고 대답합니다. 유唯라는 말은 '예'라는 뜻인데, 여기서는 '유연이니다 세존이시여'라고 한 호흡에 읽어야 합니다. 원요욕문願樂欲聞, 듣기를 정말 좋아하는 마음 자세로 법문 듣기를 원한다는 뜻입니다. 이렇듯 듣고자 하는 간절한 마음이 있을 때 법을 설해주어야 제대로 알아듣고 가슴에 젖어들어 깨달음에 이르는 것입니다.

제3분

大乘正宗分

대승의 바른 종지

대승大乘(mahāyāna)은 소승小乘(hīnayāna)의 상대적인 말로서 큰 수레라는 뜻입니다. 자기 혼자만의 깨달음에 머무는 것이 아니라 모든 사람들을 한꺼번에 태우고 열반의 세계로 간다 하여 크고 위대한 최상의 가르침이라는 의미입니다. 종宗자는 으뜸을 뜻하니, 정종正宗은 가장 바르고 으뜸이 되는 가르침을 말합니다.

이 장에서는 팔만대장경 중에서도 손꼽히는 금강경, 그 가운데서도 가장 으뜸이 되는 가르침이라고 하였으니 도대체 어떤 원리가 담겨 있기에 이런 제목을 썼는지 눈여겨보아야 합니다. 대승이란 시대와 국가와 민족을 초월해서 어느 시대 어떤 사람들에게도 다 해당되는 진리요, 모든 사람을 다 저 언덕에 실어 나르는 큰 법문입니다. 그 내용을 살펴보면, 보살이란 어떠한 경우라도 상이 없어야 하고, 온갖 중생들을 다 제도하되 실은 제도한 것이 없어야 한다는 것입니다.

이와 같은 입장이야말로 가장 크고 바른 가르침이며, 모든 사람에게 다 해당되는 진리입니다. 대승의 바른 종지를 잘 이해하면 불교를 제대로 이해하게 되고, 우리들 자신을 제대로 이해하게 됩니다. 그리하여 지혜와 자비가 넘치고, 행복이 흐르는 최상의 삶을 살아갈 수 있는 것입니다.

● 여래는 일체 중생을 멸도에 들게 한다

불佛이 고수보리告須菩提하사대 제보살마하살諸菩薩摩訶薩이 응여시항복기심應如是降伏其心이니 소유일체중생지류所有一切衆生之類인 약란생若卵生과 약태생若胎生과 약습생若濕生과 약화생若化生과 약유색

若有色과 약무색若無色과 약유상若有想과 약무상若無想과 약비유상비무상若非有想非無想을 아개영입무여열반我皆令入無餘涅槃하야 이멸도지而滅度之하리니

부처님께서 수보리에게 말씀하셨습니다.

"모든 보살마하살은 반드시 이와 같이 그 마음을 항복받을지니라. 보살은 온갖 중생들의 종류인 알에서 태어나는 것, 태에서 태어나는 것, 습기에서 생기는 것, 변화하여 생기는 것, 형상이 있는 것, 형상이 없는 것, 생각이 있는 것, 생각이 있지도 않고 생각이 없지도 않은 것들을 모두 무여열반에 들게 하여 제도하느니라.

여기서 보살은 관세음보살이나 지장보살 등 위신력을 갖춘 분들을 지칭하는 것이 아니라 베푸는 삶을 실천하는 사람, 깨달음에 안목이 열린 사람, 상구보리 하화중생을 실천하는 사람을 뜻합니다. 그런데 앞에서는 보살이라고만 하였는데, 여기서는 마하살摩訶薩을 덧붙였습니다. 보살마하살은 큰 보살, 위대한 보살이라는 뜻입니다.

육조 혜능 스님은 가끔 대중들을 향해서 "선지식善知識이여!"라고 불렀습니다. 그와 같이 부처님께서 보살마하살이라고 격상시켜서 부르는 것입니다. 지금 이 대목에서 보살마하살이라고 한 것만 보더라도 이 내용의 깊은 의미를 짐작할 수 있습니다. 앞에서 수보리가 운하응주云何應住 운하항복기심云何降伏其心에 대해 질문했는데, 여기서는 부처님께서 먼저 '꼭 이렇게 항복받아야 된다'고 하십니다. 응應자는 '꼭' '마땅히'라는 말입니다.

수보리는 머무는 것에 대해 먼저 묻고, 그다음에 항복받는 것을

물었는데, 부처님께서는 두 번째 질문부터 대답하십니다. 국회나 종회에서도 어떤 안건에서 몇 가지의 질문이 있으면, 가장 마지막 질문부터 대답을 합니다. 법당에 들어갈 때도 제일 먼저 들어가 앞자리에 있던 사람이 제일 늦게 나옵니다. 세상 이치가 그런 것입니다.

여기에서 다스린다는 말보다 '항복'이라고 하는 강한 표현을 쓴 이유가 있습니다. 우리 마음은 그냥 다스리는 정도 가지고는 안 되고, 철저히 저 깊은 곳까지 자기 마음을 확실하게 항복받아야 사람이 사람답게 사는 길이 열리기 때문입니다. 잘난 마음, 못난 마음, 선한 마음, 악한 마음, 교만한 마음, 열등한 마음, 우쭐한 마음, 비굴한 마음 등 모든 마음을 항복받아야 합니다.

한번 자신의 일상, 마음을 잘 살펴보십시오. 매일매일 수많은 마음을 일으키고, 그 마음에 집착하여 미워하고 괴로워하고 안달복달하며 살아가고 있지 않습니까? 이러한 마음만 항복받아도 인간이 본래 갖춘 무한의 지혜와 능력을 발휘할 수 있고, 더 나아가 진정한 평화와 행복을 누릴 수 있습니다.

일체중생지류는 이 세상에 존재하는 모든 생명들을 말합니다. 약란생, 약태생 할 때 약若 자는 만약이라는 뜻이 아니라 동격을 나타낼 때 씁니다. 난생, 태생, 습생에 대해서는 다 아실 테고, 화생은 변화하여 생기는 생명들, 유색은 형체가 있는 생명들, 무색은 형체가 없는 생명들을 뜻합니다. 여기서 색色은 색깔이 아니라 형체라는 뜻입니다. 유상은 생각이 있는 생명들, 무상은 생각이 없는 생명들입니다. 비유상비무상은 생각이 있기도 하고 혹은 생각이 없기도 한 생명입니다.

이 아홉 가지 중생을 구류중생九類衆生이라고 합니다. 그런데 이것은 다종다양한 생명으로 봐도 되지만, 사람들의 여러 가지 모습으로 봐도 됩니다. 사람들을 살펴보세요. 조류처럼 사는 사람, 인간답게 사는 사람, 습생처럼 사는 사람, 화생처럼 사는 사람 등 아홉 가지 중생을 인간의 여러 가지 삶에 배대하면 맞아 떨어지는 경우가 많습니다.

멸도滅度라는 말은 교화한다, 제도한다는 뜻입니다. 무여열반無餘涅槃(anupadhiseṣa nirvāṇa)으로 제도한다고 했는데, 무여열반은 모든 미혹과 번뇌를 다 끊고 삶과 죽음을 초월하여 불생불멸不生不滅의 도리를 증득한 해탈의 경지를 뜻합니다. 욕심과 분노와 어리석음 등 모든 번뇌가 다 사라진 상태로 이해하면 됩니다. 부처님께서는 천차만별의 삶을 살아가는 사람, 모든 중생들을 다 성불하게 하여 완전한 평화와 행복을 누릴 수 있게 하겠다, 어떤 중생일지라도 차별하지 않고 모두 다 무여열반에 들게 하겠다고 약속해 주셨습니다.

◉
실로 제도 받은 중생이 없다
여시멸도무량무수무변중생如是滅度無量無數無邊衆生하대 실무중생득멸도자實無衆生得滅度者니라
이와 같이 한량없고, 헤아릴 수 없고, 가없는 중생들을 제도하지만 실은 제도를 받은 중생은 없느니라.

무수히 많은 중생을 제도하지만 '실은 제도를 받은 중생은 없다'

고 하였습니다. 바로 이 구절이 가장 중요한 내용입니다. 이것을 일러 대승정종이라고 하는 것입니다. 그 많은 중생들을 제도하셨으면서 여래는 왜 제도 받은 중생이 없다고 하시는가?

 이것은 상당히 차원이 높은 이야기입니다. 모든 생명은 그 모습을 떠나서, 어떠한 삶을 살든지 간에 궁극적 차원에서 보면 '이미 완전무결한 존재'라는 뜻입니다. 이미 제도되어 있기 때문에 더 이상 제도할 것이 없다는 말씀입니다. 부처님께서 평생 동안 설법하시고도 '나는 한마디도 설법한 바가 없다'고 하신 것도 바로 이 구절과 같은 맥락입니다.

 사실 하나하나 뜯어놓고 보면 모든 생명은 그대로 완벽한 존재입니다. 우리는 부처님께 보태달라고 조르는데, 우리의 생명은 부처님이 빼앗아가지도 못하고 보태주지도 못하는 것입니다. 만약에 보태줄 수 있는 것이라면 그것은 몇 푼어치 안 되는 것입니다. 그러한 까닭에 제도를 했다고 하더라도 그건 형식적인 제도일 뿐이고, 부처님의 입장에서 보면 "아무것도 한 것이 없다."는 겁니다.

 화엄경 여래출현품如來出現品에 보면, "중생들 모두 여래가 갖추고 있는 지혜와 덕상을 전부 똑같이 갖추고 있으면서도 스스로 모르고 있을 뿐이다."라는 내용이 나옵니다. 그래서 부처님이 "기재기재起哉起哉라", 신기하고 신기하다고 감탄하였습니다. 부처님 같으신 분이 이 세상에 신기한 게 뭐가 있겠습니까? 한 나라의 왕자로 태어나셔서 어릴 때부터 공부도 많이 했고, 최고의 스승들을 찾아다니면서 치열하게 수행했고, 홀로 6년 동안 피나는 고행을 하고 큰 깨달음을 이루신 분입니다. 부처님께서는 온갖 희생을 치르고 수행해서 큰 깨달음을 이루고 법희선열의 기쁨을 맛보셨습니다. 그런데 고행은커녕 아무런 노력도 하지 않은 중생을 들여다보니 자신과 똑같아서 신기하다는 것입니다.

이러한 말을 들으면, "하늘과 인간의 스승이요, 삼계도사三界導師 사생四生의 자부慈父이신 부처님과 중생이 어찌 똑같을 수 있느냐? 왕족과 불가촉천민을 어찌 같다고 할 수 있느냐?"며 따지는 사람들도 있을 겁니다. 하지만 부처님께서 깨달은 뒤 살펴보니, 모든 사람들이 부처님의 덕과 지혜를 다 갖추고 있는 게 분명하다는 겁니다. 그래서 서양의 불교연구가들은 부처님의 출현을 인류사에 있어서 최고, 최대의 사건이라고 하였습니다. 부처님의 출현, 그 깨달음의 안목을 통해서 우리 모두를 단번에 부처의 자리로 승격시켰기 때문입니다.

그렇기 때문에 부처님께서 평생 동안 중생을 제도하셨으면서도 아무것도 한 일이 없다고 하신 것입니다. 만일 부처님께서 '내가 중생을 제도했나'고 한다면 어불성설입니다. 특히 '무상無相'을 종지로 삼는 금강경의 정신에 맞지 않습니다. 털끝만한 관념도 남겨놓지 않는 것이 금강경의 큰 뜻입니다.

◉

가장 바르고 으뜸이 되는 큰 가르침

하이고何以故오 수보리須菩提야 약보살若菩薩이 유아상인상중생상수자상有我相人相衆生相壽者相하면 즉비보살卽非菩薩이니라

왜냐하면 수보리야, 만약 보살이 '나'라는 상相, '남'이라는 상, '중생'이라는 상, '수명'에 대한 상이 있으면 곧 보살이 아니기 때문이다.

만일 상이 있다면 현상만 보는 것이고 인간의 본래 면목은 보지 못한 입장이기 때문에 보살이 아니라고 한 것입니다. 앞에서도 말씀 드렸듯이, 금강경은 상 없는 것으로써 으뜸을 삼는다고 했습니다. 그런데 눈에 보이는 상이 분명히 있는데, 왜 상이 없어야 하는지 의심스러울 것입니다. 부처님이 중생을 보았을 때 전부 부처로 보입니다. 그런데 우리는 부처이면서도 아직 덜 떨어져서 제대로 부처의 역할을 하지 못하는 부처입니다. 역사적으로 보면, 왕자들 중에 형편없는 분들도 많은데, 그래도 왕자는 왕자입니다. 그렇듯이 아직 자신이 부처라고 하는 확신이 없다 하더라도 틀림없는 부처입니다.

그런데 나라고 하는 상, 남이라고 하는 차별의식, 특히 '중생이다' 하는 열등의식이 큰 문제입니다. 꼭 변명을 할 때 "아이고, 중생이 그렇지 별 수 있어요."라고 합니다. 수자상은 시간적인 한계의식을 말합니다. 젊은 사람은 젊은 사람대로 늙은 사람은 늙은 사람대로 상이 있습니다. "다 늙었는데, 이제 컴퓨터를 배워서 뭐하겠느냐."며 나이 핑계를 대고 미리 포기하는데, 그것이 수자상입니다. 이런 한계의식에서 벗어나야 합니다. 세상의 변화에 잘 적응하고 아무리 힘든 역경이 있더라도 힘차게 헤쳐 나가는 것이 금강경을 공부한 사람의 삶입니다.

어떤 번역에는 모양 상相 자를 생각 상想 자로 쓴 것도 있는데, 모양 상으로 쓴 깊은 뜻이 있습니다. 아직 형상화되지 않은 상태를 생각이라고 합니다. 예를 들어, 예전에 절에서는 스님들에게 보름마다 한 번씩 삭발하고 목욕하고 빨래까지 하는 날이 정해져 있었습니다. 스님들이 광목옷을 많이 입었기 때문에 마호라고 하는 풀 끓이는 소임도 있었습니다. 저도 마호 소임을 더러 보았는데, 밀가루를 풀어 놓으면, 처음에는 물에 색깔을 풀어놓은 것처럼 보입니다. 그런데 열이 가해지면 엉겨집니다. 형상이 생깁니다. 이와 같이 생각하고 있던 것이 발전한 상태가 상입니다. 사람 몸에 생긴 병도 마찬가지입니다. 간이 딱딱하게 굳어지는 간경화 상태가 되면 고치기 힘듭니다.

우리의 아상·인상·중생상·수자상도 처음에는 미미한 생각에 불과하다가 어떤 상황이 되면 차츰차츰 본색을 드러내고 형태가 갖추어집니다. 나라고 하는 것도 기분이 좋을 때는 겸손하고, 나를 내세우지 않습니다. 그런데 문제가 생기고, 서로 의견이 달라 말이 오고가다 보면 그 전엔 전혀 안 보이던 아상이 슬슬 머리를 쳐들기 시작하지요. 그러면 형체를 이뤄서 부딪치게 되고, 소리가 나는 겁니다. 소리가 날 땐 벌써 나라고 하는 생각의 자존심이 형체가 만들어졌다는 뜻입니다. 거기다 자꾸 부딪치면 금이 가고 깨지는 것입니다.

만일 이런 내용을 모른다면 즉비보살卽非菩薩, 곧 보살이 아닙니다. 불자들이 흔히 "상 내지 말아야지."라는 말을 합니다. 상 내지 않는 것도 참 훌륭한 일입니다. 그러나 경전의 이치에 맞고 좀 더 차원 높은 인욕, '상 냄이 없는 무상無相'을 실천하려면 '상 낼 것이 없다'는 이치를 확실히 알고, 상을 내고 싶은 마음을 항복 받아야 합니다. 우리 모두 부처님과 같은 존재이니 상 낼 것도 없다는 것, 참 생명의 완전한 가치를 아는 것이 가장 중요한 일이기 때문에 이 장을 대승의 가장 으뜸 되는 가르침이라고 한 것입니다.

제4분

妙行無住分

아름다운 행위는 머물지 않는다

살아 있는 생명은 몸이든 마음이든 어떤 행위를 하기 마련입니다. 삶은 하루하루 살아가는 행위로 이루어진 것입니다. 이왕이면 시원하고 멋스럽고 아름답게 엮어가는 삶이 좋지 않겠습니까? 그래서 저는 묘행무주妙行無住라는 말을 좋아합니다. 묘행은 무주無住입니다. 아름다운 행위는 어디에 안주하거나 집착하지 않습니다. 무주 다음에 집착할 착着자를 한 자 더 쓰면 무주착無住着입니다. 아름다운 행은 머물고 집착함이 없습니다. 떠날 때도 가볍게 떠날 줄 아는 것이 아름다운 이별입니다. 삶의 온갖 문제들, 어떤 행위들도 마찬가지입니다. 집착이 없을 때, 살아가는 일도 홀가분하고 가볍습니다.

금강경에서는 "네가 한 행위에 안주하지 말라. 머물고 집착하지 말라. 미련과 아쉬움을 보이면서 끈적끈적 늘어붙지 말라. 하찮은 일에 생색을 내지 말라. 현재의 성공에 안주하려는 마음을 떨쳐버리고 더 나아가 탁 트이고 시원한 삶을 살라."고 하였습니다.

보살은 어디에도 안주하지 않고, 집착하지 않아야 합니다. 보살이 색·성·향·미·촉·법에 안주하거나 집착한다면 이미 보살의 삶이 아닙니다. 아름다운 행위가 아닙니다. 안주하지 않고 집착하지 않는 삶이야말로 온 우주를 다 채우고도 남습니다. 그러한 삶이야말로 인간 본연의 모습이며, 세계적 삶·우주적 삶·반야적인 삶입니다.

◉

상에 머물지 않는 보시의 복덕

부차수보리復次須菩提야 보살菩薩이 어법於法에 응무소주應無所住하야 행어보시行於布施니 소위부주색보시所謂不住色布施며 부주성향미촉

법보시不住聲香味觸法布施니라 수보리須菩提야 보살菩薩이 응여시보시
應如是布施하야 부주어상不住於相이니 하이고何以故오 약보살若菩薩이
부주상보시不住相布施하면 기복덕其福德은 불가사량不可思量이니라

또 수보리야, 보살은 반드시 어떤 것에도 머물지 말고 보시를 해야 하
나니, 이를테면 사물에 머물지 말고 보시할 것이며, 소리와 향기와 맛
과 감촉과 그 외의 온갖 것에 머물지 말고 보시해야 하느니라. 수보리
야, 보살은 반드시 이와 같이 보시하여 형상에 머물지 말라. 왜냐하면
만약 보살이 형상에 머물지 않고 보시하면 그 복덕은 가히 상상할 수
없느니라."

보살은 보시, 지계, 인욕, 정진, 선정, 지혜의 6바라밀 수행을 합
니다. 그 중에서도 보시, 베푸는 삶이 제일가는 덕목입니다. 물질財布
施, 법法布施, 두려움을 없애주는 위로無畏施를 베푸는 것이 보시입
니다. 그런데 부처님께서는 수보리에게 보살은 반드시 어떤 법에도
머물지 말고 보시를 해야 한다고 말씀하십니다. 법은 모든 사물과 사
건, 세상의 모든 문제라고도 할 수 있습니다.

구체적으로 살펴보면 색色·성聲·향香·미味·촉觸·법法입니다. 색
은 물질, 육신이고 성은 소리, 향은 향기, 미는 맛, 촉은 감촉, 법은 그
나머지 의식의 대상입니다. 예를 들어 봄·여름·가을·겨울 세월이 바
뀌고, 해가 뜨고 달이 지고 바람이 부는 이 사실은 색·성·향·미·촉에
해당되는 것이 아닙니다. 그러나 분명히 그런 경계가 있습니다. 우리
의식이 감지하는 것을 법이라고 합니다. 그런데 보살이 어법於法이라
고 할 때의 법은 그 육경六境을 다 아우르는 의미입니다. 어쨌든 보살

은 물질이나 소리·향기·맛·감촉·의식 그 어디에도 머물지 말고 베푸는 삶을 살아야 한다는 것입니다. 얼마나 베풀었든, 시간이 길든 짧든, 무엇을 베풀었든 그 어떤 것에도 머물지 않고 베풀어야만 주는 사람도 자유롭고 받는 사람도 자유롭습니다.

금강경에서 부처님과 대화하는 수보리는 부처님 제자 중에 무상無相과 공空을 제일 잘 안다 하여 해공제일解空第一이라고 하였습니다. 부처님께서는 어떤 관념이나 어떤 상相도 마음에 남겨두지 않는 수보리에게 "보살이 상에 머물지 않는 보시를 하면 보살로서 진정한 삶을 사는 것이다."라고 하십니다.

보살은 자나 깨나 보시를 실천합니다. 그러한 삶에서 베푼다고 하는 의식이나 관념이 차곡차곡 쌓인다면 큰 병이 됩니다. 어떤 행위든지 아무 생각이 없이 할 수는 없습니다. 보시를 할 때도 바람처럼 스치면서 지나가는 생각을 할 수도 있습니다. 부처님이나 관세음보살이나 지장보살도 다 생각이 스쳐갈 수 있습니다. 그런데 그 스치는 생각을 붙잡아서 곱씹고 거기에 조건을 달고 대가를 바라면 생각은 점점 굳어져서 하나의 상相이 됩니다. 관념이 굳어지면 큰 병이 됩니다.

인간에게 가장 무서운 병이 상병相病이라고 할 수 있기 때문에 금강경에서는 집중적으로 상을 없애는 가르침을 펴고 있습니다. 상병이 풀리면 모든 문제가 다 풀린다는 것입니다. 또한 나와 가까운 사람일수록 상을 내면 관계가 틀어집니다. 예를 들어 남편이 가장 역할을 하는 것은 당연한 일인데, 아내에게 "나는 뼈 빠지게 돈 벌어오는데 집구석에 앉아서 이게 뭐냐."라고 한다면 가장이라는 상을 내는 것입니다. 남편이 그렇게 나오면 아내는 속으로 '돈 몇 푼 벌어왔다고 치사하게 생색이냐' 하면서 남편에게 가졌던 고마운 마음이 싹 달아나고 미운 마음이 샘솟는 것입니다. 상병으로 말미암아 가정불화가 싹트는 순간입니다.

앞에서 수보리가 부처님께 "그 마음을 어떻게 항복받겠습니까云何降伏其心?" 하고 여쭈었는데, 사실 상병을 제대로 다스릴 줄 알면 마음을 항복받는 문제도 풀리고 그 밖의 문제도 자연스럽게 풀린다고 하는 것이 금강경의 입장입니다. 그래서 상에 머물지 않고 보시를 하면 그 복이 한량없다고 하셨습니다. 예를 들어서 단 돈 10원을 보시하고도 상을 내지 않으면 그 10원의 가치가 영원합니다. 금강경에서는 이런 문제를 집중적으로 다룹니다.

◉

생색을 내지 않으면 헤아릴 수 없는 복덕이 된다

수보리須菩提야 어의운하於意云何오 동방허공東方虛空을 가사량부可思量不아 불야不也니다 세존世尊이시여

수보리須菩提야 남서북방南西北方과 사유상하허공四維上下虛空을 가사량부可思量不아 불야不也니다 세존世尊이시여

수보리須菩提야 보살菩薩의 무주상보시無住相布施하는 복덕福德도 역부여시亦復如是하야 불가사량不可思量이니라

수보리須菩提야 보살菩薩이 단응여소교주但應如所敎住니라

"수보리야, 그대는 어떻게 생각하는가? 동쪽 허공을 모두 상상할 수 있는가?"

"상상할 수 없습니다, 세존이시여."

"수보리야, 남쪽 서쪽 북쪽과 네 간방과 위쪽과 아래쪽의 허공을 모두 상상할 수 있는가?"

"상상할 수 없습니다, 세존이시여."

"수보리야, 보살이 형상에 머물지 않고 보시하는 복덕福德도 또한 이와 같아서 가히 상상할 수 없느니라. 수보리야, 보살은 다만 이와 같이 가르쳐 준 대로 머물러야 하느니라."

보살이 상에 머물지 않고 보시를 하면 그 복덕이 끝이 없는 허공처럼 가히 헤아릴 수 없다고 하였습니다. 보시와 끝없는 허공의 비유가 아주 근사합니다. 금강경 첫머리인 법회인유분에 급고독 장자와 걸식이 등장하는 이유도 여기에 있습니다. 부처님께 밥 두 숟가락을 떠주는 마음으로 보시를 하라는 것입니다. 밥 두 숟가락을 베풀고 무슨 상相이 나겠습니까? 급고독 장자에서부터 부처님의 걸식, 보살의 보시에 이르기까지 무주상보시에 대한 일관된 가르침을 꿰뚫어 알 수 있습니다.

말하자면 수행을 하고 내가 이치를 알고, 깨닫고자 하는 목적이 혼자 갖고자 하는 것이 아니라 남을 이롭게 하고자 하는 것입니다. 1원어치 수행을 했으면 1원어치를 그대로 남에게 베풀고 10원어치를 했으면 10원어치 그대로 진리의 가르침을 그 어디에도 머무는 바 없이 애착 없이 베풀라는 것입니다. 새가 양쪽 날개가 있어야 날듯이 지와 행을 구비해야 합니다. 그래서 스님들이 출가해서 맨 처음에 공부하는 초발심자경문初發心自警文에도 "행지구비行智具備는 여거이륜如車二輪이라", 행동과 지혜를 갖추는 것은 수레의 두 바퀴와 같다고 하였습니다. 또한 부처님의 좌우보처가 문수·보현인 것도 바로 그러한 이치입니다. 부처가 부처로서 제대로 행세를 하려면 지혜의 문수보살과 행원의 보현보살이 함께 있어야 한다는 말입니다. 지혜를 갖추면 매사에 상을 낼 일이 아니라는 것을 알게 되고, 머무는 데 없이 보시하게 됩니다.

그런데 사람들 모두 상내는 데 너무 익숙해져 있어요. 하다못해 길 가의 돌 하나 치워놓고도 자랑을 합니다. 어느 절을 짓는 데 목수 뒷바라지만 해놓고도, "이 절 내가 지었다."고 하고, 기와 몇 장 시주하고는 "이 절 내가 시주해서 다 지었다."고 하는 분도 있습니다. 그렇지만 불사를 많이 했음에도 불구하고 전혀 생색을 내지 않는 분들도 있습니다. 어느 절에 대시주를 한 분이 주지스님께 대접받고자 하지도 않고, 다른 사람과 똑같이 줄서서 공양하고, 후원에서 설거지 등 궂은일을 합니다. 다른 사람들이 그런 모습을 보고 "저분은 이 절의 대시주로 알고 있는데 저렇게 상내지 않고 솔선수범한다."며 칭송을 합니다. 그게 바로 복을 받는 것입니다.

그렇게 상을 내지 않고 보시하면 동방·서방·남방·북방·사유간방의 허공과 같이 상상할 수 없는 복덕을 받는다고 하였습니다. 사유四維는 불교용어인데 사유, 서북간 동남간 등 간방을 합해서 팔방이고, 상하上下를 더해 시방十方이 됩니다. 그 어느 쪽을 달린다 하더라도 그 끝이 없어 헤아릴 수 없는 것처럼 복덕도 마찬가지라는 것입니다.

부처님께서 수보리에게 보살은 이와 같은 가르침대로 살아야 한다고 하십니다. 앞서 수보리는 부처님께 "보살은 어떻게 살아야 하며 어떻게 그 마음을 항복받아야 합니까?" 하는 질문을 하였는데 '보살은 어떻게 살아야 하는가[住]'에 대한 대답이 여기서 일단 정리됩니다.

아무리 남에게 도움을 주는 일을 많이 하였다 하더라도 스스로 그것을 나타내려 하거나 거기에 끈적끈적 달라붙어 있으면 그것이 그만 추해보이고 역겨워지기까지 합니다. 그래서 복덕을 짓기보다는 복덕을 잃는 경우가 많습니다. 지혜가 없어서 머무는 마음이 있기 때문에 미련하고 답답한 행동을 하는 것입니다.

진리에 눈을 뜨신 부처님께서는 제발 머물지 말고 허공처럼 툭 트인 마음으로 시원하게 대자유인으로 살라 하십니다. 떠날 때 떠날 줄 알고, 잊을 때 잊을 줄 알고, 체념할 때 체념할 줄 알고, 손 뗄 때 손 뗄 줄 알아야 합니다. 보시를 할 때도 심지어 사랑할 때도 머무는 바 없이 할 때 최고로 미묘하고 아름다운 삶이라 할 수 있습니다.

제5분

如理實見分

그러한 이치를 사실대로 보다

여리실견如理實見은 이치와 같이 실답게 본다, 진리를 곡해하지 않고 사실대로 본다는 뜻입니다. 제5분은 "진리 그 자체로서의 여래를 육신의 모습으로 볼 수 있겠는가? 모든 형상이란 다 실체가 없이 허망한 것, 그 모든 현상들을 볼 때 이미 형상으로 보이지 않는다면 그는 진리인 여래를 볼 수 있으리라."는 내용입니다.

우리는 살아가면서 자기 자신도 보고 상대방도 보고 부처님도 보면서 살아가고 있습니다. 그런데 밖으로 나타난 형상만 보지 말고 그 속에 숨은 뜻, 숨은 이치를 꿰뚫어 보는 것이 보살의 삶, 불자의 삶이요, 인생을 좀 더 의미 있게 살려고 하는 사람의 삶입니다.

사람들 가운데 사실 여부를 확인하지도 않고 말꼬투리부터 잡고 그 말에 놀아나는 분들이 있습니다. 그러다보니 자연히 실수도 많고 문제도 많이 일으킵니다. 여리실견의 마음자세로 이치에 비추어서 확인해 보면 거짓에 속지 않습니다. 어떤 사물, 어떤 존재를 보든지 진실을 볼 수 있습니다. 여기서 실實의 반대는 허虛도 되고 가假도 됩니다. 이치대로 실답게 보라는 말은 거짓으로 헛되게 보지 말고 존재의 실상을 사실대로 보라는 뜻입니다.

실답게 보면 모든 문제가 잘 풀리기 마련입니다. 깨달음으로 이끄는 올바른 여덟 가지 길[八正道]의 첫 번째가 정견正見인 것도 바로 이러한 이치입니다. 무엇이든 본래의 모습대로 바르게 바라볼 때 문제를 해결할 수 있습니다. 수많은 번뇌 망상도 제대로 보면 사라집니다. 이것은 불교에서 현상을 바라보는 가장 기본적인 시각이며, 또한 가장 바람직한 태도입니다.

실로 우리 눈에 보이는 것은 다 형상뿐인데, 부처의 모습, 실상의 모습은 어디에 있겠습니까? 이 형상을 떠나서 달리 어디에 있단 말입니까? 자리를 펴고 앉아볼 일입니다. 철저히 앉아볼 일입니다.

즉비의 철학

수보리須菩提야 어의운하於意云何오 가이신상可以身相으로 견여래부見如來不아 불야不也니다 세존世尊이시여 불가이신상不可以身相으로 득견여래得見如來니 하이고何以故오 여래소설신상如來所說身相은 즉비신상卽非身相이니다

"수보리야, 그대는 어떻게 생각하는가? 육신으로써 여래를 볼 수 있겠는가?"

"아닙니다, 세존이시여. 육신으로써는 여래를 볼 수 없습니다. 왜냐하면 여래께서 육신이라고 말씀하신 것은 곧 육신이 아닙니다."

세상의 모든 문제를 이치에 따라 실답게 봐야 합니다. 한편 불자가 먼저 해결해야 할 것은 부처님은 어떤 존재인가를 실답게 이해하는 일입니다. 부처님은 여래, 즉 진리에서 오신 분입니다. 다시 말해 '우주와 삼라만상의 진리 생명 그 자체'라고 할 수 있습니다.

부처님께서 수보리에게 묻습니다. 마치 오랜 세월 함께한 부부가 어느 날 "당신 내 얼굴 보고 결혼했어?"라고 묻는 말처럼 "자네 내 얼굴 보고 부처라고 하는가?" 하고 묻자 수보리가 아니라며 펄쩍 뜁니다. 그런데 사실 거룩한 32상 80종호를 지니신 부처님을 보고 부처로 여기지 말라고 하면 쉽게 납득이 가지 않을 것입니다. 그러나 수보리

는 부처님의 뜻을 얼른 알아차리고 몸의 모양으로 여래를 볼 수 없다고 대답합니다.

우리는 태어날 때 부모에게 몸을 받아서 차츰차츰 성장하여 오늘에 이르렀습니다. 오늘의 이 모습 역시 끊임없이 변하다가 결국 죽어서 한 줌의 흙으로 돌아갑니다. 상식적으로도 그렇게 허망한 몸을 부처님이라고 할 수 없지요. 이 육신은 무상無常한지라 시시각각 명멸해갑니다.

육신을 부처라고 여기지 말라는 부처님의 가르침은 경전에 수도 없이 나옵니다. 아함부의 바카리비구경에도 그러한 내용이 나옵니다. 죽음을 앞둔 바카리라는 비구가 마지막으로 부처님께 예배를 드리고 싶어 하였습니다. 부처님께서 그를 위로해 주기 위해 찾아가셨습니다. 부처님을 뵙자, 바카리 비구가 안간힘을 써서 몸을 일으켜 예배를 드리려고 하자, 부처님께서 호되게 나무라십니다.

"너의 병들어 썩어가는 몸뚱이를 일으켜 세워서 너와 별다를 바 없이 늙어 무너져 내리는 나의 이 몸뚱이에 예배를 드린다고 무슨 이익이 있겠느냐. 여래를 그동안 육신이라고 여겼더냐. 그러고도 나의 제자라고 하겠느냐."라고 하시면서 바카리 비구를 경책하신 부처님은 이어서 "법을 보는 자는 나를 보고 나를 보는 자는 법을 본다."는 그 유명한 법구를 남기셨습니다.

이처럼 여래를 보는 참된 지혜가 있어야 법을 봅니다. 만물의 실상, 생명의 실상을 바로 보게 됩니다. 이 말은 결국 겉으로 보이는 우리 몸뚱이에 집착하지 말고, 순금덩어리 같은 우리 본래의 진실생명, 본래 면목에 눈뜨라는 말씀입니다. 자기 한계를 지어 중생 놀음만 하지 말고 부처로 살라는 말씀입니다.

여기서 수보리가 '즉비신상卽非身相, 여래의 몸은 여래의 모습이 아니다'라고 하였는데, 즉비라는 말에 유념하십시오. 이 말은 금강경에서 제일 많이 나오는 단어입니다. "몸의 모습은 곧 몸의 모습이 아니다. 그러므로 몸의 모습이라 불린다."라는 것이 즉비의 논리입니다. 처음의 몸의 모습과 나중에 나오는 몸의 모습은 다른 차원입니다. 우리가 잘 아는 선어禪語인 "산은 산이고 물은 물이다. 산은 산이 아니고 물은 물이 아니다. 그러므로 산은 산이고 물은 물이다." 역시 즉비의 차원입니다. 첫 문장은 상식적인 차원이고, 두 번째 문장은 절대부정의 차원이며, 세 번째는 절대긍정의 차원입니다. 첫 번째와 세 번째 문장은 같으나 전혀 다른 차원입니다. 우리가 부처님에 대해서도 그러한 안목으로 이해해야 합니다.

영가永嘉 선사의 증도가證道歌에도 "무명실성無明實性이 즉불성卽佛性이요 환화공신幻化空身이 즉법신卽法身이라."는 내용이 나옵니다. 우리 번뇌 무명의 이 성품이 그대로 불성佛性이고, 환영 같은 이 육신肉身이 그대로 법신이라고 했습니다. 사실 육신을 떠나서 따로 법신을 구하는 것은 종로에서 서울이 어디냐고 묻는 것과 같은 격이지요. 대승경전이나 조사스님들은 한결같이 이 몸을 떠나 진리를 구하는 것은 잘못된 소견이라고 하였습니다.

금강경 제일사구게

불고수보리佛告須菩提하사대
범소유상凡所有相이 개시허망皆是虛妄이니

약견제상비상若見諸相非相하면 즉견여래卽見如來니라

부처님께서 수보리에게 말씀하셨습니다.

"무릇 형상이 있는 것은 모두 다 허망하나니
만약 모든 형상을 형상이 아닌 것으로 보면
곧 여래를 보느니라."

석가모니 부처님께서는 80세에 돌아가셨습니다. 하지만 부처님의 크나큰 공덕과 가르침은 불자들의 가슴 속 깊이 자리하고 있습니다. 우리는 부처님의 넉넉한 지혜와 복덕 속에서 살고 있습니다. 그런데 '무엇이 여래다'라고 구체적인 형상을 말하기는 어렵습니다.

예전에 어떤 큰스님이 계셨는데, 불교는 물론이고 노자, 장자에 아주 해박하셨습니다. '노장학에 밝은 분이다'라는 평이 나중에는 '그 스님은 노장만 아는 스님이다'라고 되어 버렸지요. 어느 날 그 스님이 "내가 불교 하는 사람이지 노장학 하는 사람이냐?" 하고 불편한 속내를 비친 적이 있습니다. 이와 같이 한두 가지 사실만을 가지고 판단하면 안 됩니다. 부처님도 마찬가지입니다. 진정한 부처님을 이해하려면 '이것도 아니다' '그것도 아닌 것은 아니지만 그렇다고 여기에 한정해서 부처님을 이해해선 안 된다' 하는 즉비卽非의 자세가 필요합니다.

무릇 있는 바 상이 있는 것은 다 허망합니다. 세상만사가 허망한 것은 보통 사람들도 다 느끼는 바입니다. 이 세상 만물은 다 인연으로 잠깐 얽혀 있는 것이기 때문에, 분해하면 실체가 없어집니다. 지·수·화·풍 사대로 이루어진 육신이 뿔뿔이 흩어지듯이 컴퓨터도 여러 가지 부속품을 다 하나하나 분해해 버리면 없어져 버립니다. 공을 이해하는 데 크게 세 가지 차원이 있는데, 눈에 보이는 그대로 현상만 보는 것은 중생 소견이요, 설명을 듣고 나름대로의 사유를 통해서 공을 이해하는 이는 소승의 성문 연각이요, 문화재 감별사가 가짜인지 진짜인지 척 알듯이 보자마자 공인 줄 아는 것이 대승 보살입니다. 모든 형상에서 형상 아닌 것으로 보는 중도정견中道正見으로 여래를 본다는 것은 대승 보살의 안목입니다.

"이 사구게四句偈만이라도 수지受持・독송讀誦・위인해설爲人解說하면 그 복福이 무한하리라."는 표현들이 자주 나옵니다. 이 구절을 마음에 깊이 새기면 모든 세상사, 인생사 문제들을 쉽게 해결하는 길이 보이고, 좀 더 깨어있는 안목을 갖게 되어 아주 홀가분한 마음이 될 것입니다.

유교에 "서자서書自書 아자아我自我, 책은 책이고, 나는 나다."라는 말이 있습니다. 이론과 삶을 달리 생각하는 경우가 많아서 그러한 표현이 있는데, 불교는 진리를 바로 생활에 적용할 수 있는 가르침입니다. 삶의 지혜의 눈을 뜨게 해 주어 이익을 주고 행복을 열어줍니다. 육신이 허망하다는 생각, 영원하다는 생각은 둘 다 치우친 것이기 때문에 중도中道를 강조하셨습니다. 이것은 모든 존재를 이해하는 열쇠이기도 합니다.

제6분 正信希有分
바른 믿음은 희유하다

올바른 믿음을 갖기란 희유한 일입니다. 게다가 부처님께서는 모든 것을 다 드러내어서 사람들로 하여금 남김없이 알게 하였기 때문에 더욱 어렵고 희유한 일입니다.

"눈앞에 보이는 저것은 부처가 아니다. 그러므로 눈앞에 보이는 저 모든 것이 다 여래다."라는 도리를 바로 믿어 안다는 것은 참으로 희유한 일입니다. 또한 기쁘고 즐거운 일입니다. 상에 매달리지 않으면 무한히 자유로울 수 있고, 상에 집착하지 않으면 우주적인 삶을 살 수가 있습니다.

법, 진리에도 매달릴 일이 아닙니다. 하물며 법이 아니고 진리가 아닌 것이야 말해 무엇 하겠습니까. 그리하여 부처님께서는 "나의 설법을 물을 건널 때만 필요로 하는 뗏목처럼 알라."고 하셨습니다. 이렇게 믿고 이해하는 지혜의 삶이 과연 어렵고 희유한 것인가요?

◉
여래가 열반하고 오랜 세월이 흐른 뒤에도 신심을 내리라

수보리須菩提가 백불언白佛言하사대 세존世尊이시여 파유중생頗有衆生이 득문여시언설장구得聞如是言說章句하고 생실신부生實信不잇가 불고수보리佛告須菩提하사대 막작시설莫作是說하라 여래멸후후오백세如來滅後後五百歲에 유지계수복자有持戒修福者가 어차장구於此章句에 능생신심能生信心하야 이차위실以此爲實하리니

수보리가 부처님께 여쭈었습니다. "세존이시여, 자못 어떤 중생이 이와 같은 언설이나 장구를 얻어 듣는다면 실다운 믿음을 내겠습니까?"

부처님께서 수보리에게 말씀하셨습니다.

"그런 말을 하지 말라. 여래가 열반한 뒤, 최후의 오백 년 경에도 계戒를 받아 지니고 복福을 닦는 사람들이 있으리라. 그들은 이러한 글귀에 신심을 내고, 이러한 이치로써 진실을 삼으리라.

종교인들이 바른 믿음을 갖지 못하면 오히려 믿음을 갖지 아니한 것만 못합니다. 자기 종교에 치우치고 집착하면 큰 병통이 됩니다. 잘못된 믿음 때문에 국가 간 전쟁을 일으키고, 가족 친지간에 불화하는 일이 얼마나 많습니까? 정신희유正信希有란 '바른 믿음은 아주 귀하다'는 뜻입니다. 불교를 믿는 사람은 많지만 불교를 바르게 믿는 사람은 매우 귀합니다. '파頗'자는 '자못', '부족하나마'라는 뜻이고, '득문得聞'은 '얻어 듣는다'는 뜻입니다. '장구章句'는 '글귀'인데 여기에서는 앞의 사구게를 뜻합니다.

보통 사람들을 상견중생相見衆生이라 합니다. 형상을 봐야 마음을 일으키는 속성을 가졌기 때문입니다. 그런데 부처님께서는 "형상을 허망하게 생각하고 형상에서 형상 아닌 것을 봐야 곧 여래를 본다."고 하시니, 수보리가 이런 부처님의 말씀을 듣고 누가 부처님에 대한 믿음을 내겠느냐며 여쭙는 대목입니다. 수보리는 당시 사람들의 정신적인 수준과 상에 사로잡혀 있는 말세 사람들의 정신 상태까지 미리 감지하고 질문한 것입니다.

여래 멸후 후 500세라는 것은 여래가 열반한 뒤 다섯 개의 오백 년 중에 제일 마지막인 제5 오백년, 여래 멸후 2,500년경입니다. 현재 우리가 살고 있는 이 시대로 봐도 좋습니다. 부처님께서는 이 시대 사람들이 "계를 가지고 복을 닦는 사람이 있어 이 구절에 능히 신심을 내서 이것으로써 실다움을 삼을 것이다."라고 말씀하십니다.

'여래는 형상이 아니다. 32상 80종호도 아니고, 80세까지 살다간 역사적인 사실도 아니다. 그 모든 것을 포함하면서도 거기에서 벗어난 것에 여래의 실체가 있다. 그것은 가르침이요, 진리요, 그 진리를 만천하에 선포하신 자비와 원력이다. 이 모든 것들이 여래의 실상이다'라고 생각하는 사람이 있다는 것입니다. 2천5백 년이 아니라 2만 5천 년이 지난 뒤에도 사람의 수준은 타고난 성품도 약간 영향을 미치겠지만, 수행하고 공부하기에 달린 것입니다.

5오백세를 살펴보면, 불멸후 제1 오백 년은 해탈견고解脫堅固시대로 깨달은 분들이 많이 나오는 시기입니다. 제2 오백 년은 선정견고禪定堅固시대로 선정 수행을 하는 이들이 많은 시기이고, 제3 오백 년은 다문견고多聞堅固시대로 부처님 말씀을 듣는 이들이 많은 시기입니다. 제4 오백 년은 탑사견고塔寺堅固시대로 사원과 탑을 건립하는 사람이 많은 시기이고, 제5 오백 년은 투쟁견고鬪諍堅固시대로 자기의 설을 고집하여 서로 싸우는 시기라고 합니다. 경전에서 굳이 500세를 잘라서 이야기하는 것은 부처님께서 열반하시고 500여 년 후에 대승불교운동이 일어났기 때문입니다. 대승불교운동은 불교역사에 있어서 큰 변화를 가져와 마치 부처님이 이 세상에 다시 온 것과 같은 커다란 사건입니다. 그렇기 때문에 대승경전에는 500년, 특히 5라고 하는 숫자를 많이 씁니다.

그런데 이것을 시간적으로 보지 않고 우리 삶의 과정, 또는 신앙생활을 해 가는 과정으로 볼 수도 있습니다. 가장 우수한 경지가 해탈, 그다음은 선정, 다문, 탑사, 투쟁이라 할 수 있지요. 사람들의 삶을 살펴보면, 비교하고 경쟁하며 시시비비하는 데 온 정력을 쏟기 일쑤입니다. 그러다가 부처님 도량에 오면 보고 듣는 것만으로도 마음이 달라집니다. 절에 모셔진 부처님, 탑, 전각, 수려한 산세 등등 주위 환경만 보고도 속세를 벗어난 느낌이 들고, 불교가 알고 싶어집니다. 그런 인연으로 경전을 공부하고, 법문을 듣는 것을 다문이라고 합니다. 불교에 대해 많이 알게 되면 '마음속에 깊이 간직해야지' 하는 마음으로 좌선을 합니다. 즉 선정에 드는 것이지요. 선정이 깊어지면 결국 그 어디에도 걸리지 않는 대자유인이 되는데, 그것을 해탈이라고 합니다.

하지만 부처님께서는 "투쟁만 일삼는 시대의 사람이라 하더라도 차원 높은 부처님의 진실한 모습을 이해하고 신심을 내는 사람이 있을 것"이라고 하셨습니다. 세속적인 삶에서는 투쟁하면서 그야말로 만신창이가 되어 살다가도 어느 순간 한 마디 탁 듣는 데서 귀가 열리고 눈이 뜨이고, '아, 인간의 진정한 가치는 이런 것이구나'라는 것을 알 수 있습니다. 취생몽사하며 산다고 결코 무시할 일이 아닙니다. 그렇게 살다가도 어느 한 마디에 홀연히 발심해서 어느 누구보다도 훌륭한 삶을 살 수 있습니다.

⦿ 선근을 심은 사람들은 상相이 없다

당지시인當知是人은 불어일불이불삼사오불不於一佛二佛三四五佛에 이종선근而種善根이라 이어무량천만불소已於無量千萬佛所에 종제선근種諸善根하야 문시장구聞是章句하고 내지일념생정신자乃至一念生淨信者니라 수보리須菩提야 여래如來가 실지실견시제중생悉知悉見是諸衆生이 득여시무량복덕得如是無量福德이니라 하이고何以故오 시제중생是諸衆生

이 무부아상인상중생상수자상無復我相人相衆生相壽者相하며 무법상無法相하며 역무비법상亦無非法相이니라

반드시 알아야 한다. 이러한 사람들은 한 부처님이나, 두 부처님이나, 셋 넷 다섯 부처님에게만 선근善根을 심은 것이 아니다. 이미 한량없는 천만 부처님의 처소에서 여러 가지 선근을 심은 사람들이다. 그래서 이러한 글귀를 보고 한 생각이나마 청정한 믿음을 내느니라.

수보리야, 여래는 이 모든 중생들이 이와 같이 한량없는 복덕을 얻으리라는 것을 다 알고 다 보느니라. 왜냐하면 이 모든 중생들은 더 이상 나라는 상相이나, 남이라는 상이나, 중생이라는 상이나, 수명에 대한 상이 없느니라. 그리고 옳은 법法이라는 상도 없고, 그른 법〔非法〕이라는 상도 없기 때문이니라.

여러 부처님들은 석가모니 부처님이라고 해도 좋고 아미타 부처님이라고 해도 좋고 그동안 여러 경전에서 만났던 부처님이라고 해도 좋습니다. 무량 천만 불소라고 하면 이미 일체가 다 부처님이라고 하는 의미가 포함되어 있습니다.

사실 일불, 이불, 삼불, 사불, 오불은 가장 가까운 부처님을 뜻합니다. 아버지 부처님, 어머니 부처님, 아내 부처님, 남편 부처님, 우리 가족 부처님이라는 의미가 깃들어 있는 것입니다. 그리고 나와 인연이 있든 없든 일체 모든 부처님이 무량 천만 불소입니다. 석가모니 부처님, 아미타 부처님 등 경전에 명시되어 있는 부처님이나 역사적으로 등장하는 부처님만을 뜻한다면 이런 표현은 있을 수가 없겠지요.

대승경전의 가르침을 이해하는데, 부처님에 대한 올바른 이해가

제일 중요한 열쇠입니다. 거듭 말씀드리면, 모든 사람을 다 부처님으로 생각하고 받들어 섬기라는 것이 대승경전의 뜻입니다.

종제선근種諸善根, 여러 가지 선근을 심는다고 하였는데, 경전을 읽고, 염불을 외우고, 예배를 드리고, 사람들을 부처님처럼 받들어 섬기며, 배려하고, 어여삐 여기고, 불쌍히 여기는 것 등이 전부 선근입니다. 부처님과 인연을 맺어주고, 부처님의 가르침을 한마디라도 더 전해 주려고 하는 마음도 선근입니다.

이렇게 여러 가지 선근을 심었기 때문에 경전 말씀을 들으면 청정한 믿음을 낸다고 하였는데, 이는 너니 나니 하는 차별심·분별심을 가질 필요 없이 똑같이 '사람이 부처님이다' 하는 믿음이 생긴다는 것입니다. 그래서 모든 사람을 부처님으로 받들어 섬길 때 그도 행복하고 나도 행복한 것입니다. 금강경의 첫 번째 사구게인 "범소유상 개시허망 약견제상비상 즉견여래(만약 모든 형상을 형상 아닌 것으로 볼 줄 알면 곧 여래를 본다),"의 참뜻이 여기에 있습니다.

불교에 입문하신 지 얼마 안 된 분들은 부처님 하면 법당에 계신 부처님, 조금 공부한 사람들은 역사적인 부처님을 떠올립니다. 그러나 금강경을 공부하고, 불교 공부가 깊어지신 분들은 "형상에 속으면 진짜 부처님을 못 본다. 사람도 외모나 첫인상을 그 사람의 전부라고 생각하면 안 된다."는 안목이 열립니다. 이런 분들은 금강경 말씀에 신심을 내고 그 뜻을 이해할 수 있습니다. 비록 각박한 현실에서, 투쟁하듯 살아가는 삶으로 되돌아간다손 치더라도 경전 공부를 할 때 '이치를 들어보니 참 그럴듯하네' 하는 작은 깨달음만 있어도 다행스러운 일입니다.

아주 잠깐 동안만이라도 청정한 믿음을 낸다는 것이 중요합니다.

여기서 청정한 믿음이라는 말은 부처님의 가르침에 준하는 마음상태 내지 정신상태가 되어 있다는 것입니다. 보살계를 줄 때 자주 드리는 말씀인데, 앉아서 받고 서서 파하더라도 받는 그 순간, 그 인연이 아주 지중한 것입니다. 그 한순간도 영원히 돌아올 수 없는 나의 삶이고, 한순간이라도 청정한 믿음을 내면 그것이 종자가 되어 어느 순간 활짝 꽃피울 때가 있는 것입니다.

위와 같은 부처님의 가르침은 수보리가 의심하고 염려하는 것을 불식시켜버립니다.

또한 금강경 공부의 한량없는 복덕은 부처님과 사람을 궁극적인 차원으로 이해하는 것입니다. 다이아몬드나 돈다발이 떨어지는 차원이 아닌 우리들 자신 속에 이미 갖추고 있는 무량복덕에 대해 눈을 뜨는 것이지요. 이렇게 자신에 대해 눈뜬 사람은 더 이상 상相이 없습니다. 나의 내면이 저 태양처럼 밝은데 소소한 나무 그림자나 산 그림자 등에 마음 쓸 까닭이 없기 때문입니다. 상이라고 하는 것이 따지고 보면 그와 같은 그림자인 것입니다. 구름이 얕게 떠있으면 비가 무수히 쏟아지지만, 그것을 넘어서 구름을 뚫고 올라가면 태양만 찬란하게 비추는 것처럼 궁극적 차원에 눈을 뜨면 이 모든 것이 다 없다는 것입니다.

'이것은 진리다' '이것은 훌륭한 가르침이다'라고 하는 것이 법상입니다. 또한 '불법답지 못하다' '진리답지 못하다' '다른 종교이니까' '다른 가르침이니까' 하는 차별상이 비법상입니다. 예를 하나 든다면, 사람들이 법당에 참배할 때 앞서 온 사람들이 켜 놓은 초를 빼고 자기가 사온 초에다 불을 켜서 올리는 경우가 많습니다. 향도 마찬가지입니다. 그러면 법당 관리하는 사람들이 쫓아와서 다른 사람이

꽂아 놓은 초를 빼고 자기 초를 꽂는다고 면박을 줍니다. 이렇듯 모처럼 절에 와서 정성 드리는 사람을 부끄럽게 하고, 화나게 해서 신심을 떨어뜨리게 하는 예들이 종종 있습니다.

자기가 배운 것, 자기가 아는 것을 옳다고 고집하고, 그것이 굳어져서 형상화된 것이 법상입니다. 금강경에서는 무유정법無有定法을 강조합니다. 이 세상에 고정된 법은 아무것도 없는데, 고정된 관념 때문에 사람들을 가슴 아프게 하는 일들이 많습니다. 고정된 관념을 가지고 남이 하는 일을 평가할 일이 아닙니다. 남을 평가하기 이전에 아집我執과 알량한 틀에 얽매인 자신을 반성해야 합니다.

◉

옳은 법도 버려야 하거늘 하물며 그른 법이겠는가

하이고何以故오 시제중생是諸衆生이 약심취상若心取相하면 즉위착아인중생수자則爲着我人衆生壽者니 하이고何以故오 약취법상若取法相이라도 즉착아인중생수자卽着我人衆生壽者며 약취비법상若取非法相이라도 즉착아인중생수자卽着我人衆生壽者니라
시고是故로 불응취법不應取法이며 불응취비법不應取非法이니라 이시의고以是義故로 여래상설如來常說하사대 여등비구汝等比丘가 지아설법知我說法을 여벌유자如筏喩者라하노니 법상응사法尙應捨어든 하황비법何況非法이리오

왜냐하면, 이 모든 중생들이 만약 마음에 어떤 상을 취하면, 곧 나와 남과 중생과 수명에 집착하게 되기 때문이니라. 왜냐하면 만약 옳은 법이라는 상을 취하여도 곧 나와 남과 중생과 수명에 집착하게 되며,

만약 그른 법이라는 상을 취하여도 나와 남과 중생과 수명에 집착하게 되기 때문이니라.

그러므로 반드시 옳은 법을 취하지도 말고, 반드시 그른 법을 취하지도 말라. 이러한 이치에 근거한 까닭에 여래는 늘 말하기를, '그대 비구들은 나의 설법을 뗏목의 비유처럼 알라'라고 하였노라. 옳은 법法도 오히려 반드시 버려야 하거늘, 하물며 그른 법(非法)이겠는가?"

만약 마음에 상을 취할 것 같으면 고구마를 캐면 주렁주렁 고구마가 따라오듯이 아상·인상·중생상·수자상에 집착하게 된다고 하였습니다. 한 가지에 집착하는 사람이 만 가지에 다 집착하는 경우만 보더라도 그렇습니다. 물론 불교를 공부하는 사람은 불교에 심취해야 됩니다. 하지만 그것이 치우쳐 법상이라는 병이 되면 아상·인상·중생상·수자상이라는 병까지 불러오게 된다는 뜻입니다. '부처님의 가르침이 정말 뛰어나다'는 것을 알았다 하더라도 집착해서는 안 된다는 것이 금강경의 안목입니다. 법도 취하지 말아야 하는데, 법 아닌 것은 당연히 취하면 안 되지요. 취하는 것이 있으면 상대적으로 버리는 것이 따라오기 때문입니다.

달라이 라마를 생불生佛이라 표현하는데, 참으로 상이 없고, 마음이 열려 있는 분이라는 생각이 듭니다. 언젠가 "세상에 종교가 너무 많지 않느냐?"는 질문에, 달라이 라마가 대답하길, "사람들의 근기의 다양성을 고려해 볼 때 지금보다 더 많은 종교가 필요하다. 한 사람 한 사람 각자에게 맞는 종교가 필요할지도 모른다."고 하는 말을 듣고 존경하게 되었습니다. 물론 이 말씀은 비판거리도 될 수 있겠지만, 그만큼 중생들의 각양각색의 근기를 배려하고 불교만을 고집하지 않는다는 점에서 존경스럽고, 평범한 경지에서는 나올 수 없는 말입니다.

대부분의 사람들은 자기 잣대로 봅니다. 자기 마음에 맞으면 착한 사람이고, 그렇지 않으면 나쁜 사람이라고까지 생각합니다. 아집에 병들어 있고, 편협한 생각을 가지고 있기 때문입니다. 금강경의 가르침을 통해 이런 것을 살피고 교정해서 보다 더 유연성 있는 삶, 폭넓은 삶, 배려할 줄 아는 삶을 살았으면 하는 마음에서 이 금강경이야말로 전 인류의 교과서가 되어야 한다고 자꾸 강조하는 것입니다.

"반드시 옳은 법을 취하지도 말고, 반드시 그른 법을 취하지도 말라." "나의 설법 알기를 뗏목의 비유와 같이 알라."는 말씀은 어느 종교, 어느 철학에도 없는 것입니다. 부처님께서는 고귀한 태자의 지위를 헌신짝처럼 버리고 금지옥엽 귀하신 몸이 6년이라는 피나는 고행을 하시고, 마침내 큰 깨달음을 얻으시어 평생 동안 만 중생에게 수없이 많은 가르침을 설하셨는데, 강을 건넜으면 뗏목을 버리고 가듯이 "내 설법은 가차 없이 잊어버리고 앞으로 나가야 된다."라고 하신 것입니다. 이러한 말씀만 들어도 가슴이 뭉클하지 않습니까? 부처님은 '참으로 멋진 분'입니다. 금강경에는 보통 다른 종교가 주장하듯 신神을, 교주를 믿으라는 이야기가 전혀 없습니다. 오히려 뗏목처럼 여기고 버려야 한다고 하였습니다.

뗏목은 방편입니다. 불교에는 방편이 많습니다. 세상은 하루가 다르게 변화하고 발전하고 있기 때문에 방편은 시대에 따라서 달라지고 진보해야 합니다. 또한 실다운 법으로 안내하기 위해 방편을 써야 하는데, 그것을 업으로 삼습니다. 뗏목을 타고 강을 건너야 하는데,

강을 오르락내리락 하면서 물놀이나 하다가 도로 뗏목이 출발한 자리로 돌아오는 겁니다. 세속적인 가치관에 집착해서, 방편만 가지고 일생을 마쳐 버리는 사례가 너무 많습니다. 올바른 지견과 확신으로 과감하고 용기 있게 강 건너의 불법에 대해 확실하게 이해시켜야 큰 복이 되는 것입니다.

"법상응사法尙應捨어든 하황비법何況非法이리오. 법도 버려야 하거늘 하물며 그른 법이겠는가?" 예전에 어느 어머니가 시집가는 딸에게 "시집가거든 절대 착한 일 하지 말라."고 당부했다고 합니다. 현명한 딸은 시집가서 잘 살았답니다. 옆에 있는 사람이 그 말을 들으면서 '착한 일 하지 말라고, 나쁜 일 하라는 말인가?'라고 하면서 이상하게 생각했습니다. 말귀를 잘 알아듣는 딸은 '착한 일도 하지 말라 했는데, 하물며 나쁜 일을 할 수 있겠는가?'라는 생각으로 처신을 잘했던 것입니다. 처음 시집 가서 착한 일 하겠다고 애쓰다 보면 부작용이 더 많이 생깁니다. 예를 들어, 시아버지에게 착한 일을 해서 칭찬을 들으면 시어머니, 동서들의 질투심을 불러 일으켜 오히려 화근이 됩니다. 특히 귀머거리 3년, 벙어리 3년, 장님 3년이라는 말이 있을 정도로 시집살이가 심했던 시절에는 더더욱 그렇지요.

저는 금강경을 읽으면 등줄기가 시원해지는 느낌이 듭니다. 어느 조사스님은 금강경을 찬탄하기를, "언언리인言言利刃 당양當陽, 말씀 말씀이 다 햇빛에 날카로운 칼날을 비친 듯하다."고 하였지요. 존재에 대한 이치를 바로 깨우쳐주는 금강경을 공부하면 어떤 어려움과 난관과 장애도 문제가 되지 않습니다. 금강경의 이치대로 살면 참으로 편안하고 행복한 삶을 누릴 수 있는 것입니다.

제7분 無得無說分

얻음도 없고 설함도 없다

'무득무설無得無說, 얻음도 없고 설함도 없다'고 하였습니다. 실로 참다운 성품, 참다운 진리는 본래 텅 비어서 일체 상과 일체 법이 없습니다. 그래서 얻을 것도 없고 할 말도 없습니다. 그러니 주고받을 일인들 있겠습니까? 본래 이와 같은 이치라면 무엇이 깨달음이며 무엇이 설법이겠습니까.

지혜로운 사람들은 일단 모든 차별과 분별의 근본이 무위법임을 알고, 얻음에 대해서도 이해해야 합니다. 그렇다면 얻음[得]이란 무엇인가? 불교에서는 부처님께서 6년 고행 끝에 '아뇩다라삼먁삼보리법인 최상의 깨달음을 얻었다' 또는 '성도했다' '견성했다' '오도했다'라는 표현을 합니다. 그것이 곧 득得입니다. 금강경을 공부하면서 '아, 이것이었구나' 하는 것을 마음으로 느끼고 얻어가는 것이 많습니다. 그것도 득이라고 할 수 있습니다.

어쨌든 불자들은 부처님께서 깨달음을 얻은 사실을 가지고 성도재일을 기념합니다. 그런데 부처님 본인은 '아니야, 얻음이 없어[無得]'라고 합니다. 또한 부처님께서는 팔만대장경을 설하셨으면서도 '설한 것이 없다[無說]'고 했습니다. 금강경에 의하면, 상은 병이 되고, 인생을 어둡게 하고, 힘들게 하고 관계를 나쁘게 하니 어떤 경우의 상도 가져서는 안 된다고 합니다. 철저히 자기를 비우고, 관념을 떠나고, 상을 없앤 금강경의 종지에 딱 맞는 내용입니다.

고정된 실체로서의 법은 없다

수보리須菩提야 어의운하於意云何오 여래如來가 득아뇩다라삼먁삼

보리야得阿耨多羅三藐三菩提耶아 여래如來가 유소설법야有所說法耶아
수보리언須菩提言하사대 여아해불소설의如我解佛所說義컨댄 무유정
법명아뇩다라삼먁삼보리無有定法名阿耨多羅三藐三菩提며 역무유정법
여래가설亦無有定法如來可說이니다

"수보리야, 그대는 어떻게 생각하는가? 여래가 최상의 깨달음을 얻었는가? 또 여래가 설법說法한 바가 있는가?"

수보리가 사뢰었습니다.

"제가 부처님께서 말씀하신 뜻을 이해하기에는 고정된 그 무엇으로써 최상의 깨달음이라고 할 것은 없습니다. 또한 고정된 그 무엇으로써 여래께서 설법하신 것은 없습니다.

부처님께서 수보리에게 두 가지, '아뇩다라삼먁삼보리를 얻었는가', '설법한 것이 있는가'를 물었습니다. 불교의 재산은 첫째, 깨달음을 얻은 것이 큰 재산이고, 둘째, 팔만대장경이라 하는 광대한 설법이 큰 재산입니다. 부처님의 깨달음은 인류사에 가장 큰 사건이요, 부처님께서 남긴 말씀은 인류문화유산 중에서 최고의 걸작이라 평가받고 있습니다. 그런데 당신은 일체 얻은 것도 없고 설한 것도 없다 하셨습니다. 작은 공덕을 짓고 알량한 봉사를 하고서도 온갖 상을 내며 살아가고 있는 사람들에게 실로 벼락과도 같은 가르침입니다.

부처님께서 그 모든 희생을 치르고 얻어낸 것에 대해서 당신 스스로 어떻게 생각하셨는지를 살피면 우리가 어떻게 생각하고 살아야 할지 답이 나옵니다. 사실 부처님의 말씀은 우리 마음에 안 드는 것도 많습니다. 자꾸 자랑하며 상을 내고 싶은데, 상 내지 말라고 얼마나

강조하십니까? 그런데 본질을 꿰뚫어보면 상相을 낼 게 없습니다. 그렇다고 해서 아무것도 하지 말고 포기하라는 것이 아닙니다. 무엇이든지 소중하게 생각하고 행하되, 집착을 하지 말라는 것이지요.

부처님께서는 수보리에게 질문함으로써 우리 마음속 깊이 스며들 때까지 일깨워주시는 것입니다. 부처님의 질문에 수보리가 아주 겸손하게 대답합니다. 우리나라 사람들이 대화의 기술이 외국인에 비해 떨어진다고 하는데, 수보리처럼 '제가 이해하기에는…'이라고 하면서 말문을 열어도 대화가 잘 될 것입니다.

아무튼 여래가 설한 것이 있느냐는 부처님의 질문에 수보리는 무유정법無有定法이라 하였습니다. 최상의 깨달음이라고 이름할 만한 고정된 법이 없다는 것입니다. 스님들이 금강경 공부를 한창 재미있게 할 때 아주 잘 쓰는 말이 이 무유정법입니다. 어느 스님이 무슨 말을 강력하게 주장하면 "무유정법인데, 이러면 어떻고, 저러면 어떠냐…"는 식으로 이야기하면서 박장대소하곤 합니다. 이렇게 자기 유리한 대로, 아전인수 격으로 말하면 안 되지만, "고정된 실체로서의 법은 없다."는 이 말씀은 만고의 진리입니다.

금강경을 애지중지하는 분들이 많습니다만, 금강경 역시 응병여약應病與藥, 병에 따라서 약을 베푸는 것, 그 병을 앓는 사람에게만 그 약방문이 필요한 것입니다. 서구의학에서는 똑같은 감기약을 줍니다만, 동양의학에서는 감기약을 지을 때도 환자의 나이, 성별, 평소 어떤 음식을 즐겨 먹는지, 주거환경은 어떤지 일일이 따져서 그 사람에게 딱 맞는 약을 지어줍니다. 마찬가지로 부처님 설법도 사람에 따라서 다 다릅니다. 똑같은 문제라 하더라도 그 사람이 살아온 과정, 지식, 습관, 성격 등이 다 다르기 때문에, 사람마다 앓고 있는 병이 다 달라서 부처님께서는 일대일로 설법하셨고, 그래서 팔만사천대장경 이라 불리는 수많은 경전이 있는 것입니다.

"부처님이 어떤 고정된 법으로써 설하신 것은 없다."고 말하는 수보리의 수준도 상당합니다. 어떻게 감히 제자가 부처님의 법에 대해서 함부로 단언할 수 있겠습니까? 이는 자기의 견해에 대해서 자신감이 있기에 할 수 있는 말입니다.

◉

병에 따라 약을 준다

하이고何以故오 여래소설법如來所說法은 개불가취皆不可取며 불가설不可說이며 비법非法이며 비비법非非法이니 소이자하所以者何오 일체현성一切賢聖이 개이무위법皆以無爲法으로 이유차별而有差別이니다

왜냐하면 여래의 설법은 모두가 취할 수가 없으며, 말할 수도 없으며, 옳은 법도 아니며, 그른 법도 아닙니다. 왜냐하면 일체 성현聖賢들은 모두가 조작이 없고 꾸밈이 없는(無爲) 법으로써 온갖 차별을 꾸며서 펼쳐 보였기 때문입니다."

계속하여 수보리의 말을 통해 부처님의 뜻을 드러내고 있는 대목입니다. 수보리는 여래의 설법을 다 취할 수도 없고 말할 수도 없다고 하였습니다. '이것이다'라고 관념에 떨어지고, 상에 집착하면 이미 부처님의 진정한 정신에는 위배된다는 것입니다. 왜냐하면 모든 성인들은 다 무위법으로써 차별을 두기 때문이라고 하였습니다.

유위, 무위는 불교 특유의 용어입니다. 우리가 하는 일은 다 조작이 있고, 마음·조건·이유 등이 개입하는데 그와 같은 것을 유위법이라고 합니다. 그에 비해서 존재의 실상을 제대로 꿰뚫어 보는 사람들은 그런 것이 다 떨어져 나가서 없습니다. 그것을 무위법이라고 합니다. 그 무엇도 고정된 법은 없다는 말은 결국 병이 났으니 처방전과 약이 있는 것이지 본래는 없다는 것입니다.

그래서 '무위법'은 '본래 아무것도 없는'이라고 해석해도 좋습니다. 아무것도 없는 데서 이 병에는 이 약을 먹고, 저 병에는 저 약을 먹는 것입니다. 탐욕이 많은 사람에게는 부정관을 시키고, 화를 잘 내는 사람에게는 자비관을 시키고, 어리석은 사람에게는 모든 것이 인연의 이치라고 하는 연기관을 통해 지혜를 증장시키는 것입니다. 아이들을 키울 때도 마찬가지입니다. 그때그때의 상황에 따라서 이런저런 방법을 쓰는 것이지 고정된 가르침은 없습니다.

금강경은 '무상無相'을 으뜸으로 삼아 '모든 것은 아니다, 없다' 하는 식으로 사람들의 상병相病을 집중적으로 치료하는 가르침입니다. 그러나 사람들이 상병을 고치면 금강경도 필요 없어집니다. 그것을 증명이라도 하듯 수보리가 "개이무위법 이유차별(모든 성인들은 무위법으로써 온갖 차별을 꾸며서 펼쳐보였다)."이라고 하였습니다. 결국 세상 모든 것이 없는 것이라는 말입니다. 예를 들어 전단향나무로 불상도 조각하고 보살상도 조각하였습니다. 조각하다가 떨어진 나뭇조각이나 톱밥조차도 재료가 전단이기 때문에 다 전단향내가 납니다. 그렇듯이 불법은 무위법, 없는 것이 재료인데, 그것을 가지고 사성제, 팔정도, 십이인연, 육바라밀, 십이처, 십팔계, 이십오유 등 여러 가지 차별된 법을 펼쳤다는 말입니다. 얼마나 근사한 말씀입니까? 밑줄을 긋고 가슴 깊이 새겨야 할 명구입니다.

　명구 한마디가 "혁범성성革凡成聖(범부를 고쳐서 성인을 만든다)."이라 하였습니다. 역사적으로 장황한 이야기보다 짧은 명구 한마디에서 감동을 받고, 지혜의 눈을 뜨는 사례들이 많습니다. 여러분들이 잘 아시는 육조 혜능慧能 스님도 금강경 한 구절에 눈을 떴습니다. 부처님의 십대 제자인 사리불과 목건련도 본래 다른 종교를 믿었는데, 부처님의 제자인 마승 비구에게서 "제법종연생諸法從緣生 제법종연멸諸法從緣滅 아불대사문我佛大沙門 상작여시설常作如是說"이라는 한 구절을 듣고 발심해서 그 길로 부처님께 귀의한 것입니다. 그러곤 부처님의 오른팔, 왼팔과 같은 역할을 하며 많은 이들을 불법으로 이끌었습니다.

　저도 해인사 선방에서 정진할 때 "정청어독월靜聽魚讀月, 고요히 들으니까 고기가 달을 읽는 소리를 듣겠더라."는 주련 내용을 보고 큰 감동을 받았습니다. 선심禪心이 지극히 깊어지지 않으면 그렇듯 기가 막힌 구절이 나올 수가 없어요. 저는 이 구절을 보고 화두고 뭐고 다 집어 던졌어요.

　부처님의 가르침이든 참선 수행이든 상相으로 하면 안 됩니다. 중생들은 좋아서 경을 뚫어지게 보지만, 옛날 선사들, 한 경지를 넘어선 분들은 눈가리개로 경經을 본다고 했습니다. 이 말은 온종일 경을 보되 거기에 집착하지 않고 마음속에 어떤 고정불변의 형상으로 자리하지 않는다는 것입니다. 여래소설법如來所說法은 취할 것도 아니며 설할 것도 아니며 법도 아니며 비법도 아니라고 하였습니다. 말하자면, 최상의 깨달음이라고 할 것도 없고, 고정된 법이 없다는 설명입니다.

부처님께서 다양한 근기를 가진 수많은 중생들을 하나하나 가르치다 보니 그 사람에게 도움이 될 만한 이야기들을 해 주었고, 인연이 맞아 떨어지면 깨닫기도 합니다. 그물을 크게 많이 펼쳐 놓으면 어느 코에선가 걸립니다. 결국은 본래 성불자리로 가는 겁니다. 그러면 그동안 수도 없이 해온 팔만사천법문은 하나마나한 소리가 됩니다. 따지고 보면 출발하기 이전 자리로 돌아가는 일이기 때문입니다.

그래서 불교에서는 공 도리와 아울러 아무리 작은 행위, 염불 한 마디라도 결코 헛것이 아니라는 것을 강조합니다. 모든 존재는 양면을 다 가지고 있습니다. 진공묘유眞空妙有입니다. 참으로 공한 가운데 묘하게 있고, 묘하게 있으면서 또 공합니다. 우리 마음, 감정, 육신, 가지고 있는 물건도 그렇습니다. 모든 것이 다 공한 가운데 있고, 있는 가운데 공한 양면을 동시에 가지고 있습니다. 그 점을 이해하고 수긍해야 합니다. 이것이 불교를 이해하는 열쇠입니다. 그것이 중도中道입니다.

부처님 말씀 한마디에 인생이 바뀌는데, 부처님인들 당신의 설법을 인정하지 않았겠습니까? 그러나 그것을 굳이 있다고 고집할 일이 아니라는 것입니다. 부처님의 깨달음이나 설법 역시 모든 존재의 실상의 원리대로 움직이는 것이고, 그것에서 한 발짝도 벗어난 것이 아니기 때문입니다. 그 존재의 실상이 바로 있으면서도 없고 없으면서도 있는 바로 그 원리입니다. 그래서 제7분 무득무설분無得無說分, 얻음도 없고 설함도 없다고 하신 것입니다.

제8분 依法出生分
법에 의하여 출생하다

불자들 중에는 불교를 만나서 삶의 방식이 달라지고 가치관이 달라지는 경우가 많습니다. 이것은 큰 변화로 새롭게 태어난 것입니다. 제8분은 '가르침에 의해 새로 태어난 것'을 보여주는 대목입니다. 육신은 부모에게서 받았지만 우리의 마음, 우리의 정신은 견문을 넓히고 체험을 하고, 새로운 가르침에 의해 늘 끊임없이 새롭게 태어나야 합니다. 아는 만큼 더 느끼고, 높이 올라가면 더 멀리 보이는 것처럼 우리 인생도 그렇고 세상도 그렇습니다. 소나무에 의지한 칡덩굴은 하늘을 찌를 듯이 뻗어가고 잔디 속에서 자라는 칡은 계속 땅속으로 기는 법입니다. 부처님의 위대한 가르침을 의지하여 우리의 인생을 날마다 새롭게 향상시켜야 합니다.

그런데 모든 부처님과 부처님의 깨달음이 다 이 반야바라밀법에 의지하여 출현한 것입니다. 다시 말해 만고에 빛나는 이 금강경에서 나온 것입니다. 그럼 이 경은 어디에서 왔습니까? 그것은 한생각 일어나기 이전의 공적空寂한 마음자리, 근원자리입니다. 이 세상에서 가장 복된 삶은 무엇이겠습니까? 반야의 삶입니다. 완전한 자기 자신으로서의 삶입니다. 왜냐하면 모든 것은 내 자신 속에 이미 구족되어 있으며 내가 우주 만유를 창조하는 주인이기 때문입니다. 우리는 못생기고 어리석은 존재가 아니라 참으로 더없이 훌륭한 존재인 까닭입니다. 그러므로 이 반야바라밀의 가르침이야말로 가장 복된 삶을 가져다주며, 부처님과 부처님의 깨달음이 출생하는 곳임에 틀림없습니다. 그렇다고 어찌 반야바라밀에 치우치고, 불법에 빠져 있겠습니까. 반야바라밀이 반야바라밀이 아니요, 불법이 불법이 아니라는 사실도 간과해서는 아니 될 일입니다.

우리는 모두 무량대복의 행운아다

수보리須菩提야 어의운하於意云何오 약인若人이 만삼천대천세계칠보滿三千大千世界七寶로 이용보시以用布施하면 시인是人의 소득복덕所得福德이 영위다부寧爲多不아

수보리언須菩提言하사대 심다甚多니다 세존世尊이시여 하이고何以故오 시복덕是福德이 즉비복덕성卽非福德性일새 시고是故로 여래如來가 설복덕다說福德多니다

"수보리야, 그대는 어떻게 생각하는가? 만약 어떤 사람이 삼천대천세계에 가득한 칠보를 가지고 널리 보시하였다면, 이 사람이 얻은 복덕이 얼마나 많겠는가?"

수보리가 사뢰었습니다.

"아주 많습니다, 세존이시여. 왜냐하면 이 복덕은 곧 복덕성이 아닙니다. 그러므로 여래께서 복덕이 많다고 말씀하신 것입니다."

불교의 우주관에 의하면, 하나의 거대한 수미산이 우주의 중앙에 자리 잡고 있고, 수미산을 중심으로 동서남북에 사대주[동쪽은 동승신주東勝神洲, 서쪽은 서우화주西牛貨洲, 남쪽은 남섬부주南贍部洲, 북쪽은 북구로주北瞿盧洲]가 있습니다. 우리가 사는 지구는 남섬부주입니다. 한 사천하를 한 세계라 하는데, 이 한 세계가 천 개 모이면 일 소천세계가 되고, 일 소천세계가 천 개 모이면 일 중천세계가 되고 일 중천세계가 천 개 모이면 일 대천세계가 됩니다. 삼천대천세계는 대천세계가 삼천 개라는 뜻이 아니라 천을 세 번 거듭했다는 뜻입니다. 어쨌든 상상하기도 어려운

어마어마하게 큰 세계를 뜻하는데, 여기서는 그저 지구라고 봐도 좋습니다. 지구에 가득히 쌓인 금은보화를 보시한다면 얼마나 많은 복덕을 얻겠는지 묻는데, 지구는 그만두고라도 자기 주머니에 가득 찬 돈만 보시해도 큰 복이 됩니다.

그런데 '칠보로써 보시한 그 복덕이 복덕성이 아니라'고 하였습니다. 여기서 '성性'은 '실체'라는 뜻입니다. 형상이 있거나 헤아릴 수 있는 실체적인 입장에서의 복은 조작이 있는 유위복입니다. '그런 것은 복덕의 성품이 아니기 때문에 여래가 복덕이 많은가 하는 문제를 물었습니다'라고 수보리가 대답합니다. 그렇게 많은 보시를 했다면 그 복이 많기는 많지요. 그러나 이것은 어디까지나 한량이 있는 것입니다. 앞으로 한량이 없는 것과 비교해서 이야기하려고 먼저 예를 든 겁니다. 사실 이 말씀은 우리들 개개인의 위대함을 깨우쳐 주기 위해서입니다. 인간의 삶 자체가 천금과도 바꿀 수 없는 것입니다. 그냥 숨 쉬고 살아간다고 생각하기가 쉬운데, 이 세상에 태어나 이렇게 하루하루 살아가는 것이 수억짜리 로또 복권에 당첨되는 것과 맞먹는 일입니다. 알고 보면 우리는 무량대복의 행운을 매일매일 누리고 사는데도 잘 모릅니다. 그 이치를 깨우쳐 주는 것이 바로 금강경입니다.

◉

불법佛法에도 매달리지 말라

약부유인若復有人이 어차경중於此經中에 수지내지사구게등受持乃至四句偈等하야 위타인설爲他人說하면 기복其福이 승피勝彼하리라

하이고何以故오 수보리須菩提야 일체제불一切諸佛과 급제불아뇩다

라삼먁삼보리법及諸佛阿耨多羅三藐三菩提法이 개종차경출皆從此經出
이니라 수보리須菩提야 소위불법자所謂佛法者는 즉비불법卽非佛法이니라
"만약 어떤 사람이 이 경 가운데서 네 글귀만이라도 받아 지녀서 남을
위해 말해 주었다면, 그 복덕이 앞의 복덕보다 훨씬 뛰어나리라.
왜냐하면 수보리야, 모든 부처님과 모든 부처님의 최상의 깨달음의
도리는 다 이 경전으로부터 나왔기 때문이니라. 수보리야, 이른바 불
법佛法이란 곧 불법이 아니니라."

경전을 지니는 것도 수지에 해당됩니다만, 여기서 수지는 '잘 터
득을 해서'라는 뜻입니다. '저 복'은 '칠보를 보시한 복'입니다. 칠보
를 지구에 가득히 채워서 보시한 복보다도 금강경 아니 금강경의 사
구게만 잘 이해하고 남을 위해서 설명해 준다면 그 복이 훨씬 뛰어나
다고 하였습니다. 물질적인 복은 아무리 많더라도 한계가 있기 때문
입니다. 설사 이 지구에 칠보를 가득 채워서 보시를 했다 하더라도 한
생각 잘못하면 큰 보시를 하고 얻은 그 복도 순식간에 날아갈 수가 있
습니다. 1억을 보시하고 나서 자나 깨나 '내가 보시를 했네' 하는 상
相을 내고 있으면 마이너스 2억, 3억이 됩니다.
하지만 금강경의 가르침은 우리가 이미 가지고 있는 무량대복,
인간의 궁극적 내면에 눈을 뜨는 것입니다. 이것은 무량이고, 한계가
없습니다. 누가 뺏어 가고 싶어도 뺏어 갈 수가 없고, 빌려 주고 싶어
도 빌려 줄 수 없고, 저당도 못 잡히고, 사기도 안 당합니다. 이것은
오로지 자기만이 수용할 수 있고, 한편 남에게 끊임없이 한량없이 베
풀 수가 있습니다. 이러한 무량대복이 이미 우리에게 있기 때문에 이

런 말이 성립된다는 것을 이해해야 합니다.

이와 같이 부처님께서는 금강경에서 우리 인간 한 사람 한 사람이 가지고 있는 궁극적 내면의 가치에 눈을 뜨라고 간곡하게 일러주십니다. 거기에 눈을 뜨게 되면 세상에서 말하는 복은 정말 몇 푼어치도 안 됩니다. 역사적으로 볼 때 진시황이 천하를 통일하고 한없는 복을 누렸다고 합니다. 그러나 진시황이 복을 누렸다 해도 요즘 중산층이 누리는 것보다 못합니다. 진시황이 비행기를 탔습니까? 잠수함을 탔습니까? 그 당시 천하를 호령하던 진시황도 현대문명의 이기가 가져다 주는 풍요는 누리지 못했습니다. 유루복이라는 것은 따지고 보면 아주 허망한 것입니다. 불교는 이러한 이치에 눈을 뜨는 것입니다. 현재 우리가 어떤 수준에서 살든지 다른 사람들이 뭐라고 평가를 하든지 정신적으로 풍요롭고 어디에도 걸리지 않게 자유롭고 당당한 삶을 살도록 가르치고 있습니다.

'개종차경출皆從此經出'이라는 대목은 '모두가 이 경, 이 도리, 우리들의 궁극적 차원에서 나왔다는 것, 부처님의 깨달음도 여기에서 나왔음을 일러주는 내용입니다.

아유일권경我有一卷經
불인지묵성不因紙墨成
전개무일자展開無一字
상방대광명常放大光明
나에게 한 권의 경전이 있는데
그것은 종이나 활자로 된 게 아니다.

펼쳐 보아도 한 글자 없지만
언제나 환한 빛을 발하고 있네.

『채근담』에 나오는 위 내용은 바로 우리 마음의 경전, 곧 우리 모두가 본래 신통한 빛을 갖추고 있음을 뜻하는 것입니다. 이렇게 책을 읽고, 말하고, 숨 쉬고, 자기가 해야 할 일을 할 줄 아는 것이 신통입니다. 사리탑에서 방광을 했다, 모모 큰스님이 방광하였다는 얘기들을 하는데, 세상 빛으로 하면 전깃불이 훨씬 더 밝습니다. 겉으로 드러난 빛이 중요한 게 아니라 우리의 삶, 하루하루 살아가는 것이 방광보다 더 빛난다는 사실을 제대로 이해해야 합니다.

우리 생명의 실상이 얼마나 신통하고 훌륭한지를 확실하게 이해하면, 다시 말해 알고 보면 우리 가족, 내 이웃, 일체 생명이 부처님이라는 진실이 가슴에 척 와 닿으면 공부를 다 마친 것입니다. 여기에 눈을 뜨면 우리 모두 달라지고 변화합니다. 부처님께서는 이러한 것을 가르치기 위해서 열반하시기 직전까지 전도여행을 다니셨습니다. 이루 헤아릴 수 없이 많은 팔만사천대장경을 설하신 뜻이 바로 거기에 있습니다. 그래서 너무나도 위대한 불법입니다. 그렇다고 해서 불법에 집착을 하거나 그 관념에 사로잡힌다면 '그것은 아니다'라는 것이 금강경입니다.

우리는 불법에 그만 목을 맵니다. 옴짝달싹 못합니다. 금강경이 대단하다고 하면 거기에 다 말려듭니다. 그러나 금강경을 제대로 이해하려면 방하착放下着, 그것마저 놓아버려야 합니다. 좋다고 집착하면 이미 떨어지는 것이고, 상으로 굳어지는 것이고, 금강경의 대의에 어긋나게 되는 것입니다. 불법이 대단하다고 하는 관념에 사로잡혀 버리면 이미 진정한 불법과는 거리가 멀어진다는 말입니다. 그래서 '곧 불법이 아니다'라는 '즉비卽非'가 나옵니다. 뒤에 가면 '이 이름이 불법이다'라고 하는 논리가 이어져서 자주 나옵니다. 부처님께서 불법과 깨달음을 소중하게 말해놓고도 '거기에 매달리지 말라'는 말씀을 강조하시는 뜻을 깊이 새겨야 합니다.

"칠보를 이 우주에 가득 채운 그 복이 얼마나 많으냐. 하지만 금강경의 이치는 그보다 훨씬 뛰어나다. 그 뛰어난 복도 전부 여기에서 나왔다. 그러니까 우리는 그만 거기에 목을 매고 그 가치에 어찌 할 바를 모르지만 그것마저 버려라. 소위 불법이라고 하는 것은 곧 불법이 아니다. 이 이름이 불법이다."

금강경의 가르침은 시원하고 통쾌합니다. 옛날부터 선사들이 특히 금강경을 좋아하는 이유가 바로 거기에 있습니다. 우리의 관념을 싹 쓸어버립니다. 금강경은 마당을 깨끗이 쓸면서 지나간 사람의 발자국마저도 깨끗이 쓸어버리는 가르침입니다. 후련합니다.

"불법이란 곧 불법이 아니다."라는 것은 불교에서나 들을 수 있는 말입니다. 칠판에 뭔가를 가득 써 놓았다면 더 이상 칠판의 구실을 할 수 없지요. 깨끗이 닦아야만 다시 글을 쓸 수 있습니다. 이와 같이 불법을 불법이 아니라고 할 때 진정한 불법을 만날 수 있습니다. 진짜 불법이 가슴에 녹아듭니다. 우리들도 그렇게 볼 줄 아는 안목을 기르면 세상만사에 겉으로 드러난 모습에 끈적끈적하게 집착하지 않습니다. 그러한 이치를 조금만 이해해도 정말 홀가분하고 편안한 삶을 살 수 있습니다.

제9분

一相無相分

하나의 상도 상이 없다

일상무상분一相無相分, '하나의 상도 상이 없다'는 것은 '하나의 상도 상이라고 내세우면 안 된다'는 의미입니다. 수다원, 사다함, 아나함, 아라한 등 수행의 4단계를 언급하면서 무상의 이치를 설명하는 내용이 핵심입니다. 모든 수행의 결과는 실상에서 이루어지는 것입니다. 성문 사과聲聞四果뿐만 아니라 보살과 부처에 이르기까지 본래 모양 없는 실상에서 이루어졌습니다. 하나하나의 성과가 실상반야의 현현이라면 결과의 모양도 있을 수 없습니다. 또한 얻었다는 마음의 흔적이 털끝만큼이라도 남아 있다면 진정한 성과가 아닙니다. 일상무상분을 우리 삶의 지침으로 삼는다면, '마음속 깊이 상을 내지 않는 마음 자세'라고 할 수 있습니다.

상이 본래 있는 것 같으면 상을 좀 낸다 해도 상관이 없겠지만 그 실체를 꿰뚫어보면 어디에서도 찾을 길이 없습니다. 생색내고 자랑할 거리가 없는데도 공연히 환상에 사로잡혀서 상을 내세우는 이들이 많습니다. 하지만 본래 그 실체가 없는 것이기 때문에 "상 내지 마라.", "상 없는 것이 가장 중한 가르침이다."라고 끊임없이 강조하는 것입니다.

작은 선행을 하고, 조그마한 공을 세우고 자신을 선전해서 알아주기를 바라고, 알아주지 않으면 섭섭해 하고, 급기야 작은 공덕마저 날려버린다면 그 꼴이 어떻겠습니까? 그것은 밝은 삶이 아닙니다. 너무나도 어리석은 삶입니다. 그렇기에 어떤 경우라도 상에 집착할 일이 아닙니다.

◉
상병相病만 없으면 부처다

수보리須菩提야 어의운하於意云何오 수다원須陀洹이 능작시념能作是念하대 아득수다원과부我得須陀洹果不아
수보리언須菩提言하사대 불야不也니다 세존世尊이시여 하이고何以故오 수다원須陀洹은 명위입류名爲入流로대 이무소입而無所入이니 불입색성향미촉법不入色聲香味觸法일새 시명수다원是名須陀洹이니다

"수보리야, 그대는 어떻게 생각하는가? 수다원이 생각하기를 '나는 수다원의 과위果位를 얻었노라' 하겠는가?"
수보리가 사뢰었습니다.
"아닙니다, 세존이시여. 왜냐하면 수다원은 '성인의 유流에 들다'라고 이름하지만 실은 어디에 들어가는 것이 아닙니다. 사물이나 소리나 향기나 맛이나 감촉이나 그 외의 무엇에도 들어가는 것이 아닙니다. 그 이름이 수다원일 뿐이기 때문입니다."

부처님께서 수보리에게 "나도 혹시 상을 가지고 있지 않느냐?"고 묻는 것입니다. 수보리에게 이러한 질문을 하는 부처님의 마음을 짐작해 보는 것도 좋습니다. 부처님께서는 금강경의 첫머리에서부터 "만약 모든 상이 상이 아님을 볼 때 여래를 본다."고 하면서 상이 없어져야 함을 강조하셨습니다. 이것은 눈에 보이는 현상이 없어지는 것이 아니라 눈앞의 상을 하나도 건드리지 아니한 상태에서 내 마음에서 상相이 사라질 때 여래如來를 본다는 것입니다. 더 나아가 법상法相, 진리에도 상을 내서는 안 된다고 하셨습니다.

이 일상무상분에서는 수행사과의 무상에 대해 설하고 있습니다. 여기서는 수다원, 사다함, 아나함, 아라한이라고 하는 성문 사과를 예를 들어 설명합니다. 수행의 점차는 수행에 대해 막연하게 이야기하면 허황한 생각이 들고 싫증을 내기가 쉬우므로 단계를 설정해 놓은 것입니다.

결론부터 말씀드리자면, 수행에 있어서 단계는 존재하지 않습니다. 수행의 점차를 십신十信·십주十住·십행十行·십회향十廻向·십지十地·등각等覺·묘각妙覺 등 52단계까지 세분화해서 나누는 경전도 있는데, 하나의 방편일 뿐입니다. 처음도 중간도 마지막도 사람입니다.

성문 사과의 첫 번째 단계인 수다원은 입류入流, 성류聖流, 예류預流라고도 합니다. 성자의 무리, 수행자의 무리에 들었다는 것인데, 쉽게 얘기해서 공부를 좀 한 분들입니다. 안眼·이耳·비鼻·설舌·신身·의意 육근을 통해 인식하는 색色·성聲·향香·미味·촉觸·법法의 객관에 들어간 흔적이 없는 단계에 오른 것을 뜻합니다. 그러나 수다원에 들어갔다 하는 마음의 때가 있으면 수다원과를 얻었다고 할 수 없습니다. 또한 수다원은 아직 상이 남아 있는 단계인지라 금강경 입장에서 비춰보면 궁극적인 모습은 아닙니다.

성문 사과는 바라문교에서 원류를 찾을 수 있습니다. 바라문교에서는 사람의 일생을 네 가지 단계로 나눕니다. 7, 8세가 되면 출가하여 공부하는 범행학습기梵行學習期, 20세쯤 다시 집으로 돌아와 결혼도 하고 자녀를 기르며 가업을 이어가는 가주기家住期, 40세쯤 다시 숲속으로 재출가하는 것을 임서기林棲期, 임주기林住期라고 하는데 이때쯤 되면 철도 들고 세상 경험도 많아서 제대로 수행할 수 있습니다.

그 후 수행이 깊어지면 교화를 하러 다니는데, 이를 유행기遊行期라고 합니다.

헤르만 헤세가 쓴 『싯다르타』에서 지금도 생생하게 기억나는 구절이 있습니다. 싯다르타가 어릴 때 출가해서 공부를 한 뒤 청년이 되자, 가게에 취직을 하려고 합니다. 그 가게 주인이 싯다르타에게 "뭘 할 줄 아느냐?"고 질문하였습니다. 싯다르타는 엉뚱하게도 "나는 단식도 할 줄 알고, 참기도 잘합니다."라고 대답하여 면접시험에 합격합니다. 싯다르타가 장사를 잘하여 가게가 번창하였지요. 그러다가 40세 전후에 재출가하여 갠지스 강에서 뱃사공 노릇을 합니다. 그때 바라문 승려였던 옛 친구를 만납니다. 그 친구를 건네주면서 대화를 나누는데, 싯다르타의 경지가 상당합니다. 어쨌든 헤르만 헤세의 『싯다르타』에서도 바라문4기(범행기-가주기-임서기-유행기)가 다 들어 있습니다. 성문 사과라고도 하고 소승 사과라고도 하는 수다원, 사다함, 아나함, 아라한의 수행점차와 꼭 들어맞습니다.

가끔 불자들도 이렇게 살면 좋지 않을까 하는 생각을 합니다. '절 순이' '열반당 도깨비'라는 말이 있는데, 오랫동안 절에 드나들면서 의식이며 풍속 등 절집 돌아가는 사정은 잘 알면서도 정작 불법에 있어서는 캄캄한 신도들을 일컫는 말입니다. 불교에 입문한 지 4, 50년이 되었다 해도 그 이름만 불자입니다. 관념에 사로잡히고, 상을 내고 있다면 진정한 불자가 아닙니다. 지혜와 자비, 복덕과 신통 묘용을 구족하고 계시기 때문에 부처가 아닙니다. 모든 상을 떠난 것이 부처라고 하였습니다. 금강경에서 "상병만 없으면 부처다."라고 표현한 까닭을 알아야 합니다.

왜 그토록 좌차에 신경을 쓰는가

수보리須菩提야 어의운하於意云何오 사다함斯陀含이 능작시념能作是
念하대 아득사다함과부我得斯陀含果不아
수보리언須菩提言하사대 불야不也니다 세존世尊이시여 하이고何以故오
사다함斯陀含은 명일왕래名一往來로대 이실무왕래而實無往來일새
시명사다함是名斯陀含이니다

"수보리야, 그대는 어떻게 생각하는가? 사다함이 생각하기를 '나는
사다함의 과위를 얻었노라' 하겠는가?"
수보리가 사뢰었습니다.
"아닙니다, 세존이시여. 왜냐하면 사다함은 이름이 '한 번 갔다 온다'
는 말이지만, 실은 가고 옴이 없습니다. 그 이름이 사다함일 뿐이기
때문입니다."

수행의 둘째단계인 사다함은 일왕래一往來, 한번 갔다 온다는 것
입니다. '죽어서 천상에 한 번 갔다가 다시 인간 세상에 와서 수행하
여 아라한이 된다'고 합니다. 그런데 이것 역시 '사다함에 이르렀다'
고 할 거리가 없습니다. 수행의 4단계를 편의상 나눠 놓은 것일 뿐입
니다. 그런데도 연륜이나 법랍에 따라서 상을 내는 경우가 많으니 참
으로 안타깝습니다. 어머니가 어머니라는 상, 아버지가 아버지라는
상, 스님이 스님이라는 상을 깨뜨렸을 때 얼마나 편안한 자리가 되겠
습니까.

그런데 살펴보면, 스님들의 상이 제일 심각합니다. 자리 하나 가

지고 신경전을 벌입니다. 그래서 행사 때마다 좌차에 신경을 씁니다. 하지만 좌차를 따지지 않으면 말할 수 없이 편안합니다. 구참이 말석에 앉아서 편안하다고 하면 그 방 분위기가 아주 좋아집니다. 한 칸이라도 높은 자리에 앉으려고 했던 것이 쑥 들어갑니다. 상낼 일도 없고 상 내어 봤자 별 볼일 없다는 사실을 알기 때문입니다.

얼마를 공부했든지 관념이 남아 있으면 안 됩니다. 20년, 30년 공부했다 해도 내놓을 것이 없습니다. 지혜의 눈으로 현실을 꿰뚫어보면 철저히 무상입니다. 금강경은 그 지혜의 칼날로 상相을 낱낱이 쪼개고 파괴해 버리고 부정하는 것입니다. 그래서 금강경을 '벼락을 치는 것과 같은' 가르침이라고 합니다.

◉
중물이 안 빠진 것이 더 큰 문제다

수보리須菩提야 이의운하於意云何오 아나함阿那含이 능작시념能作是念 하대 아득아나함과부我得阿那含果不아 수보리언須菩提言하사대 불야不也니다 세존世尊이시여 하이고何以故오 아나함阿那含은 명위불래名爲不來로대 이실무불래而實無不來일새 시고是故로 명아나함名阿那含이니다

"수보리야, 그대는 어떻게 생각하는가? 아나함이 생각하기를 '나는 아나함의 과위를 얻었노라' 하겠는가?"

수보리가 사뢰었습니다.

"아닙니다, 세존이시여. 왜냐하면 아나함은 이름이 '오지 않는다'는 말이지만 실은 오지 않는다는 것이 없습니다. 그 이름이 아나함일 뿐이기 때문입니다."

앞서 '소위불법자所謂佛法者는 즉비불법卽非佛法일새 시명불법是名佛法이다'라는 말을 했는데 성문 사과四果에도 그 논리를 적용시키면 됩니다. 세 번째 단계인 아나함의 결과 역시 '아나함이 아나함이 아니라 이 이름이 아나함이다'라는 뜻입니다.

아나함은 명위불래名爲不來, '천상에 가서 다시 인간세계에 오지 않는다'고 해석하여 천상에서 아라한이 된다는 것입니다. 현실적으로 생각하여 바라문 4기에 맞춘다면 아나함은 임서기에 해당합니다. 재차 출가했으니 더 이상 속가에 오지 않고 수행하므로 불래不來입니다. 그렇지만 그 이름이 불래일 뿐, 실무불래實無不來입니다. 사람이 겉으로 출가를 했든 다시 환속을 했든 재출가를 했든 그냥 사람일 뿐입니다. 30년 공부했다 하더라도 표시가 안 납니다. 만약에 표시가 나면 제대로 공부한 것이 아닙니다. '아, 나는 중노릇 30년 했고, 참선을 30년 했고, 염불을 30년 했고, 경학을 30년 했다' 하는 상이 남아 있다면 헛공부한 겁니다.

출가한 지 오래 된 스님이 갓 출가한 스님을 일컬어 "저 사람은 중물이 안 들었다."고 하는 말을 들었을 것입니다. 불문佛門에 들었으면 수행자의 면모가 나타나야 하는데, 세속에서 살던 습이 그대로 남아 있는 스님들을 보고 그렇게 말합니다. 그러다가 세월이 어느 정도 지나면 "아직도 중물이 안 빠졌다."며 걱정을 합니다. 처음에는 중물이 안 드는 것이 문제이지만, 나중에는 중물이 안 빠지는 것이 더 큰 문제입니다. 수행의 연륜이 쌓일수록 상相이 없어야 완숙한 수행자입니다.

아라한이라고 생각하는 순간 아라한이 아니다

수보리須菩提야 어의운하於意云何오 아라한阿羅漢이 능작시념能作是念하대 아득아라한도부我得阿羅漢道不아

수보리언須菩提言하사대 불야不也니다 세존世尊이시여 하이고何以故오 실무유법명아라한實無有法名阿羅漢이니 세존世尊이시여 약아라한若阿羅漢이 작시념作是念하대 아득아라한도我得阿羅漢道라하면 즉위착아인중생수자即爲著我人衆生壽者니다 세존世尊이시여 불설아득무쟁삼매인중佛說我得無諍三昧人中에 최위제일最爲第一이라 시제일이욕아라한是第一離欲阿羅漢이라하시나 세존世尊이시여 아부작시념我不作是念호대 아시이욕아라한我是離欲阿羅漢이라하노이다

"수보리야, 그대는 어떻게 생각하는가? 아라한이 생각하기를, '내가 아라한의 도道를 얻었노라' 하겠는가?"

수보리가 사뢰었습니다.

"아닙니다, 세존이시여. 왜냐하면 실로 고정된 것이 있어서 이름을 아라한이라고 한 것이 아닙니다. 세존이시여, 만약 아라한이 생각하기를 '나는 아라한의 도를 얻었노라'라고 하면 이는 곧 나와 남과 중생과 수명에 집착한 것이 되기 때문입니다. 세존이시여, 부처님께서 저를 '다툼이 없는 삼매를 얻은 사람 가운데서 제일이다'라고 말씀하셨습니다. 이는 욕심을 떠난 아라한 중에 제일이라는 것입니다. 그러나 세존이시여, 저는 '나는 욕심을 떠난 아라한이다'라는 생각을 하지 않습니다.

아라한은 성문 사과四果 중에 제일 높은 경지로 흔히 응공應供, 무쟁無諍, 이악離惡, 무학無學이라고 합니다. 부처님도 간혹 아라한으로 불립니다. 응공은 '다른 사람의 공양을 받을 만하다'는 뜻으로 공부가 거의 다 된 사람입니다. 그러나 그것 또한 특징이 있는 것은 아닙니다. 본인이나 바라보는 사람이나 그 관념에 사로잡혀서는 안 됩니다. 수행한 지 몇 년이 됐다, 큰스님이다 작은스님이다 하는 차별과는 전혀 관계없이 모든 사람에게는 궁극적 차원의 부처라고 하는 고귀한 입장이 있습니다. 그 입장, 그 자리는 누구나 평등한 것입니다.

공부를 아무리 많이 했어도 많이 했다고 하는 그 생각에 사로잡히면 그때부터 온갖 번뇌 망상과 병들이 달려옵니다. 나라고 하는 자아의식, 남이라고 하는 차별의식, 중생이라고 하는 열등의식, 나이가 많다는 한계의식은 모든 것을 엉망으로 만들어 놓습니다.

무쟁삼매無諍三昧란 다툼이나 갈등, 투쟁, 시비, 번뇌가 없는 삼매입니다. 삼매라고 해서 특별한 것은 아닙니다. 부처님께서 평소에 수보리에게 "시비가 없는 사람, 갈등이 없는 사람, 분별이 없는 사람, 차별이 없는 사람 중에서 자네가 제일이야."라고 말씀하셨습니다.

이욕離欲 아라한, 욕심을 떠난 아라한이므로 다툼이 없고 갈등이 없으므로 번뇌가 없습니다. 그런데 수보리 자신은 "나는 욕심을 떠난 아라한이라고 꿈에도 생각해 본 적이 없습니다."라고 답합니다. 부처님이 어떤 가르침을 펼치려 한다는 것을 수보리가 잘 알고서 부처님 마음에 딱 맞는 대답을 하는 것입니다. 스승과 제자인 부처님과 수보리의 멋진 조화를 이런 데서도 읽을 수가 있습니다.

상이 없으면 흔들리지 않는다

세존世尊이시여 아약작시념我若作是念하대 아득아라한도我得阿羅漢道
라하면 세존世尊이 즉불설수보리即不說須菩提가 시요아란나행자是樂
阿蘭那行者어니와 이수보리以須菩提가 실무소행實無所行일새 이명수보
리而名須菩提가 시요아란나행是樂阿蘭那行이라하시나이다

세존이시여, 제가 만약 '나는 아라한의 도를 얻었다'라고 생각한다
면, 세존께서는 곧 '수보리가 고요한 행行을 좋아하는 사람이다'라고
말씀하시지 않았을 것입니다. 수보리는 실로 고요한 행을 한 바가 없
습니다. 그냥 부르기를 '수보리는 고요한 행을 좋아하는 사람이다'라
고 할 뿐입니다."

아란나阿蘭那(araṇyā)는 적정처寂靜處, 무쟁처無諍處라 하여 수행하
기에 좋은 곳을 말합니다. 아란나에서 일체의 경계를 끊어버리고 온
갖 시비와 번뇌, 갈등, 차별심이 사라진 고요한 수행을 아란나행이라
고 합니다. 이욕아라한離欲阿羅限이나 무쟁삼매無諍三昧를 얻은 사람이
나 뜻은 같습니다. 수보리는 부처님께 무쟁삼매를 얻은 이들 중에 제
일이라는 칭찬을 받았습니다. 그렇지만 수보리는 부처님의 칭찬에도
흔들리지 않고, 아무런 상이 없었기 때문에 무쟁삼매행을 좋아하는
자라고 할 만합니다.

여기서 실무소행實無所行은 해도 하는 바가 없는 행입니다. 본인
이 아무런 관념 없이 행하니까 그저 이름만 있을 뿐입니다. 예를 들어
보시를 해도 관념에 남아 있지 않고, 훌륭한 수행을 했으되 훌륭한 수

행을 한다고 하는 관념에 전혀 사로잡혀 있지 않아서 그 이름이 보시이고 그 이름이 수행입니다. 수보리 역시 이름이 아란나행을 좋아하는 사람일 뿐입니다. 시비와 갈등, 차별을 떠난 아란나행이라고 하는 정신세계의 실체 역시 없는 것이지요.

지금까지 성문 사과의 무상에 대해 설명했습니다. 사실 편의상 네 단계를 설정해 놓은 것이지 그저 사람의 삶이 있을 뿐입니다. 또한 우리들이 얻고자 하는 복, 수행의 열매, 지혜와 깨달음에 대한 기대감 등 이 모든 것이 실체가 있는 것이 아닙니다. 있다고 생각하여 끈적끈적하게 매여 지낼 필요가 없습니다. 깨달으면 뭔가 다른 세상이 있다는 것도 착각입니다. 부처님도 일상생활을 살펴보면, 다른 수행자들과 별다를 바가 없었습니다. 걸식 나가셨다가 돌아오셔서 공양 드시고, 발 씻고, 세수하고, 옷 정돈하고, 다른 사람들이 정진할 때 정진하시고, 피곤하면 쉬시고, 저녁에는 주무셨습니다.

도를 깨달은 분들의 소감을 시로 표현한 오도송悟道頌도 평범한 도리이지 특별한 것이 아닙니다. 깨달았다고 하는 상相이 남아 있으면 제대로 깨달은 것이 아닙니다. 서산 대사의 시에서도 평상심의 도리를 잘 알 수 있습니다.

　　작야송담풍우악昨夜松潭風雨惡
　　어생일각학삼성魚生一角鶴三聲
　　간밤에 소나무 푸르른 못에 비바람이 심하게 몰아치니
　　고기들은 한 모퉁이에 살고 있고, 학이 세 번 울며 날아가도다.

이와 같이 평상심이 진정한 깨달음입니다. 또한 제가 평생 불가에 몸담고 공부해서 얻어낸 결론이 인불사상人佛思想입니다. 불교 경전이나 조사어록 등을 살펴보면 '사람이 부처님'이라는 사상으로 일관되어 있습니다. 우리가 금강경을 공부하고 수행하는 것은 우리 스스로 본래 갖추고 있는 부처를 알아차리기 위해서입니다.

莊嚴淨土分

세상을 장엄하다

정토가 따로 있는 게 아닙니다. 우리가 사는 현실, 이 세상이 바로 정토입니다. 장엄정토莊嚴淨土는 '이 세상을 장엄한다'는 뜻인데 무엇으로써 세상을 장엄할 수 있을까요. 아름다운 경치, 좋은 소재로 지은 건물, 잘 가꾼 공원 등으로 세상을 장엄할 수도 있습니다. 하지만 불교에서는 '보살 즉, 사람이 세상을 장엄한다'는 것을 강조합니다. 한 집안에 훌륭한 사람이 있으면 그 집안이 빛나고, 한 나라에 훌륭한 인물이 많으면 그 나라가 빛이 납니다. 금강경에서도 장엄 정토에 대해 이야기하면서 보살이 장엄하는 정토를 등장시킵니다. 소위 세상을 아름답게 하고 평화롭게 하는 주역이라 할 수 있는 보살이 관념에 떨어지거나 상을 내면서 한다면 올바른 장엄정토가 안 되며, 세상에 제대로 공헌하지 못한다는 것을 강조하고 있습니다.

그렇다면 이 땅의 진정한 불국토 건설과 정토의 실현은 어떻게 해야 하겠습니까? 커다란 사원이 곳곳에 서고, 수많은 사람들이 운집하고, 길이 넓혀지고, 공장이 서고, 빌딩을 높이 짓는 것이 정토 징임이 아닙니다. 모든 현상은 연기법으로 이루어졌음을 알고 공空을 실천하는 반야행자가 있어야 합니다. 반야바라밀법으로 이 세상을 정화했으되 정화했다는 마음의 흔적이 없어야 합니다. 색·성·향·미·촉·법 어디에도 안주하지 말고, 집착하는 마음을 쓰지 말고, 매이지 말고 살아야 합니다. 결코 안주하거나 집착할 일이 아님을 깨달을 때 비로소 반야의 삶이 실현되고 이 땅이 정토가 되는 것입니다.

염념보리심念念菩提心 처처안락국處處安樂國이라, 순간순간 깨어있으면 곳곳이 모두 안락국, 정토입니다.

삶이 가볍고 편안해지는 길

불고수보리佛告須菩提하사대 어의운하於意云何오 여래如來가 석재연등불소昔在燃燈佛所하야 어법於法에 유소득부有所得不아 불야不也니다 세존世尊이시여 여래如來가 재연등불소在燃燈佛所하사 어법於法에 실무소득實無所得이니다

부처님께서 수보리에게 말씀하셨습니다.
"수보리야, 그대는 어떻게 생각하는가? 여래가 옛적에 연등 부처님 처소에서 법法에 대하여 무엇을 얻은 것이 있는가?"
"아닙니다, 세존이시여. 여래께서는 연등 부처님 처소에 계실 적에 법에 대하여 실로 얻은 것이 없습니다."

지금까지는 부처님의 금생의 수행을 반야의 안목에서 살펴보았습니다. 그런데 이제 부처님의 전생 이야기가 나옵니다. 석가모니 부처님은 과거 인행 시에 연등 부처님의 수기를 받았습니다. 이는 석가모니 부처님 전생에 대한 불교적 상식입니다. 한편 금강경의 안목으로 볼 때 아주 중요한 일이기 때문에 부처님께서 그 문제를 들고 나온 것입니다. 그런데 감히 수보리는 "아닙니다. 세존이시여."라고 답합니다.

스승이 제자의 깨달음에 대해서 "설사 깨달음의 소득을 얻었다고 하여도 그러한 관념에 사로잡혀 있다면 온전치 못하다."라고 말할 수는 있지만 제자가 스승인 부처님의 깨달음에 대한 성취를 부정한다는 것은 어찌 보면 있을 수 없는 일입니다. 하지만 수보리는 "여래께서

연등 부처님의 처소에 계실 때 법에 대해서 실로 얻은 바가 없습니다."라고 부연 설명까지 합니다. 어떻게 생각하면 청천벽력 같은 사건입니다.

좀 더 자세히 설명 드리면, 이것은 과거세 연등 부처님이 세상 사람들을 교화하던 시절에 석가모니 부처님의 전신前身인 선혜 행자가 연등 부처님께 수기를 받았다는 법화경의 내용을 염두에 두고 하는 말입니다. 연등 부처님이 역사적 실존인물인가 아닌가에 대해서는 왈가왈부하지 않고, 경전에 나오는 이야기를 그대로 수긍하고 설령 석가모니 부처님이 연등 부처님 처소에서 수행하여 수기를 받았다 손치더라도 그 법이 이것이라고 할 고정불변의 실체가 없으니 철저하게 관념에 사로잡히지 말라는 뜻입니다.

다시 말해 부처님은 과거 생에 수많은 고행을 통해 연등 부처님에게서 법을 얻었는데, 그것마저도 부정을 하는 판에 작은 일로 상 낼 것이 있겠느냐는 것입니다. 이와 같은 금강경이 가르침을 통해서 의식적으로나마 '상'을 내지 않는 훈련을 닦는다면 우리의 삶이 더욱더 가벼워지고 편안해질 것입니다.

장엄의 실체를 찾을 수 없다

수보리須菩提야 어의운하於意云何오 보살菩薩이 장엄불토부莊嚴佛土不아 불야不也니다 세존世尊이시여 하이고何以故오 장엄불토자莊嚴佛土者는 즉비장엄卽非莊嚴일새 시명장엄是名莊嚴이니다

"수보리야, 그대는 어떻게 생각하는가? 보살이 세상을 장엄하는가?"

"아닙니다, 세존이시여. 왜냐하면 보살이 세상을 장엄한다는 것은 곧 장엄이 아니며, 그 이름이 장엄일 뿐이기 때문입니다."

보살들이 이 세상을 장엄하는 문제에 대해 거론하고 있습니다. 한 사람의 성공이 그가 사는 마을, 나라를 빛냅니다. 이것이 그 마을, 그 나라를 장엄하는 일입니다. 보살이 이 세상을 장엄하는 일은 그에 비견할 바가 아닐 정도로 대단하지만 금강경에서는 이 문제를 다시 생각해 보게 합니다. 보살이 크게 헌신하여 세상에 보탬이 되고 빛이 된다 하더라도 어떤 관념이나 상에 사로잡혀 있거나 생색을 낸다면 그것은 온전치 못하다는 점을 지적하는 것입니다.

언젠가 서예가인 추전 선생이 한 말이 생각납니다. 그분은 부산에서 활동하다가 서울에 가서 서실을 했는데, 가끔 부산에 내려와서 만날 때마다 "청남 오대봉 선생이 돌아가시고 나니까 부산에 와도 부산이 텅 빈 것 같아서 허전하다."고 하는데, 공감이 갔습니다.

불교신자들에게는 큰스님이 없으면 그 도시가 텅 빈 것처럼 느껴지고, 예술인들에게는 그 도시를 대표하는 예술가가 없으면 허전함을 느낍니다. 보살이야 오죽하겠습니까? 보살 같은 위대한 인격자가 많아야 그 나라를 장엄할 수 있지만, 그것도 무상無相으로 이해하자는 것입니다.

불토를 장엄한다는 것은 곧 그 이름이 장엄이라는 '즉비장엄 시명장엄'이라는 말이 반복해서 나옵니다. 분량이 얼마 안 되는 금강경에서 이 말이 30여 차례나 반복되는 것만 보더라도 얼마나 중요한 개념인지 알 수 있을 것입니다. 또한 이 말은 금강경을 푸는 좋은 열쇠가 됩니다. 단어의 빈도로 봐서도 '금강경은 즉비의 철학이다' 라고 할 수 있습니다.

'A는 즉비卽非 A일새 시명是名 A이다' 라고 하는 논리구조가 계속되는데, 이 논리는 어떤 것에도 해당이 됩니다. 예를 들어서 이름 없던 작은 마을에 출세한 사람이 나와서 그 마을이 어느 순간 '세상에 떴다'면 그 마을이 장엄된 것입니다. 그런데 그렇게 되기까지 우선 그 마을이 있었고, 부모가 있었고, 그 부모의 부모가 있었고, 계속해서 찾다보면 그가 혼자서 마을을 장엄했다고 할 수 없습니다. 보살이라 할 만한 훌륭한 이가 세상을 빛냈다손 치더라도 그것은 결코 그 사람 개인의 일이 아닙니다. 모든 사람, 모든 환경이 어우러져서 만들어 낸 것입니다. 그렇게 곰곰이 생각해 보면 장엄의 실체를 찾을 수가 없습니다. 그런데 우리는 그만 환상에 사로잡혀서 자기가 한 일에 들떠 우쭐합니다. 그 들뜸 역시 며칠 지나면 아무것도 아닌지라 허전해지고, 그러한 것이 지나치면 병이 됩니다.

부처님께서 연등불에게 수기를 받은 것도, 보살이 세상을 아름답게 빛내는 것도 이름이 그러할 뿐입니다. 그렇기 때문에 당사자가 그에 대해서 어떤 관념에 떨어졌다면 그것은 결코 온전한 것이 아니고, 관념을 가지는 순간 온갖 좋지 못한 것들이 따르게 된다는 것을 명심해야 합니다.

◉

육조 혜능을 눈뜨게 한 금강경 제2 사구게

시고是故로 수보리須菩提야 제보살마하살諸菩薩摩訶薩이 응여시생청

정심應如是生淸淨心이니 불응주색생심不應住色生心하며 불응주성향미촉법생심不應住聲香味觸法生心이요 응무소주應無所住하야 이생기심而生其心이니라

"그러므로 수보리야, 모든 보살마하살은 반드시 이와 같이 텅 빈〔淸淨〕마음을 낼지니라. 반드시 사물에 머물지 말고 마음을 낼 것이며, 반드시 소리와 냄새와 맛과 감촉과 그 외의 어떤 것에도 머물지 말고 마음을 낼지니라. 응당 머무는 바 없이 그 마음을 낼지니라."

청정하다 하면 맑다, 깨끗하다는 뜻을 먼저 생각하는데, 불교에서는 대부분 '아주 뛰어나고 훌륭하다', '텅 비었다'라는 뜻으로 씁니다. '보살은 반드시 텅 빈 마음 내야 한다'는 것은 '어떤 관념에도 사로잡히지 않는, 자기를 완전히 비운 마음을 내야 한다'는 것입니다. 사상四相과 선악善惡 시비是非를 다 떠나보낸 수승한 마음입니다.

금강경 제2 사구게가 나오는 대목으로 텅 빈 마음, 청정심에 대한 설명을 간단명료하게 하고 있습니다. "응당히 어떤 사물〔色〕에 머물러서 마음을 내서도 안 되고 성·향·미·촉·법에 머물러서 마음을 내서도 안 된다. 응당 머무르는 바 없이 그 마음을 낼지니라."

색·성·향·미·촉·법은 안·이·비·설·신·의의 대상으로 세계를 구성하고 있는 모든 것입니다. 불교에서는 이렇듯 명료하게 정의하고 있습니다. 어떤 철학, 어떤 종교에도 세상을 구성하고 있는 것에 대해서 이렇게 정확히 분류한 이론이 없습니다.

'응무소주應無所住 이생기심而生其心', 집안에 금강경 사구게 구절을 걸어놓으면 아주 좋습니다. 이 또한 '이것이다'라는 고정된 관념

에 매달리지 말라는 것입니다. 금강경과 관계없이 이 구절만 따로 놓고 생각해 봐도 말할 수 없이 깊은 가르침이 담겨 있습니다. 육조 혜능 스님도 이 구절에서 마음이 열렸습니다. 처음에 이 구절을 들을 때 육조 혜능 스님은 낫 놓고 기역자도 모르는 무식한 나무꾼이었습니다. 불교 교리는 물론이고 부처님이나 사찰에 대해서 전혀 모르는, 하루하루 땔나무를 해서 시장에 팔아 겨우겨우 연명하는 사람이 어느 날 우연히 이 구절을 듣고 마음이 환히 열렸다는 것입니다. 나중에야 알게 되었지 그때는 견성인지 성불인지도 몰랐습니다. 견성이나 성불이라는 말은 사람들이 그것을 설명하느라 지어낸 말입니다. 그것이 뭔지 몰라도 육조 혜능 스님처럼 견성할 수 있는 것입니다. 일자무식이었던 육조 혜능 스님은 금강경의 이 대목을 듣고 깨달은 내용을 이렇게 노래했습니다.

하기자성본자청정何期自性本自淸淨
하기자성본불생멸何期自性本不生滅
하기자성본자구족何期自性本自具足
하기자성본무동요何期自性本無動搖
하기자성능생만법何期自性能生萬法

나의 자성이 본래 저절로 청정하다는 사실을 상상이나 했겠는가?
나의 자성이 본래로 불생불멸이라는 사실을 상상이나 했겠는가?
나의 자성이 본래 저절로 모든 것이 갖추어져 있다는 사실을 상상이나 했겠는가?
나의 자성이 본래로 아무런 동요가 없다는 사실을 상상이나 했겠는가?

나의 자성이 능히 일체 만법을 만들어 낸다는 사실을 상상이나 했겠는가?

육조 혜능 스님의 오도송은 이렇게 감동에 겨워서 깨달은 바를 탄복하는 내용입니다. '내 자신이 천하고 더러운 줄 알았는데 본래 훌륭하고 청정한 줄을 알게 되니 신기하다, 우리의 궁극적 차원은 결코 생멸하지 않는다는 사실을 알게 되니 신기하다, 나는 정말 가난하고 아무것도 없는 백성에 불과했는데 알고 보니 무한한 보물과 온갖 풍요로움을 내 자신 속에 다 갖추고 있으니, 이러한 사실을 내가 어찌 상상이나 했겠는가?'

대한불교조계종은 육조 혜능 스님이 머물던 조계산에서 그 이름을 따왔습니다. 거기에서도 알 수 있듯이 육조 혜능 스님은 우리나라 선불교에도 큰 영향을 미쳤습니다. 선불교를 표방하는 대한불교조계종에서 금강경을 소의경전으로 의지하며 수행의 지침, 삶의 지침으로 삼는 까닭이 '응무소주 이생기심' 바로 이 구절에 있다 해도 과언이 아닙니다.

마음은 끊임없이 변화합니다. 그런데 우리는 마음에 어떤 틀을 만들어 매달립니다. 그것에서 벗어나야 할 상황이 오면 괴로워하고 갈등합니다. 그런데 우리 마음은 본래로 머무는 것이 아니기 때문에 갈등할 이유가 없습니다. 변하는 것이 당연합니다. 그것이 살아 있는 마음입니다. 죽은 사람의 마음이나 안 변하지 살아 있는 마음은 변하기 마련입니다.

육조 혜능 스님이 살았던 시대에는 유교적인 가치관을 토대로 한 충과 효가 인생의 절대적인 가치였습니다. 물론 부모에게 효도하고 나라에 충성해야 합니다. 그러나 그것만이 삶의 전부는 아닙니다. 육조 혜능 스님처럼 홀어머니를 부양하면서 충직하게 살았던 사람이 당당하게 출가할 수 있었던 것은 인생의 더 위대한 가치에 눈을 떴기 때문입니다. 모든 사람에게 출가하라는 것은 아닙니다. 단지 고정관념, 자기만의 틀, 자기가 만든 한계에 집착하고 매달리지 말라는 말입니다. 육조 혜능 스님은 한 어머니보다 만천하의 어머니를 다 봉양할 수 있는 길을 택했고, 지금까지도 영향을 주고 있습니다. 대한불교조계종은 육조 혜능 스님의 법손이 된 것을 자랑스럽게 생각합니다. 우리나라 불자들이 중국의 조계산 남화선사에 수시로 드나들면서 육조 혜능 스님의 행적을 살펴보고 그 덕화를 그리워합니다. 단순히 육조 혜능 스님을 기리기만 해서는 의미가 없습니다. 응무소주 이생기심의 뜻을 깨닫고 진정으로 보람찬 삶을 살아야 합니다.

◉

그 이름이 큰 몸일 뿐이다

수보리須菩提야 비여유인譬如有人이 신여수미산왕身如須彌山王하면 어의운하於意云何오 시신是身이 위대부爲大不아 수보리언須菩提言하사대 심대甚大니다 세존世尊이시여 하이고何以故오 불설비신佛說非身이 시명대신是名大身이니다

수보리야, 비유하자면 마치 어떤 사람의 몸이 수미산만하다면 그대는 어떻게 생각하는가? 그 몸을 크다고 하겠는가?"

수보리가 사뢰었습니다.

"아주 큽니다, 세존이시여. 왜냐하면 부처님께서 말씀하신 것은 몸이 아니며, 그 이름이 큰 몸일 뿐이기 때문입니다."

지금까지 보았던 논리구조라면 "부처님께서 설하신 몸은 곧 몸이 아니라 이 이름이 몸입니다."라고 해석할 수 있습니다. 수미산만한 몸이 어디 있겠습니까? 예전에 킹콩, 쥬라기 공원 등 30~40층 빌딩만한 변종 동물들이 나타나서 건물들을 부수는 영화들이 더러 나왔습니다. 21세기에 기껏 생각해 낸다는 것이 건물 30~40층 높이만한 몸뚱이인데 3,000년 전에 설한 금강경에서는 수미산만한 몸뚱이, 하늘의 지붕이라고 하는 큰 몸뚱이를 말하고 있습니다. 이는 실재하지 않는 것, 그 속뜻은 우리 자신도 모르게 가지고 있는 '상' 덩어리가 어쩌면 저 설산, 히말라야 산만큼 크다는 것을 비유한 것입니다. 부처님이 중생들의 심리를 가만히 들여다보니 어린아이, 어른, 있는 사람, 없는 사람, 배운 사람, 못 배운 사람 등 모든 사람들이 마음속에 가지고 있는 상이 수미산만한 겁니다. 형상이 없어서 다행이지 형상이 있다면 60억 인구라면 히말라야 산 60억 개를 나열해야 합니다.

수미산을 히말라야 산이라고도 합니다. 실제로 티베트 사람들은 히말라야 산 옆 해발 6,000미터쯤 되는 삼각형처럼 한 덩어리로 생긴 산을 수미산이라고 하기도 합니다. 티베트 사람들이 그 산을 수미산이라고 하든, 인도 입장에서 히말라야 산 전체를 수미산이라고 생각하든 상관이 없습니다. 그 내용을 알고 보면 내가 쌓은 공덕, 업적, 수고, 잘난 체함 등은 아무것도 내세울 것이 아니라는 것입니다.

또한 '부처님께서 말씀하신 것은 몸이 아니며'라고 하는 말은, 마음의 몸인 까닭에 상이 없고 툭 트였으므로 육신의 제한을 받지 않는 진실로 큰 몸을 일컫는 말입니다. 무한히 깊고 큰 마음의 몸이 참으로 큰 몸이라 할 수 있습니다. 그러기에 보살이 불토를 장엄한다는 것은 절을 크게 짓고, 불상을 천만 개씩 만들어놓는 것이 아니라 그 어디에도 머물지 않고 집착하지 않는 마음으로 진정으로 자유롭고 활달하게 살아가는 것입니다.

제11분
無爲福勝分

무위의 복이 수승하다

이 세상에는 많은 사람들이 있습니다. 그리고 각양각색의 인생을 나름대로 살아가고 있습니다. 사람들은 각기 '어떤 인생이 가장 훌륭한 인생일까? 어떤 삶이 가장 복된 삶일까?' 하는 화두를 가지고 살아갑니다. 자기가 가치 있다고 생각하는 삶을 좇기도 하고, 사회에서 교육받은 대로, 습관적으로 살아가는 이들도 많습니다. 종교를 갖게 되는 것도 훌륭한 인생에 대한 화두를 풀기 위해, 더욱 가치 있고 행복한 삶을 위한 행보라고 할 수 있지요. 일을 하고 선행을 하는 것도 마찬가지입니다.

그런데 어떤 사람이 다른 사람을 위해 많은 보물을 보시하였을 때 얻은 보람과 행복이 얼마나 크겠습니까? 상상할 수 없을 것입니다. 그러나 그것은 언젠가 끝날 때가 있는 것입니다. 소멸할 때가 있으므로 그것은 유위의 행복, 다함이 있는 복덕이라 합니다. 완전한 행복은 못 된다는 것입니다.

불교에서는 유위, 무위라고 하는 말을 많이 씁니다. 유위는 조작함이 있는 것, 인위적으로 만들어가는 것입니다. 일은 눈곱만큼 하면서 생색은 주먹만큼 낸다면 유위 중에도 상유위입니다. 무위는 유위와 상대되는 개념으로 남을 위해 일을 했으면서도 자기가 한 것에 대해 전혀 관념에 사로잡히지 않고 상을 내지 않는 것을 말합니다. 아울러 무위는 작위적인 것이 아니라 본래 있는 것, 이미 있는 것을 뜻합니다. 견성, 성불 또한 새로운 복이나 능력을 만들어 내는 것이 아니라 이미 갖추고 있던 것을 보고 아는 것입니다. 무위복승無爲福勝은 '무위복이 수승하다' '무위복이 아주 뛰어나다'라는 뜻인데, 본래 갖추고 있는 복을 드러내는 가르침이기 때문에 가장 수승한 것입니다.

금강경도 무위복을 드러내는 가르침입니다. 앞서 말씀드렸듯이 금강경의 근본취지는 무상위종無相爲宗이기 때문입니다. 상 없는 것으로써 으뜸을 삼는 것, 관념이 사라진 것, 어떤 행위를 하더라도, 세상에 어떤 공헌을 하더라도 거기에 대한 관념이 전혀 남아 있지 않는 것, 이러한 무위의 이치가 곧 금강경의 종지이기도 합니다.

그래서 금강경을 수지 독송하는 것은 완전무결한 행복을 누리는 것입니다. 금강경을 공부하고 세상 사람들에게 전하는 것은 반야바라밀을 가지는 일이고, 반야를 모두에게 나누는 일입니다. 이 일이야말로 이 세상에서 그 어떤 행복보다도 값진 것이며 영원하고도 완전무결한 행복입니다.

◉

복은 삼생의 원수?

수보리須菩提야 여항하중소유사수如恒河中所有沙數하야 여시사등항하如是沙等恒河가 어의운하於意云何오 시제항하사是諸恒河沙가 영위다부寧爲多不아 수보리언須菩提言하사대 심다甚多니다 세존世尊이시여 단제항하但諸恒河도 상다무수尙多無數어든 하황기사何況其沙리잇가

수보리須菩提야 아금실언我今實言으로 고여告汝하노니 약유선남자선여인若有善男子善女人이 이칠보以七寶로 만이소항하사수삼천대천세계滿爾所恒河沙數三千大千世界하야 이용보시以用布施하면 득복得福이 다부多不아 수보리언須菩提言하사대 심다甚多니다 세존世尊이시여

"수보리야, 저 항하에 있는 모래 수처럼 그렇게 많은 항하가 있다면 그대의 생각은 어떤가? 그 모든 항하에 있는 모래의 수는 얼마나 많겠

는가?"

수보리가 사뢰었습니다.

"아주 많습니다, 세존이시여. 단지 저 모든 항하의 수만 하여도 무수히 많은데 하물며 그 가운데 있는 모래의 수이겠습니까."

"수보리야, 내가 이제 진실한 말로 그대에게 이르리라. 만약 어떤 선남자선여인이 저 항하의 모래 수처럼 많은 삼천대천세계에 가득한 금은보화를 가지고 널리 보시하였다면 그가 얻은 복이 얼마나 많겠는가?"

수보리가 사뢰었습니다.

"매우 많습니다, 세존이시여."

경전에는 항하恒河 이야기가 많이 나옵니다. 항하는 인도의 갠지스 강입니다. 전통적인 농경사회에서는 강을 중심으로 평야가 있고, 농업경제를 주춧돌로 하여 도시가 번성합니다. 부처님 당시에도 갠지스 강을 중심으로 곡창지대가 형성되었으며, 인도 문화의 중심지가 되었습니다. 부처님께서도 갠지스 강을 중심으로 교화를 하신 까닭에 경전에 갠지스 강을 예로 든 이야기가 많이 나옵니다.

금강경의 이 대목에서는 "항하에 있는 모래의 숫자만큼 항하가 또 있다고 했을 때 그 항하의 모래 숫자가 많겠는가?' 하고 부처님이 수보리에게 묻습니다.

항하의 모래는 우리나라 한강 모래의 열 배, 스무 배보다 입자가 고와 마치 밀가루 같습니다. 그런데 2,510km나 되는 기나긴 항하의 모래알 하나하나에 또 항하가 있다면 그 모래 숫자가 얼마나 많겠습니까? 상상할 수조차 없을 정도로 많다는 말입니다.

　부처님께서는 당신의 말씀이 실언實言, 실다운 말이라는 것을 강조하십니다. 실언이란 방편이 없는 진실한 말이라는 뜻입니다. 칠보는 금·은·유리·자거·마노·산호·진주·호박을 말합니다. 요즘은 칠보의 가치가 그다지 크지 않으니 금은보화라고 해석해도 되겠습니다. 또 삼천대천세계는 우리가 사는 지구라고 보면 됩니다. 부처님께서 지구와 같은 별이 항하의 모래 수처럼 많다고 가정하고, 그곳에 온갖 금은보화를 채워서 사람들에게 보시를 했다면 얼마나 복이 많겠는가를 물었습니다.

　예를 들어 남산만한 금덩이를 희사했다거나, 그것으로 선행단체나 복지단체를 만들었다면 언론에 대서특필되고, 전 세계 매스컴에서도 기사로 다룰 겁니다. 그 공덕과 복을 찬탄하는 비석을 곳곳에 세우느라고 야단일 것입니다. 그러니 부처님께서 예를 든 것처럼 항하의 모래 수와 같은 항하, 또 그 항하의 모래 수 같은 지구를 금은보화로 다 채워서 세상에 보시한다면 그 복은 말로 형용할 수 없을 정도로 클 것입니다.

　그런데 아무리 어마어마하게 남을 위해 보시했더라도 세월이 가면 언젠가는 다 새어버리는 유루복有漏福입니다. 주상보시住相布施는 생천복生天福이라 하여 자기 자신도 흐뭇하고, 남들에게도 큰 찬탄을 받고, 천상에도 태어나는 복이지만, 그 복이 다하고 나면 다시 나락으로 떨어지는 법입니다. 활이나 미사일을 쏠 때 너무 세게 쏘면 목표점에 떨어지지 않고, 땅속으로 떨어집니다. 복이 많다 하여 더 이상 복을 짓지 않으면 천상락을 실컷 누리고 나서 지옥으로 떨어지고, 인간 세상에 온다 해도 빈천하게 삽니다. 복은 삼생의 원수라는 말도 있습니다. 복 짓느라고 한 생, 복 쓰느라고 한 생, 복 다 쓰고 나면 하천하게 한 생을 보내게 되니 삼생을 복 때문에 헛되게 보낸다는 것입니다. 또한 복이 많은 사람일수록 더 복을 지어야 합니다. 그렇지 않으면, '제까짓 게 있으면 얼마나 있다고…' 하는 질시와 비난을 받게 됩니다. 그래서 유위복에 빠져서는 안 된다는 것입니다. 부처님께서 정작 하시고자 하는 말씀은 다음에 나옵니다.

◉
작은 복이든 큰 복이든 무위로 지어야 영원하다

불고수보리佛告須菩提하사대 약선남자선여인若善男子善女人이 어차경중於此經中에 내지수지사구게등乃至受持四句偈等하야 위타인설爲他人說하면 이차복덕而此福德이 승전복덕勝前福德하리라

부처님께서 수보리에게 말씀하셨습니다.
"만약 선남자선여인이 이 경전 가운데서 네 글귀만이라도 받아 지녀서 남을 위하여 설명하여 준다면 이 일의 복덕은 앞의 복덕보다 훨씬 뛰어나리라."

불교에서는 사람을 표현할 때 훌륭한 남자, 훌륭한 여자라는 뜻으로 선남선녀라고 합니다. 이왕이면 다홍치마라는 말처럼 좋은 표현을 써야 합니다. 선남선녀가 금강경 사구게만이라도 받아 지녀 다른 사람들에게 설해주면, 항하의 모래 숫자와 같은 지구에 칠보를 쌓아서 많은 사람에게 보시해서 얻는 복보다 수승하다고 하였습니다. 무

위복이 유위복보다 훨씬 낫다는 내용입니다.

수지, 받아 지닌다는 것은 지니고 다니면서 마음에 아로새겨 자기 인격으로 만드는 것, 이치를 꿰뚫는 것을 말합니다. 금강경을 읽든 안 읽든 간에 항상 지니고 다니는 자세가 중요합니다. 그렇게 일차적인 수지를 한 다음에 마음에 아로새기는 수지가 뒤따르는 것입니다. 물론 소위 불기佛器라는 말처럼 어떤 경계를 초월한 큰 근기는 예외일 수도 있겠지만, 보통 사람들은 일단 경전을 지니고 다녀야 합니다. 그리고 사구게를 수지하고 그 뜻을 이해하여 다른 사람에게 설명을 해주는 것이야말로 무위복, 함이 없는 복을 짓는 것입니다.

유위복은 한계가 있습니다. 항하의 모래숫자와 같은 지구에 칠보보다 더 값나가는 다이아몬드를 쌓아서 모든 사람에게 보시했다 하더라도 한계가 있다는 것입니다. 여기서 우리가 취할 것은 바로 무위복입니다.

금강경 서두에서 걸식에 대해 설명할 때, '부처님께 밥 두 숟가락 주는 심정'을 이야기 했습니다. 밥 두 숟가락 주고는 기억했다가 나중에 '내가 당신에게 밥 두 숟가락 줬는데 그때 잘 먹었느냐'고 생색낼 사람은 없습니다. 받은 사람도 마찬가지로 마음에 부담을 느끼지 않을 것입니다. 그래서 부처님께서 7가식을 하라고 하신 것입니다. 한 집에서만 얻어 먹으면 준 사람도 받은 사람도 그 은혜에 대한 마음이 남아 집착할 수 있으므로 일곱 집에서 걸식하라고 하신 것입니다.

'작은 복을 짓든 큰 복을 짓든 무위로 지어라' '어떤 관념에도 사로잡히지 말고 지어라' '그러면 영원할 것이고 항상 그 복 속에서 살게 될 것이다'라는 것이 금강경의 가장 큰 교훈입니다. 만약 큰 복을 지어놓고 상을 내고 잘난 체하면 플러스 복이 아닌 마이너스 복을 짓는 것입니다. 가끔 사람들 중에서 자기 딴에는 힘껏 도와주는데도 늘 욕을 먹는다며 불평을 하는 이들도 있는데, 자기가 어떻게 하는지 살펴보면 욕먹는 까닭을 느낄 수 있을 것입니다. 줄 때 잘 주어야 합니다. 상대방의 자존심을 상하게 하면 주고 욕 먹는 법입니다. 그런데 꼭 생색을 내면서 상대방의 자존심을 뭉개면서 주는 사람들이 많습니다. 그러면 받는 사람 입장에서 고마움보다는 적개심이 생깁니다.

마음가짐과 사소한 행동이 복이 되느냐, 화가 되느냐를 결정합니다. 열심히 사는데도 항상 부족하고 모자라고 쪼들리는 사람들도 있습니다. 그 사람을 살펴보면 복을 차는 경우가 많습니다. 별로 잘한 일도 없으면서 자랑하며 상을 내는 순간 복을 까먹고, 마이너스 통장을 만드는 것입니다. 지혜에 눈뜨지 않았기 때문에 보통사람들은 생색내고 과시하는 것을 아무렇지도 않게 생각합니다. 자기 삶에 크게 마이너스가 되는 일인데도 이치를 잘 모르니까 현명하게 살지 못하는 것입니다.

금강경에서 부처님은 우리가 상상도 못할 항하의 비유를 들었습니다. 한 항하든 억만 항하든 항하의 모래 수같이 많은 물질적 보시를 했어도 생색을 내면 유위복이 되고, 아무리 작은 일을 했어도 금강경의 정신에 입각해서 보시를 하면 무위복이 됩니다. 무위복은 영원한 것이어서 세세생생 누리고 쓸 수 있습니다. 예를 들어서 단돈 만원을 보시하고도 정말 내 마음에 어떤 흔적도 남아 있지 않다면 그 복은 영원합니다.

부처님께서는 무위복승분에서도 금강경의 이치와 우리가 본래 가지고 있는 복이 둘이 아니라는 것을 일깨워주고 있습니다. 그야말로 어두운 밤에 등불 덕분에 집으로 돌아가는 길을 잘 찾을 수 있고, 보물인지 돌덩이인지를 분별해서 보물을 들고 나올 수 있는 것과 같이 '금강경의 가르침이야말로 무위복이구나'라는 것을 느끼셨을 것입니다.

이러한 이치를 모르기 때문에 여러 가지 방편이 등장하고, 주객이 전도되는 것입니다. 맹목적으로 기도만 하고, 주력만 외우고, 사경만 하는 사람들이 많습니다. 그런 것에 익숙해지다 보면 흐뭇하기도 하고, 수행의 재미도 느낄 수 있습니다. 하지만 그게 또 업이 됩니다. 삼천 배를 했네, 참선을 했네 하며 상을 내면서 자기가 수행하는 것이 최고라고 우기면 업이 되는 것이지요. 그러므로 우리는 끊임없이 마음을 열어야 합니다. 불교 공부도 열린 마음으로 해야 합니다. 자기에게 익숙한 것만 내세우고 주장하면서 편견을 가지면 안 됩니다. 마음을 활짝 열고 무위복을 짓는 나날이 되기를 빕니다.

제12분 尊重正敎分
올바른 가르침을 존중하다

이 세상에는 종교도 많고 성인의 가르침이나 온갖 주의주장도 많습니다. 불교 안에서도 참다운 이치를 가르치는 곳도 많지만 정법이 아닌 것을 가르치는 곳도 있습니다. 방편이라는 핑계로 비불교적인 모습을 보이는 곳도 있고, 방편을 행하는 곳이 더 번성하는 것처럼 보이기도 합니다.

그래서 더욱 공부를 열심히 해야 합니다. 세상살이든 진리든 모르면 속게 되어 있고, 잘못 된 길로 빠져서 고생하게 되어 있습니다. 세상살이야 좀 손해 보더라도 다시 복구할 수도 있고 이생에만 고생을 하지만, 진리 공부를 잘못 하면 내생까지 그르치게 됩니다. 공부를 하지 않는다면 꼭두각시가 되어 남의 말만 쫓아갈 수밖에 없습니다. 공부를 해서 방편설과 진실한 가르침을 판별하는 힘을 길러 정확하게 알고, 정법을 존중하고, 옹호해야 합니다. 주위 사람들에게 삿된 법을 멀리하고 정법을 받아들일 수 있도록 널리 전해야 합니다. 정법보다 방편을 펴는 것이 수월하고, 정법이 사람들에게 잘 받아들여지지 않을 수도 있습니다. 하지만 정법을 펼쳐야 듣는 사람에게도, 전해주는 사람에게도 큰 이익이 됩니다.

어떤 것이 진실한 가르침이며 존중되어야 할 사상인지를 일깨워주는 것이 존중정교분의 내용입니다. 이것이 곧 금강경의 가르침입니다. 금강경은 반야바라밀 사상입니다. 반야는 만유의 진정한 생명이며 모든 존재의 근원이므로 반야를 수지 독송해야 합니다. 또한 반야를 수지 독송하는 사람은 마땅히 높이 존중되어야 합니다. 그는 최상의 진리, 희유한 진리를 성취한 성자이며, 깨어 있는 사람이며, 참사람이기 때문입니다.

가장 빛나는 공양

부차수보리復次須菩提야 수설시경隨說是經호대 내지사구게등乃至四句偈等하면 당지차처當知此處는 일체세간천인아수라一切世間天人阿修羅가 개응공양皆應供養을 여불탑묘如佛塔廟어든 하황유인何況有人이 진능수지독송盡能受持讀誦가

"또 수보리야, 이 경을 해설하되 단지 사구게만 하더라도 반드시 알라, 이곳에는 일체 세간의 천신天神과 사람과 아수라가 다 마땅히 부처님의 탑塔에 공양하는 것과 같이 해야 한다. 하물며 어떤 사람이 이 경을 모두 다 받아 지니고 읽고 외우는 일이겠는가?"

금강경의 공덕에 대하여 널리 알리는 대목입니다. 처음 법회인유분에서부터 지금까지 금강경을 해설하면서 계속 상相을 깨뜨려 왔습니다. 그러다 보니 금강경미지 무시하게 되었습니다. 그러나 사실은 금강경의 도리가 매우 훌륭하니 널리 금강경을 선양하라는 내용입니다.

사구게 앞에 '내지'가 있으면 항상 '경 전체'라는 말을 포함합니다. "경 전체 내지 사구게만이라도 사람들에게 해설하되, 부처님의 사리탑에 공양 올리는 것과 같이 공양해야 한다."는 것입니다. 탑묘는 부처님의 사리가 들어있기 때문에 탑이면서 묘입니다. 탑 속에다 부처님 사리를 모셨기 때문에 부처님께서 열반하신 뒤에 불자들이 제일 정성껏 공양供養, 공경供敬하는 곳이 탑묘였습니다. 금강경은 부처님께서 생존하셨을 때 말씀하신 것처럼 되어 있지만, 부처님께서 열

반하시고 나서 500년 뒤에 결집되었기 때문에 이러한 내용이 담겨 있는 것입니다. 부처님의 가르침, 정신을 그대로 살리면서 그 시대에 맞는 어법과 예절, 분위기를 각색해서 감동스럽게 결집한 것입니다. 경전 내용을 살펴보면, 부처님께서 열반하시기 전인데 탑묘처럼 열반하신 뒤에 만들어진 단어가 나오는 것을 보면 이해하기 쉬울 것입니다.

한편 "하물며 어떤 사람이 이 경을 모두 다 받아 지니고 읽고 외우는 일이겠는가?"라는 내용의 참뜻을 알아야 합니다. 여기에서도 사람이 부처님임을 알 수 있습니다. 금강경을 독송하고 금강경의 바른 가르침을 따르고 선양하는 사람은 부처님 중의 부처님이라고 할 수 있습니다. 이렇게 바른 가르침에 마음을 두고 사는 사람들을 공경해야 됩니다. 이제 가족들에게 "나는 금강경 행자다."라고 선포하고, 공경하라고 하십시오. 공경 받아 마땅하다는 자부심과 긍지를 가져도 됩니다. 부처님께서도 금강경을 수지 독송하는 사람은 가장 높고 제일 희유한 법을 성취한 사람이라고 하였습니다. 금강경 행자는 그 누구에 비할 바 없이 위대하고 훌륭한 사람이라는 것을 새기고 살아도 됩니다.

법화경에서는 오종법사라 하여 법사의 다섯 가지 덕목을 이야기 합니다. 경전을 가지고 다니는 것[受持], 읽는 것[讀], 외우는 것[誦], 쓰는 것[書寫], 설명해 주는 것[解說]인데, 이는 법사의 입장에서는 5종법사이고, 경전을 통한 수행에 있어서는 다섯 가지 수행덕목입니다. 전통적인 불교수행은 참선도 아니고 기도도 아닙니다. 화두 수행은 송나라 때에 생긴 일이고, 기도는 훨씬 나중에 생겼습니다. 팔만대장경을 여러 번 검색해 보아도 '기도'라는 말은 나오지 않습니다.

불교 수행은 부처님의 가르침을 잘 귀담아 듣고 그 가르침대로 살아가는 것입니다. 달리 특별한 방법이 있는 것이 아니라 부처님의 가르침대로 살아가는 일이 수행입니다. 좀 더 집중적으로 그렇게 살기 위해서 경전을 지니고 다니고, 읽고, 외우고, 쓰고, 다른 사람에게 해설해 주는 것입니다. 이러한 것이야말로 적극적인 수행입니다.

특히 서사書寫(사경寫經)는 읽고 외우는 일보다 집중이 훨씬 잘 되기 때문에 그 공덕이 큽니다. 옛날에는 경을 전부 필사하여 유통시켰습니다. 한 권의 경전을 한 사람이 필사하면 두 권이 되고 두 권의 경전을 두 사람이 필사하면 네 권이 됩니다. 지금은 기계로 한꺼번에 수천, 수만 권을 찍어내는 시대입니다. 그러나 여전히 사경은 경전의 내용을 마음에 깊이 새기고 사유하는 데 가장 좋은 방법입니다. 그래서 저는 사경을 많이 권하는 편입니다. 한 생각이라도 도망가면 획을 잘 못 쓸 수 있고, 글자를 놓칠 수가 있고, 빠뜨릴 수가 있으며 글씨도 엉터리가 됩니다. 사경은 안·의·비·실·신·의 육근을 총동원해서 하는 수행으로 영험 또한 제일 많다고 자신 있게 말씀드릴 수가 있습니다.

또한 경전 내용을 여러 사람에게 소개하는 일이 중요합니다. 가족, 친지, 친구들에게 금강경 한마디를 전해주는 일은 한 끼 식사보다 빛나는 대접이고, 금강경을 잘 해설한 책을 법공양하는 일은 그 어느 공양보다 훨씬 빛나는 공양입니다. 그런데 우리 불자들이 이런 것에 대한 인식이 부족합니다. 법공양이 널리 확산되어야 하는데, 그렇지 못한 이유가 불자들의 인식 부족에 있습니다.

금강경이 곧 부처님이다

수보리須菩提야 당지시인當知是人은 성취최상제일희유지법成就最上第一希有之法이니라 약시경전소재지처若是經典所在之處는 즉위유불則爲有佛과 약존중제자若尊重弟子니라

수보리야, 반드시 알라. 이 사람은 가장 높고 제일가는 희유한 법을 성취한 것이다. 만약 이 경전이 있는 곳이라면 부처님과 훌륭한 제자들이 함께 계시는 것이 되느니라."

희유한 법, 제일인 법, 최상의 법을 성취했다는, 세 가지 수식어를 다 동원하여 더할 나위없는 칭찬을 하고나서 금강경이 있는 곳이 부처님이 계시는 곳이요, 존중할 만한 제자가 있는 곳이라고 하셨습니다. 물론 금강경은 일차적으로 종이와 먹으로 된 것입니다. 그런데 더욱 차원 높은 금강경은 사람의 궁극적 차원입니다. 사람에게 무궁무진한 보물이 내재되어 있으니 끄집어내서 쓰기만 하면 됩니다. 이것은 유위나 무위를 다 초월한 경지입니다. 그래서 이 경전이 있는 곳은 부처님과 존중 제자가 있는 곳이라고 하신 것입니다.

예전에 어떤 신도단체에서 삼귀의 예를 올리면서 '부처님께 귀의합니다, 가르침에 귀의합니다' 다음에 '스님들께 귀의합니다'를 싹 빼버리고 다른 내용을 쓰는 법회가 있었습니다.

'부처님의 제자'는 '출가승단'만을 두고 하는 말이 아닙니다. 그 단체에서는 스님들이 하는 일이 못마땅해서 '귀의승'이라는 말을 빼버렸을 것입니다. 그 사람들은 잘못된 것만 보고, 잘하는 것은 한 번

도 못 봤나 봅니다. 과일 나무에는 벌레 먹은 것도 있지만 튼실하게 잘 영근 것도 많습니다. 부정적인 것만 보아온 업을 가진 사람은 부정적인 것만 보기 좋아하고 흠 잡기를 좋아합니다. 그 또한 하루 빨리 고쳐야 할 잘못된 업입니다.

금강경에서도 존중제자라고 하였지 출가승이라고 국한시키지 않았습니다. 존중할 만한 제자라는 말 속에는 청신사, 청신녀, 비구, 비구니가 다 포함되어 있습니다. 이러한 점도 마음에 새겨야 합니다. 불상을 아무리 멋있게 조성해 놓았다 한들 부처님의 오롯한 정신, 가르침을 모른다면 의미가 없고, 훌륭한 큰스님과 불자들이 있다 하더라도 그분들의 훌륭한 사상을 모르면서 소문만 듣고 '그 스님이 훌륭한 스님이란다'라고 한다면 아무 의미가 없습니다. 요컨대 '경전'은 부처님과 훌륭한 제자들의 '가르침'입니다. 그래서 여기서도 '금강경의 가르침이 있는 곳이 부처님과 훌륭한 제자가 있는 곳이 된다'고 하였습니다. '즉위則爲'라는 것은 '금강경이야말로 곧 부처님이고 훌륭한 부처님의 제자들이다'라는 뜻입니다.

아무튼 금강경을 공부하고 다른 사람들에게 전하는 것은 우리가 본래 지니고 있는 아주 지극한 행복, 무량대복, 한량없는 신통을 깨우치는 일입니다. 어떤 물질적인 보시보다도 금강경의 가르침을 통해서 본래 지니고 있는 우리들의 무량대복에 눈을 떠야 합니다. 이제 금강경의 밝은 지혜를 깨닫고 영원토록 자유롭고 활달하게 살아가는 일만 남았습니다.

제13분 如法受持分
여법하게 받아 지니다

모든 것이 원만하고 구족하고 수승하고 청정해서 생사까지 초월하여 있는 이 도리를 무엇이라 일러야 좋겠습니까? 언어와 문자가 붙을 수 없고 생각이 미칠 수 없는 그 자리를 굳이 말로 표현하자면 금강반야바라밀이라 할 것입니다. 그러나 그 자리는 또 금강반야바라밀이라는 말이 해당되지 않습니다. 부처님께서는 일찍이 금강반야를 말씀하신 적이 없으며 저 작은 먼지조차도 말한 적이 없으며 큰 세계도 말한 적이 없다고 하셨습니다.

부처님께서는 "일체 상이 없다. 법도 없고, 법 아님도 없다. 얻을 것도 없고 설할 것도 없다. 성과도 없다. 정토 장엄도 없다. 이 몸마저 없다."고 하시면서 여법수지분에서 금강반야바라밀을 법답게 받아 가지라고 하셨습니다. 무엇이 반야바라밀입니까? 반야바라밀이 반야바라밀이 아니라 그 이름이 반야바라밀일 뿐입니다.

수보리의 일화를 살펴봅시다. 어느 날 수보리가 좌선하고 있는데 공중에서 꽃을 흩뿌립니다. 수보리가 "꽃을 뿌리는 자가 누구인가?"라고 묻자, "하늘의 제석입니다."라는 대답이 들립니다. "어찌하여 꽃을 뿌리는가?" "존자께서 반야바라밀을 잘 설하심을 존중히 여기어 꽃 공양을 올립니다." "내가 무엇을 설하였는가?" "말씀 없으심이 참다운 설법입니다."라는 제석의 말에서 여러분은 마음이 열리셨습니까? 그것이 바로 금강반야바라밀입니다.

그래서 부처님은 금강경을 여법 수지하라고 간곡하게 설하신 것입니다. 여법과 수지는 불교에서 잘 쓰는 말입니다. '여법'은 '법대로', '가르침대로', '이치대로'라는 뜻입니다. 인위적인 규칙에 대해 '여법하게'라고 했다면 '규칙대로'라는 뜻이 됩니다.

수지에 대해서는 앞서 설명하였습니다만, 경을 수지, 받아 지닌다는 것은 첫째 종이와 먹으로 된 책을 지니고 다니는 것입니다. 둘째 그 가르침을 마음속에 아로새겨서 늘 잊지 않으며 가르침대로 살아가는 것입니다. 마음에 지니는 수지가 중요하지만, 늘 경전을 지니고 다니는 1차적인 수지도 중요합니다. 불자들은 항상 금강경, 천수경 등 경전을 지니고 다녀야 합니다. 자투리 시간이라도 생기면 전철이든 어디든 1분도 좋고, 2분도 좋습니다. 한 구절이라도 읽고 마음에 새기는 것입니다. 제3자가 보더라도 아름답고 근사하지 않겠습니까? 부처님을 따르는 불자로서 삶의 태도가 몸에 배어들 수 있도록 늘 연습하시기 바랍니다.

◉
경전의 이름만 듣고도 미혹 중생의 탈을 벗는다

이시爾時에 수보리須菩提가 백불언白佛言하사대 세존世尊이시여 당하명차경當何名此經이며 아등我等이 운하봉지云何奉持하리잇고
불고수보리佛告須菩提하사대 시경是經은 명위금강반야바라밀名爲金剛般若波羅蜜이니 이시명자以是名字로 여당봉지汝當奉持하라

그때에 수보리가 부처님께 사뢰었습니다.
"세존이시여, 이 경의 이름을 무엇이라 해야 합니까? 그리고 저희들이 어떻게 받들어 가져야 합니까?"
부처님께서 수보리에게 말씀하셨습니다.
"이 경의 이름은 '금강반야바라밀'이다. 그대들은 반드시 이러한 이름으로 받들어 가지도록 하라.

지금까지 설한 내용만으로도 훌륭한 경전이 되므로 수보리가 부처님께 공부한 내용을 경으로 묶는다면 제목을 어떻게 하는 것이 좋겠는지 여쭙습니다. 부처님께서 경의 이름을 금강반야바라밀이라고 지어주셨습니다. 다이아몬드와 같이 날카롭고 빛나는 지혜, 명쾌한 지혜인 금강반야로 '모든 문제를 해결하는 가르침'이라는 뜻입니다.

언어가 혼이라는 말이 있듯이 이름도 마찬가지입니다. 이름은 허망하기도 하지만 중요한 도구이기도 합니다. 특히 앞에서도 설명하였듯이 불교 경전은 제목이 내용을 함축하고 있습니다. 그래서 경전 제목만으로 수행을 삼기도 합니다. 길 가다가 동물을 만났을 때 '나무대방광불화엄경' 하고 세 번 축원해 주면 그 동물은 경 이름만 듣고도 미혹한 중생의 탈을 벗고 제도된다고 합니다. 육조 혜능 스님은 '마하반야바라밀'을 외우라고 하셨고, 일본의 법화종단에서는 나무묘법연화경을 지성으로 외워 '남묘호렝게교'라고 합니다. 물론 이름도 중요하지만 무엇을 염하든지 간에 마음을 얼마나 집중시키느냐 하는 것이 중요합니다.

예전에 들은 설화인데, 간단하게 이 부분에 해당되는 내용만 말씀드리겠습니다. 귀도 어둡고, 눈도 안 보이고, 방금 전 일도 잊어버리는 한 할머니가 있었습니다. 이 할머니에게 시주를 받은 한 스님이 염불 공덕을 지으라며 '나무아미타불 관세음보살'을 일러 주었습니다. 할머니가 아무리 짧은 염불이라도 금세 잊어버린다고 걱정하자, 스님이 잊어먹을 때마다 흔들면 기억이 되살아날 것이라고 하면서 작은 방울을 주었습니다.

할머니는 스님이 시키는 대로 열심히 염불을 하다가 잊어먹으면 방울을 흔들어 기억을 되살려가며 염불하였습니다. 그런데 어느 날 못된 며느리가 할머니의 방울을 감춰 버렸습니다. 염불을 잊어먹은 할머니가 방울을 찾다가 없으니 며느리에게 "얘야, 너는 기억력이 좋으니까 생각나지, 좀 알려다오."라고 묻자, 못된 며느리가 시어머니를 망신시킬 요량으로, "옆집에 김첨지수염보살이에요."라며 쏘아붙이듯 대답합니다.

그런데 신기하게도 '옆집에 김첨지수염보살'은 잊어먹지 않는 것입니다. 할머니는 온종일 정성껏 '옆집에 김첨지수염보살'을 염했습니다. 이 염불소리를 못마땅하게 여긴 못된 며느리가 급기야 남편을 꼬드겨 할머니를 고려장시키려 했는데 냇가의 징검다리에 눈먼 할머니를 내려놓자, 할머니의 몸은 돌부처로 변하고, 영혼은 극락으로 갔다고 합니다.

즉심시불을 잘못 알아듣고 짚신불이라고 염해서 어느 날 환히 밝아졌다는 일화 등 이와 비슷한 얘기가 많습니다. 여기서 신통한 이적을 얘기하고자 하는 것은 아닙니다. 나무아미타불이든 관세음보살이든 옆집에 김첨지수염보살이든 말이 중요한 것이 아니라 마음의 초점을 한 곳에 모아 자기 내부에 있는 불성생명력에 불을 지펴내느냐에 달려 있다는 것입니다.

◉

불성佛性에 초점을 맞춰 살아야 한다

소이자하所以者何오 수보리須菩提야 불설반야바라밀佛說般若波羅蜜이 즉비반야바라밀卽非般若波羅蜜일새 시명반야바라밀是名般若波羅蜜이 니라 수보리須菩提야 어의운하於意云何오 여래如來가 유소설법부有所 說法不아

수보리須菩提가 백불언白佛言하사대 세존世尊이시여 여래如來는 무소 설無所說이니다

왜냐하면 수보리야, 여래가 말한 반야바라밀이란 곧 반야바라밀이 아 니고 그 이름이 반야바라밀일 뿐이기 때문이니라. 수보리야, 그대는 어떻게 생각하는가? 여래가 설법한 바가 있는가?"

수보리가 부처님께 사뢰었습니다.

"세존이시여, 여래께서는 설법하신 바가 없습니다."

앞에서도 즉비卽非에 대해 설명하였는데, 즉비라고 하는 데는 여 러 가지 이유가 있습니다. 무엇이든 본래 없던 것이고, 만든 것입니 다. 또한 만들었다 하더라도 '무엇이다'라고 결정적으로 드러내 보일 것은 아무것도 없습니다. 그래서 사실은 텅 빈 것이고 공한 것이라고 누차 말씀드렸지요. 이런 저런 인연을 얼기설기 묶어서 '금강경 법회 다' '이것이 금강경이다' 하지만, 이 역시 그 이름이 금강경일 뿐입니 다. 즉비의 논리는 세상 모든 만물에 다 적용시켜도 모두 해당되는 논 리입니다. '아버지가 아버지가 아니고 그 이름이 아버지다' '학생이 학생이 아니라 그 이름이 학생이다' '스님이 스님이 아니라 그 이름 이 스님이다'라고 다 적용할 수 있습니다.

가만히 사유해 보면 기가 막힌 말이고 딱 들어맞는 말입니다. 한 남자가 아버지라고 해도 그 아들에게나 아버지이지 아내에게는 남편

입니다. 그의 손자에게는 할아버지요, 직업이 학교 교사라면 학생들에게는 선생님입니다. 개중에 장난꾸러기 학생들에게는 짓궂은 별명으로도 불리겠지요. 이름은 이름일 뿐입니다. 사람의 이름뿐만 아니라 그 어떤 것도 다 그렇습니다. 우리 삶의 지침인 금강경마저도 '시명반야바라밀'이라고 했습니다. '이름이 반야바라밀'이라고 이해하면 그것에 매달리거나 집착하지 않습니다. 그러한 것이야말로 금강경다운 이해라고 볼 수 있습니다.

부처님께서 수많은 설법을 하셨음에도 불구하고 설법한 바가 없다고 하신 것은 무득무설분에 잠깐 언급되었던 내용이기도 합니다. 상식적으로 보면, 부처님같이 설법을 많이 하신 분도 드뭅니다. 우리가 부처님을 삼계三界의 대도사요, 사생四生의 자부慈父라고 하는 것도 부처님의 위대한 설법 때문입니다. 부처님의 제자인 수보리도 수십 년 동안 부처님의 설법을 듣고 살아 왔고, 그 설법을 통해 자기 인생을 엮어가고, 그것을 기준 삼아 수행을 해 왔습니다.

그런데 수보리는 부처님께 '여래가 설한 것이 없다'고 대답합니다. 이것이 금강경의 안목입니다. '설법한 것이 있다'고 한다면 이미 설법을 했다고 하는 관념, 상相에 사로잡힌 것입니다. 서두에서 말씀드렸듯이, 금강경은 대승불교적인 안목으로 설해졌기 때문에 보통 상식에서 말하는 것처럼 '부처님이 설법한 것이 있다' '깨달음이 있다' '복이 있다' '죄가 있다'라고 하는 것과는 차원이 다릅니다.

요즘 곳곳에서 참회하는 이야기가 들려옵니다. 참회도량이라 해서 아예 참회를 전면에 등장시킨 사찰도 있습니다. 참회할 게 얼마나 많은지 참회를 입에 달고 삽니다. 하지만 보다 더 차원 높은 안목으로 보면 죄나 참회도 큰 문제가 아닙니다. 그렇게 주눅 들고 좁은 안목을 가지고 살 필요가 없습니다. 죄든 복이든 금강경의 안목이 열려야 됩니다. 복도 없다는데 죄인들 있겠습니까? 천수경에도 "죄라는 것은 고정된 성품이 있는 것이 아니다. 전부 우리 마음이 지어낸 것이다. 죄는 마음에 건립된 것이니까 마음만 없다면 모든 죄는 사라진다. 죄가 없고 마음도 없으면 이것이야말로 진정한 참회다."라고 말하고 있습니다.

우리의 시각을 어디에다 초점을 맞출 것인가가 아주 중요합니다. 본래 텅 빈 우리의 심성자리, 우리의 마음에 초점을 맞춰놓으면 차원이 달라집니다. 보살이 항상 남을 위하는 마음으로 다른 사람을 어떻게 도울까 하는 자세로 살아가면 자기 처지가 전혀 문제가 되지 않습니다. 자기 자신이 세상 누구와 비교해도 높은 경지에 있고, 돈도 많고, 지식도 많고, 건강도 좋아야 보살행을 할 수 있는 것은 아닙니다. 조건이 열악하다 해도 정신이 보살행으로 무징되어 있으면 여타 다른 것은 아무것도 문제 될 까닭이 없습니다. 사람의 삶은 '무엇에 관심을 쏟고 사느냐'에 좌우되는 것입니다.

또한 벌레 먹은 사과도 있고, 튼실하게 잘 영근 사과도 있을 때 어디에 초점을 맞추는 게 좋겠습니까? 사람들 중에는 벌레 먹은 사과에 초점을 맞추고 늘 불평불만을 하며 살아가는 이들도 있습니다. 그러나 이왕이면 잘 영근 사과에다 초점을 맞춰야 행복지수가 높아집니다. 세상살이의 작은 행복도 그렇지만 정신세계도 마찬가지입니다. 지극히 고귀한 인간의 본래 모습, 우리에게 내재되어 있는 다이아몬드보다 천 배 만 배 더 소중한 불성佛性에 눈을 뜨고 거기에 초점을 맞취 살아야 합니다. 그래서 우리가 본래 간직한 불성생명을 되살려 쓸 때 우리들은 이 몸 그대로 부처가 되고, 우리 사는 세상이 불국토가 되는 것입니다.

이름이 먼지요, 이름이 세계일 뿐이다

수보리須菩提야 어의운하於意云何오 이삼천대천세계소유미진以三千大千世界所有微塵이 시위다부是爲多不아 수보리언須菩提言하사대 심다甚多니다 세존世尊이시여 수보리須菩提야 제미진諸微塵을 여래如來가 설비미진說非微塵일새 시명미진是名微塵이며 여래如來가 설세계說世界도 비세계非世界일새 시명세계是名世界니라

"수보리야, 그대는 어떻게 생각하는가? 삼천대천세계에 있는 모든 먼지의 수를 많다고 하겠는가?"

수보리가 사뢰었습니다.

"아주 많습니다, 세존이시여."

"수보리야, 이 모든 먼지를 여래는 말하기를 '먼지가 아니고 그 이름이 먼지일 뿐이다'라고 하며, 여래가 말하는 세계도 또한 세계가 아니고 그 이름이 세계일 뿐이니라."

지금까지는 부처님의 가르침, 깨달음, 보시 등 눈에 보이지 않는 갖가지 상相에 대해 언급하면서 상에 대한 무상無常을 강조하며 집착을 털어내었는데, 여기에서는 눈에 확실히 보이는 세계에 대해 언급합니다. 세상에서 제일 큰 삼천대천세계, 그 큰 우주 덩어리가 세상에

서 가장 작은 미진, 즉 가는 먼지로 이루어져 있음을 증명하고 있습니다. 우리가 사는 지구도 하나하나 쪼개면 먼지로 되어 있고, 먼지 하나하나가 결합하여 지구가 된 것입니다. 처음에 이 우주 공간에서 하나의 별이 생길 때도 먼지 하나하나가 결합할 때마다 충돌이 일어나고, 충돌에 의한 자력으로 먼지가 자꾸 모여들어 이루어진 것입니다. 영원하리라 믿고 의지하는 이 지구도 결국 무상한 먼지들이 모여 이루어진 것이므로 본질에 있어 고정 불변한 것이 아님을 일깨워 주는 것입니다.

사실 우주, 지구는 너무 거대하기 때문에 현실감이 떨어질 것입니다. 작은 예를 들면, 연필 한 자루도 낱낱이 쪼개놓고 보면 먼지입니다. 쌀 한 톨도 가루를 내면 먼지입니다. 이런 식으로 생각하면 세계를 구성하는 것은 온통 먼지뿐입니다. 그런데 그 먼지는 먼지가 아니고 이름이 먼지일 뿐이라고 하는 데는 이유가 있습니다. 연필을 쪼개고 또 쪼개 보면 먼지이지만, 눈앞의 연필은 먼지가 아닙니다. 쌀도 부수면 먼지이지만 먼지 이전에는 쌀입니다. 눈에 보이는 연필, 쌀, 먼지는 인연이나 조건에 의해서 생긴 것입니다.

이 구절만 보면 생각나는 일화가 있습니다. 선방에는 부전副殿이라는 소임이 있는데, 선방을 관리하고 청소하는 일을 합니다. 수십 년 전 선방에서 한 철 날 때인데, 부전을 맡은 젊은 수좌가 너무 게을러서 청소를 잘 안 하는 겁니다. 다른 스님들이 "구석구석에 먼지가 저렇게 많은데, 책임자가 청소를 안 하면 되겠느냐."며 한마디씩 하였습니다. 그러자 그 젊은 수좌가 좌선을 하고 있다가 "세상이 전부 먼지로 되어 있는데 먼지를 어디다 치우란 말인가?"라고 답해서 그 자리에 있던 스님들이 폭소를 터뜨린 적이 있습니다. 스님들이 그 수좌에게 '먼지수좌'라는 별명을 지어주었는데, 이 수좌는 일본에 유학가서 공부를 잘했답니다.

부처님은 세상에서 제일 작은 먼지 이야기를 한 다음에 세계에 대한 이야기를 합니다. '여래가 말하는 세계도 곧 세계가 아닐새 이 이름이 세계다', 비세계非世界라는 구절 앞에 즉卽자를 넣어도 상관이 없고, 안 넣어도 역시 뜻은 '곧 아니다'라는 뜻입니다.

전에 어떤 스님과 지구의 생김새에 대해서 설전을 벌인 적이 있습니다. 그 스님도 과학교육에 힘입어 지구가 둥글다는 상식은 알고 있으면서도, "지구는 눈에 보이는 대로 낮은 곳도 있고 높은 곳도 있고 강이 흐르고 하늘은 푸르고 구름은 희다. 이것이 지구 아니냐. 왜 자꾸 둥글다고 하느냐. 눈앞에 펼쳐져 있는 이 지구야말로 진짜 실다운 지구다."라고 주장하였습니다. 사실 비행기를 타고 올라가도 지구가 둥근지는 잘 모릅니다. 인공위성이나 우주선을 타고 지구 밖에 나가서야 지구가 둥글게 보입니다. 그러므로 "눈앞에 펼쳐진 세계를 보면서 지구가 둥글다고 하는 것은 맞지 않다."는 말도 상당히 일리가 있습니다.

그런데 "지구는 우리가 현재 보고 있는 이 모습 이대로다. 둥글다고 하지 말라."는 이야기도 "이 세계는 사실은 세계가 아니다."라고 하는 데 참고가 됩니다. 세계가 곧 세계가 아닌 이유도 여러 가지 있습니다. 우리가 편의상 '이것을 세계라고 하자'라고 이름 지어 놓고 부를 뿐입니다.

부처님의 32상도 부정하는데 다른 것이야 오죽하겠는가

수보리須菩提야 어의운하於意云何오 가이삼십이상可以三十二相으로 견여래부見如來不아

불야不也니다 세존世尊이시여 불가이삼십이상不可以三十二相으로 득견여래得見如來니 하이고何以故오 여래如來가 설삼십이상說三十二相이 즉시비상卽是非相일새 시명삼십이상是名三十二相이니다

"수보리야, 어떻게 생각하는가? 서른두 가지의 거룩한 상호로써 여래라고 볼 수 있겠는가?"

"아닙니다, 세존이시여. 서른두 가지의 거룩한 상호로써는 여래라고 볼 수 없습니다. 왜냐하면 여래께서 말씀하신 서른두 가지의 거룩한 상호는 곧 상호가 아니고 그 이름이 서른두 가지의 거룩한 상호일 뿐이기 때문입니다."

이 대목은 부처님의 32상에 관한 이야기입니다. 부처님은 태어나실 때부터 가슴에 만卍자가 있고, 정상頂相에 육계肉髻가 있고, 미간에 백호白毫가 있고, 귀가 길고, 코가 높고, 무릎을 지날 정도로 긴 팔, 긴 손가락, 평발 등 특별한 32길상吉相을 지니셨습니다. 32상은 오백 생을 거듭하는 동안 쌓은 선인善因으로 얻게 된다고 합니다. 32상을 가진 사람이 세상에 있으면 천하를 다스리는 전륜성왕이 되고, 출가를 하면 깨달음을 얻어 부처가 된다는 길상입니다. 그런데 32상을 가지신 부처님께서 32상을 보고 여래라고 할 수 있는지에 대해 묻자 수보리는 곧바로 아니라고 답합니다.

사람의 얼굴 모습을 가지고 설왕설래하는 일이 많습니다. 하지만 대놓고 얼굴에 대해 말하지는 않지요. 상대방의 자존심을 상하게 하는 일이고 인격을 침해하는 일이기 때문입니다. 그런데 감히 수보리는 하늘같은 스승의 신체 문제까지 꼬집어서 "32상이라고 하는 그 이름이 32상일뿐이다."라고 하여 부처님의 32상을 가차없이 부정하고 있습니다.

이 대목에 와서는 정말로 탄복할 일입니다. 어떤 종교, 철학, 성인의 말씀에서도 이러한 소리를 들을 수가 없습니다. 예로부터 소견이 뛰어난 선사들이 금강경을 높이 숭상하는 것은 이렇게 시원스러운 가르침 때문입니다. 부처님의 32상도 부정하는데, 우리들이야 오죽하겠습니까. 모든 것이 시시각각 변해가니 결국에는 무상한 것이고, 고정불변한 것이 아닙니다. 그렇게 무상한 것에 대한 인식이 철저해질 때 우리의 참모습, 참 마음자리가 드러납니다.

객진번뇌客塵煩惱라는 말이 있습니다. 길을 떠난 나그네가 여관에서 하루 밤을 묵고 다음날 행선지를 향해 떠나갑니다. 그런데 여관 주인은 떠나지 않습니다. 이 떠나는 나그네처럼 우리 마음속에서 쉼 없이 요동치는 번뇌를 놓아버려야 합니다. 무상한 번뇌를 다 놓아버렸을 때 떠나지 않는 주인처럼 우리의 진실한 주인인 참 마음자리가 홀연히 나타나는 것입니다. 이 도리를 진공묘유眞空妙有라고 합니다. 지금까지 낱낱이 부정한 이면에는 진실 생명이라는 대긍정이 있기 때문이라는 것을 알아차려야 합니다.

진리를 전하는 것이 목숨을 보시한 공덕보다 크다

수보리須菩提야 약유선남자선여인若有善男子善女人이 이항하사등신명以恒河沙等身命으로 보시布施하고 약부유인若復有人이 어차경중於此經中에 내지수지사구게등乃至受持四句偈等하야 위타인설爲他人說하면 기복其福이 심다甚多니라

"수보리야, 만약 어떤 선남자선여인이 항하의 모래 수와 같은 수많은 목숨을 바쳐 널리 보시한 사람이 있고, 또 어떤 사람은 이 경전 가운데서 네 글귀만이라도 받아 가지고 남을 위하여 설명해 주었다면 그 복이 훨씬 많으니라."

존중정교분에서처럼 금강경의 높은 가치에 대해 설하고 있는 내용입니다. 앞에서는 칠보로 비유했는데, 여기서는 사람의 목숨에 비유하고 있습니다. 세상에 목숨보다 소중한 것은 없습니다. 그 무엇과도 바꿀 수 없는 것, 우주와도 맞먹는 것이 바로 우리 목숨입니다. 그런데 목숨을 보시한 공덕보다도 금강경을 전한 공덕이 훨씬 수승하다는 내용입니다. 몇 년 전 일본 지하철에서 살신성인한 부산 출신의 한국 대학생 이수현 씨를 기억할 것입니다. 이수현 씨의 거룩한 죽음은 일본인들의 한국에 대한 이미지까지 바꿀 정도였습니다. 일본에서는 추모사업회와 추모식을 통해 이수현 씨를 기리고 있습니다. 그런데 이 또한 언젠가는 새어버릴 유루복이라는 것입니다.

부처님께서는 이렇게까지 금강경의 가치에 대해 강조하셨습니다. 여러분들도 금강경의 이치를 깨닫게 되면, 이 목숨을 한 번, 아니

수십 번을 버린다 하더라도 금강경의 도리를 알고 다른 사람에게 전하는 것이 더 낫다고 당당하게 말할 수 있습니다. 신심 깊은 불자라면 누구나 금강경을 수백 번 읽어보고 마음에 새겨보고 깊이 사유할 가치를 느끼게 마련입니다.

　물론 금강경의 가치에 대해 이렇게까지 강조한 것은 다 그만한 까닭이 있지요. 지금까지 "금강경은 금강경이 아니고 그 이름이 금강경이다."라고 하여 자칫하면 소홀하게 취급할까 봐 매우 강한 비유를 든 것입니다. 그렇다고 해서 또 금강경이라는 상을 가져서는 안 됩니다. 말 그대로 취부득取不得 사부득捨不得입니다.

　이 모든 것은 반야의 안목이 있느냐 없느냐에 달려 있습니다. 반야의 안목이 열리면 우리들의 진실한 모습을 바르게 이해할 수 있고, 불생불멸의 불가사의한 힘이 넘쳐 평화롭고 행복한 삶을 열어줍니다. 이렇듯 삶의 실상을 밝혀주기에 금강경의 가치가 항하의 모래 수처럼 많은 목숨을 보시한 것보다 수승하다고 할 수 있습니다.

제14분
離相寂滅分
상을 떠난 적멸

이상적멸離相寂滅 '상相을 떠나서 적멸하다'고 하였습니다. 사람들의 고통과 번민, 번뇌 망상의 원인을 살펴보면 대개 상相 때문이라는 것을 알 수 있습니다. 성인의 안목이 아니더라도 인생 문제에 대해 가만히 생각해 보면 알 만한 사실입니다. 하지만 상은 허망하고 무상하며 영원하지 않습니다. 상을 떠난다는 것은 상에서 도피하는 것이 아니라 영원토록 변치 않는 적멸의 자리를 꿰뚫어보는 것을 말합니다. 앞에서 금강경은 무상위종이라고 하였습니다. 상을 떠나야 상이 없는 것이 되므로 이상離相과 무상無相은 같은 말입니다.

상을 떠난 것은 고요, 적멸한 상태입니다. 적멸하다 해서 손발을 묶고, 목석처럼 아무것도 하지 않고 가만히 있는 것이 아닙니다. 왕성하게 보시하고, 교화하고, 선행을 하되 마음에 흔적이 없고, 생색을 내지 않는 것이 상을 떠난 삶입니다. 어떤 행위든 상 없이 한다면 적멸한 상태, 고요한 상태에서 하는 것입니다. 비유하자면, 바다에 물결이 아무리 출렁거려도 바다는 늘 물로 있는 상태입니다. 바람에 의해 이리저리 출렁이고 파도가 치더라도 물의 입장에서는 늘 여여하고 적멸입니다.

모든 상을 떠나면 밝은 지혜로만 이해되는 적멸의 실다운 상이 나타납니다. 수보리가 지금까지의 법문을 듣고 감격해서 눈물을 흘립니다. 처음 있는 일이며 희유한 일이라고 하면서 자신의 깨달음을 말하고 있지요. "세존이시여, 만약 어떤 사람이 경전을 듣고 신심이 청정해진다면 곧 실상이 밝게 나타날 것입니다. 그리고 이 사람은 제일가는 공덕, 희유한 공덕을 성취할 것입니다. 부언하건대 실상이란 모양다리가 아닙니다. 그러므로 여래는 실다운 상이라고 하신 것입니다."

실상이란 무엇이겠습니까. 일체의 모든 법의 진실한 상태를 뜻합니다. 모든 법의 진실한 상태란 본래로 생기지도 아니하고 소멸하지도 아니하며 원만하고 걸림이 없으며, 평등하여 실제로 있는 것입니다. 그리고 또 우주만유보다도 먼저 있으되 시작이 없으며, 우주만유보다 더 뒤에 있으되 마침이 없습니다. 실상은 곧 나이며, 곧 너입니다. 실상은 곧 반야이며, 모든 것의 모든 것입니다. 이러한 실상을 깨달은 사람은 일체 상을 떠났을 것이므로 제일 희유한 사람이며 바로 부처님입니다.

◉

수보리, 깊고 깊은 이치에 체루비읍하다

이시爾時에 수보리須菩提가 문설시경聞說是經하사옵고 심해의취深解義趣하사 체루비읍涕淚悲泣하사 이백불언而白佛言하사대 희유希有하니다 세존世尊이시여 불설여시심심경전佛說如是甚深經典은 아종석래소득혜안我從昔來所得慧眼으로 미증득문여시지경未曾得聞如是之經이니다

그때에 수보리가 이 경을 설하심을 듣고, 그 뜻을 깊이 깨달아 알고는 눈물을 흘리고 슬피 울면서 부처님께 사뢰었습니다.

"참으로 희유합니다, 세존이시여. 부처님께서 설하신 이와 같이 깊고 깊은 경전은, 제가 옛날부터 지금까지 닦아 얻은 지혜의 눈으로는 일찍이 이와 같은 가르치심은 듣지 못하였습니다.

우리도 부처님의 가르침을 듣고 감동합니다. 그렇다 해도 통곡하는 일은 드뭅니다. 심성이 맑은 수보리는 부처님의 말씀을 듣고 그 뜻

을 깊이 이해하고는 눈물 콧물을 다 흘리면서 통곡하듯이 슬피 울었습니다. 수보리가 뜻을 깊이 이해했기 때문에 그토록 큰 감동을 한 것입니다. 똑같은 경전 말씀도 사람에 따라 천차만별로 이해합니다. 같은 사람도 어제 다르고 오늘 다르며, 금년과 내년에 이해하는 것이 다릅니다.

저도 오랫동안 금강경 강의를 해 왔습니다만, 불자들에게 "예전하고 강의가 어떠하냐?"고 물으면 "전혀 다르다."는 대답을 들었습니다. 세월도 흘렀지만, 그간에 경전에 대한 이해의 폭이 달라졌고 세상을 보는 눈도 달라졌을 터이니 경전 해설도 달라진 것이 당연합니다.

배우는 입장도 마찬가지입니다. 금강경을 '언제 배웠다' 하는 것은 아무 의미가 없습니다. 깨달은 분들의 가르침은 배웠어도 또 배우고, 어제 읽었어도 오늘 또 읽고, 오늘 읽었어도 내일 또 읽어야 합니다. 우리의 이해 정도에 따라 그 뜻이 새롭게 다가오기 때문입니다. 늘 외우는 천수경, 반야심경, 금강경을 오늘 다시 읽어도 '여기에 이러한 이치가 있었던가' 하는 새로운 이해를 할 때가 있을 것입니다. 그래서 불자들은 경전을 한시라도 손에서 놓으면 안 됩니다. 항상 가까이 해서 자기 자신 안에 본래 깃들어 있는 불성을 회복시켜야 합니다.

수보리가 체루비읍하며 부처님께 '희유하십니다. 세존이시여'라고 고하였습니다. 희유하다는 것은 세상에 처음 있는 일이고, 드문 일이며, 어려운 일이라는 뜻입니다. 수보리는 이렇게 뛰어난 경전은 처음이라고 탄복을 합니다.

수보리는 공에 대한 이치를 이해하는 데 있어서는 제일가는 분인지라 해공제일解空第一이라고 합니다. 그런데 금강경 13분까지 듣고는 "부처님의 깨달음은 도저히 깊이를 알래야 알 수가 없다, 그 미묘한 가르침은 너무나도 대단하다."면서 '처음 듣는 경전'이라고 술회하고 있습니다.

◉

실상實相에도 집착하지 말라

세존世尊이시여 약부유인若復有人이 득문시경得聞是經하고 신심청정信心淸淨하면 즉생실상則生實相하리니 당지시인當知是人은 성취제일희유공덕成就第一希有功德이니다 세존世尊이시여 시실상자是實相者는 즉시비상則是非相일새 시고是故로 여래如來가 설명실상說名實相이니다

세존이시여, 만약 이 다음에 또 어떤 사람이 이 경전을 얻어 듣고 신심이 청정해지면 곧 실상實相이 생길 것입니다. 그리고 이 사람은 제일가는 희유한 공덕을 성취한 사실을 반드시 알아야 할 것입니다. 세존이시여, 이 실상이라는 것은 곧 실상이 아닙니다. 그러므로 여래께서 말씀하시기를 '이름이 실상이다'라고 하셨습니다.

불자들은 누구나 신심을 갖고 있는데, 신심 청정이라는 것은 어느 순간 그 깊이가 확 달라지는 대단한 신심을 갖게 되는 것을 말합니다. 사람들 중에는 부모님 천도재를 지내러 왔다가 불교와 인연을 맺는 이들도 있는데, 이런 사람들은 천도재를 지내는 게 불교인 줄 압니다. 또한 개인적인 소원을 이루기 위해서 기도하러 왔다가 절에 다니는 분들도 많은데, 그분들은 부처님을 소원을 이루어주시는 분으로 압니다. 그것도 일종의 신심입니다. 그런 과정이 필요합니다. 처음에

는 그렇게 불교에 입문했지만 계속 법문도 듣고, 경전도 읽고, 공부를 해 나가다 보면 전혀 다른 차원의 불교를 이해하게 됩니다. 바로 그런 경우가 신심 청정입니다.

즉생실상則生實相, 곧 실상이 생긴다는 것은 안목이 열려 삶의 실상을 꿰뚫어 보는 것입니다. 실상은 형상이 있으면서 없는 것이고, 형상 없는 데서 형상 있는 것까지 볼 줄 아는 것입니다. 있음과 없음이 함께 있음을, 존재의 양면성을 다 수용하고 그것을 자유자재로 활용할 수 있는 경지가 실상입니다. 중도성이라고 표현할 수도 있습니다. 이렇게 형상 없는 형상을 체득할 때 큰 소득, 제일가는 공덕, 희유한 공덕을 성취할 수 있습니다.

불교에 입문하여 불교 신자가 되고, 부처님과 인연을 맺음으로써 여러 가지 소득을 얻습니다. 그런데 금강경, 이 수준 높은 대승경전의 공덕은 마음의 지혜를 얻는 것입니다. 경전을 통해 마음이 툭 터지고 그동안 풀리지 않았던 문제들이 확 풀립니다. 가뿐해집니다. 깃털같이 가볍게 살 수 있습니다. 그야말로 천만금을 주고도 살 수 없는 공덕입니다. 그래서 금강경의 가르침을 삼천대천세계만한 금은보화와도 바꿀 수 없다고 한 것입니다. 표면적인 이해만으로도 공덕이 그렇게 큰데 저 밑바닥까지 깊이 이해한다면 어떻겠습니까.

그러면 '곧 실상이 생긴다[則生實相]'라고 하였습니다. 진리의 가르침을 듣고 느끼는 감동, 혜안을 달리 표현할 길이 없어서, 굳이 표현하자니 실상인 것입니다. 그런데 실상이라는 용어를 써놓고, 상병相病 들기 좋아하는 중생들이 또 실상이라고 하는 상에 집착할까 봐 다시 즉비의 논리가 나옵니다. '그 이름이 실상일 뿐이다', 실상 또한 여래가 설명하기 위해 편의상 만들어 놓은 이름이라는 것입니다. 능력 있는 사람의 경우, 그것은 지금까지 자신이 지은 공덕으로 이루어진 것인데, 부귀영화, 명예 등 온갖 자랑거리에 집착하지 말고 자랑하지 말라는 겁니다. 집착하고 자랑하는 순간 눈이 어두워지고 고통이 따르게 된다는 뜻입니다. 그래서 실상에 대해서도 분명히 못 박고 있는 것입니다.

◉

상相을 떠난 이가 부처다

세존世尊이시여 아금득문여시경전我今得聞如是經典하고 신해수지信解受持는 부족위난不足爲難이어니와 약당래세후오백세若當來世後五百歲에 기유중생其有衆生이 득문시경得聞是經하고 신해수지信解受持하면 시인是人은 즉위제일희유卽爲第一希有니다 하이고何以故오 차인此人은 무아상無我相하며 무인상無人相하며 무중생상無衆生相하며 무수자상無壽者相이니 소이자하所以者何오 아상我相이 즉시비상卽是非相이며 인상중생상수자상人相衆生相壽者相이 즉시비상卽是非相이라 하이고何以故오 이일체제상離一切諸相을 즉명제불卽名諸佛이니다

세존이시여, 제가 이와 같은 경전을 얻어 듣고, 믿고 이해하여 받아 가지는 것은 그리 어렵지 않으나, 만약 앞으로 최후의 오백년 경에 그 어떤 중생이 이 경전을 얻어 듣고 믿고 이해하여 받아 가진다면, 그 사람이야말로 참으로 제일 희유한 사람이 될 것입니다. 왜냐하면 그 사람은 나라는 상도 없고, 남이라는 상도 없고, 중생이라는 상도 없고, 수명에 대한 상도 없기 때문입니다. 왜냐하면 나라는 상도 곧 상

이 아니며, 남이라는 상과 중생이라는 상과 수명에 대한 상도 곧 상이 아니기 때문입니다. 왜냐하면 일체의 상을 떠난 사람이 곧 부처님이기 때문입니다."

사람에 따라서 다르겠지만, 유루복을 생각하며 금강경을 좋아하는 경우도 있습니다. '금강경을 읽으면 부자가 된단다' '돈이 된단다' '금강경을 사경하면 재산이 불어난단다' '지혜로워져 시험에 합격한단다'라는 생각으로 금강경을 공부하고 사경하는 사람들도 적지 않습니다. 그 역시 결코 부정할 인연은 아닙니다. 그렇게 해서라도 공부하는 게 안 하는 것보다는 훨씬 좋기 때문입니다. 그런데 한 차원 달리 생각하여, 금강경을 신해 수지信解受持한 사람은 금강경의 이치에 맞는 사람입니다. 어떤 일을 할 때, 특히 좋은 일을 했을 때 생색을 내지 않고, '내가 지은 공덕'이라고 생각하지 않는 사람, 가을 하늘처럼 툭 터진 통쾌한 마음을 가진 사람입니다.

신해信解가 되십니까? 믿고 이해된다면 그 좋은 일을 왜 안 하겠습니까? 들을 때는 그럴듯한데 일어서면 그뿐입니다. 그냥 귓전으로 스치고 지나가는 정도이지 신해가 안 된 것입니다. 부처님의 말씀을 공부하고, 독송하고, 예불할 때 감동적인 분위기 속에서는 그럴듯하게 젖어듭니다. 그런데 그 자리만 벗어나면 금세 감동이 없어져버립니다. 마치 물속에 100년, 200년 담가 놓은 차돌을 햇빛에 내놓으면 금세 물기가 마르는 것과 같습니다. 가슴으로 믿고 이해한 게 아니기 때문입니다. 마치 모래사장에 물이 스며들듯이 우리 가슴, 영혼 속에 성인의 말씀이 스며들어야 제대로 신해 수지한 것입니다.

금강경 사구게가 금은보화는 물론이고 심지어 우리 생명보다도 더 값어치 있다고 그렇게 간곡히 말하는데도 소 귀에 경 읽기입니다. 귀에만 윙윙거리지 가슴에 파고들지 않는 겁니다. 아무리 말해도 납득하지 못하고 깨닫지 못하니 안타까운 일입니다. 그러니까 수보리도 후500세의 어떤 사람이 이 경전을 듣고 신해수지信解受持한다면 제일 희유한 사람이라고 말한 것입니다. 한편 후 500세, 불멸佛滅 후 2,500년경의 중생이라는 말에 더욱 크게 와 닿습니다. 현재를 살아가는 우리들에게 들려주는 말씀이기 때문입니다.

여기서 차인은 '금강경을 이해하는 사람', '상에서 벗어난 사람' 입니다. 상을 쪼개면 수천, 수만 가지 상이 나올 수가 있겠지만, 금강경에서는 주로 네 가지 상(我相·人相·衆生相·壽者相)을 이야기합니다. 금강경을 이해한 사람은 나라고 하는 자아의식[我相]이 텅 빈 사람이며, 남이라고 하는 차별의식[人相]이 텅 빈 사람이며, 부처님이나 성인 등 훌륭한 사람을 염두에 두고 자기를 비하하는 열등의식[衆生相]이 텅 빈 사람이며, 나이가 몇 살이다 하는 한계의식[壽者相]도 다 떠나버린 사람이 차인입니다.

사상 중에서 가장 떨쳐버리기 쉬운 것이 수자상壽者相인지라 좀 더 설명해 드리겠습니다. 젊은 사람은 젊은 대로, 나이든 사람은 나이든 대로, 대부분 한계의식에 사로 잡혀 있습니다. 그런데 나이에 상관없이 희망과 의욕을 가지고 보다 더 나은 인생을 위해 부단히 정진하는 분들이 있습니다. 그것이 바로 수자상을 떨쳐버리는 일입니다. "유유일생일색唯有一生一色 팔면기청풍八面起淸風, 오직 생기일색만 있으면 팔면에 맑은 바람이 일어난다."는 명구가 있습니다. 한집안에 꿈을 가지고 열심히 노력하는 사람이 하나만 있어도 주변사람이 덩달아서 신이 나고 생기가 넘치고 희망이 생깁니다. 불자들은 그렇게 살아야 합니다. 불교는 나이를 인정하지 않기 때문에 죽는 순간까지 자기 발전을 위해서 정진하는 삶이 되어야 합니다. 금강경 공부하면서 앞의 세 가지 상은 떨쳐 버리지 못하더라도 최소한 수자상만큼은 떨쳐버리십시오.

그리고 조금 더 노력하면 중생상, 열등의식도 떨쳐버릴 수 있습니다. 본래 우리가 지니고 있는 무한한 능력, 영원한 생명에 대한 이해가 깊어지면 자기는 중생이다, 못났다 하는 생각에서 벗어날 수 있습니다. 금강경을 공부하다 보면 사상이 어느 순간 한꺼번에 다 사라질 수도 있습니다. 상相은 실체가 없기 때문입니다. 환영, 환상에 사로잡혀서 아무것도 없는데 있는 것인 양 속고 사는 겁니다. 한밤중에 길을 가다가 1미터 정도의 굵직한 밧줄이 길게 늘어져 있는 것을 보고는 뱀인 줄 알고 깜짝 놀라 도망치는 것처럼 세상의 온갖 것이 환상입니다. 예전에는 귀신을 봤다는 사람들도 아주 많았는데, 다 잘 못 본 것입니다. 누구라고 할 것 없이 다 실체 없는 상을 보고 상을 내면서 살아가고 있습니다.

여기 온풍기의 실체가 있습니까? 여러 가지 부품을 조립해서 온풍기가 생겼지만, 부품을 다 분해하면 온풍기가 아닙니다. 부속품일 뿐입니다. 이와 마찬가지로 모든 것이 다 실체가 없다고 하면, 다들 여기 내가 있는데 무슨 말이냐며 의아해 합니다. 말끝마다 '나는, 나는' 하고 자기를 내세우는 사람의 이야기를 분석해 보세요. '나'라고 할 것이 없습니다. 분석해 들어가 보면 실체가 없는 것인데도 상이라는 것이 우리들을 옭아매고 있습니다. 다들 상병相病에 걸려 있습니다. 지식, 경력, 재산, 재능, 나이 등등의 조건에 의해서 그 나름의 상相을 가지고 살아갑니다. 어른인 양, 많이 가진 양, 많이 아는 양, 권력이 있는 양, 또 권위가 있는 양… 그것이 습관이 되어 알아주기를 바라고, 알아주지 않으면 괴로워합니다. 중생들의 습관이라는 게 참 무섭습니다. 인기가 높았던 사람, 높은 자리에 올랐던 사람이 나중에 그 자리에서 내려오면 더욱 괴로워하고 불행해지는 것도 알고 보면 다 상병 때문입니다.

그러나 상병은 고칠 수 있습니다. 왜냐하면 상이 실재하는 것이 아니기 때문입니다. 만일 상이 고정불변한 실재일 것 같으면 누구에게나 똑같이 있어야 합니다. 그런데 같은 일을 해놓고도 어떤 사람은 상이 전혀 없고, 어떤 사람은 상을 많이 냅니다. 상은 실재하는 것이 아니기 때문에 누구에게는 있고, 누구에게는 없습니다.

이러한 금강경의 이치를 터득하면 상병에서 벗어나 그만큼 자유로워집니다. 상은 조건에 의해서 임시로 가설된 것, 고정 불변한 것이 아니라는 것을 알면 상을 없앨 수 있습니다. 대부분의 사람들은 상을 내는 재미로 살고 있고, 상 때문에 울고 웃지만, 상이야말로 실재하지 않는 허무맹랑한 것임을 알게 되면 상들이 깨끗이 청소가 됩니다. 삶에 자유로운 부처가 됩니다.

이 대목의 마지막 구절인 "이일체제상離一切諸相 즉명제불卽名諸佛, 일체 상相을 떠난 것이 곧 모든 부처님이라고 말할 수 있다."는 수보리의 말은 그야말로 촌철살인의 표현입니다. 대승불교에서 부처님은 만행만덕을 갖추고 무량공덕과 무량지혜를 갖춰서 만 중생을 제도하는 정말 대단한 분입니다. 대승경전에는 부처님의 덕화를 이야기 하는 데 몇 페이지를 할애할 정도입니다. 그런데 딱 한마디, 상相 떠난 게 부처라는 것입니다. 부처님의 제자인 수보리가 금강경의 가르침을 듣고 깨달음을 통해서 크게 감동을 받았습니다. 그리고 오도송처럼 피력한 것이 이 마지막 한 구절, '이일체제상 즉명제불'입니다. 석가모니부처님뿐만 아니라 제불諸佛입니다.

◉

종교라는 상相에도 떨어지지 말라

불고수보리佛告須菩提하사대 여시여시如是如是하다 약부유인若復有人이 득문시경得聞是經하고 불경불포불외不驚不怖不畏하면 당지시인當知是人은 심위희유甚爲希有니라 하이고何以故오 수보리須菩提야 여래如來가 설제일바라밀說第一波羅蜜이 즉비제일바라밀卽非第一波羅蜜일새 시명제일바라밀是名第一波羅蜜이니라

부처님께서 수보리에게 말씀하셨습니다.

"참으로 옳은 말이다. 만약 또 어떤 사람이 이 경을 듣고 놀라지도 않고, 겁내지도 않으며, 두려워하지도 않는다면 반드시 알라. 이 사람도 대단히 희유한 사람이니라. 왜냐하면 수보리야, 여래가 말한 제일바라밀이란 곧 제일바라밀이 아니고 그 이름이 제일바라밀일 뿐이기 때문이니라.

수보리가 상 떠난 사람은 모두가 부처라고 자신 있게 말하자, 부처님께서 "여시여시如是如是, 그렇다, 그렇다."라고 곧바로 인가해 주

십니다. 수보리가 단 한마디 말로써 부처님을 정의하는 것도, 부처님이 그것을 인가하시는 것도 정말 놀랄 만한 일입니다. 조사어록에도 조사스님들과 제자들이 법거량을 하다가 소견이 맞아떨어졌을 때 '여시여시'라고 하는 내용이 나옵니다. '아, 그래, 맞는 말이야'라는 말이 최고의 인가입니다. 이 대목은 금강경의 정수라고 해도 과언이 아닙니다.

우리가 살아가는 데 있어서도 '상 떠난 사람이 부처란다' 하는 말은 큰 교훈이 됩니다. 그런데 사실 이게 보통 말씀이 아닙니다. 그래서 이 경을 듣고 놀라지도 않고 두려워하지도 않는다면 매우 희유한 사람이라고 한 것입니다. 불교에 대해 잘 알지 못하는 사람이라 하더라도 부처님이 대단한 성인이라는 것은 알고 있습니다. 그런데 어떤 사람이 불현듯 나타나서 "사람이 부처님이지, 법당에 있는 불상이 부처님이냐? 석가모니만 부처가 아니다. 상相만 떨어지면 바로 부처님이다."라고 말한다면 깜짝 놀라면서 부처님께 벌 받으려고 그런 소리 하느냐며 힐책할 것입니다. 다른 종교 같으면 더 큰일 날 일입니다.

200여 년 전 일본에서 있었던 일입니다. 일본의 어느 해안지방에 천주교가 들어와서 암암리에 퍼졌습니다. 그런데 중앙의 어떤 장군이 지방에 시찰을 왔습니다. 으레 그 지방 기생이 수청을 들게 되어 있었는데, 수청 들러 들어오는 족족 자결을 하는 겁니다. 그 원인을 알아보니 전부 천주교를 믿어서 그렇다는 것입니다. 장군이 그 얘기를 듣고, 그 지방 천주교인들을 전부 색출해 낼 방법을 고안했습니다.

나무판에 마리아상을 그려놓고 동네 사람들을 전부 나오라고 해서 밟고 지나가라고 했습니다. 천주교를 믿는 사람들은 못 밟을 거라는 것을 예상했던 것이지요. 동네 사람 전부 줄을 세워 마리아상이 새겨진 나무판을 밟고 지나가라고 했습니다. 천주교를 믿지 않는 사람들은 밟고 지나가고, 천주교를 믿는 사람은 죽으면 죽었지 밟지 않아서 전부 몰살시킨 사건이 있었습니다. 그만큼 종교가 무서운 것입니다. 종교가 사람을 위해 존재해야 하느냐? 종교를 위해 사람이 존재해야 하느냐 논쟁이 벌어질 수도 있겠지만, 맹목적으로 종교라는 신념을 지키기 위해 생명을 버리는 것은 무의미한 희생이 될 수도 있습니다. 그 또한 종교라는 상相에 떨어진 행위이기 때문입니다.

종교라는 상이 세상에 얼마나 많은 고통을 안겨주었는지는 역사가 증명합니다. 중세 암흑시대, 십자군 전쟁, 마녀사냥, 지금까지 일어나고 있는 세계 곳곳의 국지전의 원인을 살펴보면 종교, 특히 유일신을 섬기는 종교가 원인이 되는 경우가 많습니다. 그래서 제가 줄기차게 무상無相을 강조하는 금강경을 세계인의 교과서로 만들어야 한다고 강조하는 것입니다.

부처님께서 육바라밀에 대해 언급하시면서 그것마저도 그 이름일 뿐이라고 말씀하십니다. 육바라밀(보시·지계·인욕·정진·선정·지혜)은 불자들이 생명처럼 중요하게 여겨야 할 수행덕목입니다. 그 중에 여래가 말한 제일바라밀은 보시바라밀입니다. 그동안 끊임없이 '상 없이 베풀라'고 했습니다. 상 없이 베푸는 삶이 보살의 삶입니다. 금강경에서 권유하는 삶입니다.

석가모니 부처님도 상을 떠난 사람이고, 상 없이 진리의 가르침을 베푸는 사람입니다. 그런데 이렇게 상 없이 베푸는 보시바라밀마저도 이 이름이 보시바라밀이라고 하였습니다. 베푸는 것에 대해서도 '상 없이 베풀어라' '부처님께 밥 두 숟가락을 올리듯이 무심히 베풀어라' 등등의 온갖 좋은 표현을 많이 했지만 그 역시 고정불변의 실체가 아니므로 거기에도 떨어지지 말라는 뜻입니다.

그런데 금강경에서는 제일바라밀을 지혜바라밀로 보기도 합니다. 금강과 같이 빛나는 지혜, 제일바라밀이라는 상을 낼까 봐 제일바라밀이 제일바라밀이 아니고 그 이름이 제일바라밀이라고 하는 것입니다. 제일바라밀이 무엇이든 그게 중요한 것은 아닙니다. 보살이 열반을 얻을 수 있는 수행덕목인 바라밀에도 집착하지 말라는 뜻을 가슴에 새겨야 합니다.

◉

상相이 없으니 분노와 원한도 없다

수보리須菩提야 인욕바라밀忍辱波羅蜜을 여래如來가 설비인욕바라밀說非忍辱波羅蜜일새 시명인욕바라밀是名忍辱波羅蜜이니라 하이고何以故오 수보리須菩提야 여아석위가리왕如我昔爲歌利王에 할절신체割截身體하야 아어이시我於爾時에 무아상無我相하며 무인상無人相하며 무중생상無衆生相하며 무수자상無壽者相이니라 하이고何以故오 아어왕석절절지해시我於往昔節節支解時에 약유아상인상중생상수자상若有我相人相衆生相壽者相이면 응생진한應生嗔恨일러니라

수보리야, 인욕바라밀도 여래는 말하기를 '인욕바라밀이 아니고 그 이름이 인욕바라밀이다' 라고 한다. 왜냐하면 수보리야, 내가 옛날 가

리왕에게 몸을 베이고 찢길 적에, 내가 그때에 나라는 상이 없었으며, 남이라는 상도 없었으며, 중생이라는 상도 없었으며, 수명에 대한 상도 없었노라. 왜냐하면 수보리야, 내가 옛날 팔과 다리가 마디마디 찢겨지고 무너질 때에 그때에 만약 나에게 나라는 상이나 남이라는 상이나 중생이라는 상이나 수명에 대한 상이 있었더라면, 반드시 분노의 불을 뿜고 원한을 품었으리라.

제일바라밀이 그렇다면 나머지 다섯 가지 또한 마찬가지입니다. 지계, 인욕, 정진, 선정, 지혜 역시 그 실체가 있는 것이 아닙니다. 수행 방편상 육바라밀이라고 하는 명제를 걸어놓고 '이렇게 수행하자'고 하는 것입니다. 금강경 이전의 가르침이 '상을 내도 좋으니 우선 철저히 육바라밀을 실천하라'는 입장이었다면, 금강경에서는 '무슨 수행이든 상이 없는 수행일 때 진정한 수행'이라고 하는 것입니다. 그래서 인욕바라밀까지 이야기를 했습니다.

연세 드신 분들, 특히 할머니들에게 "나같이 팔자가 기구한 사람이 없다."는 말을 자주 듣습니다. 젊어서는 매서운 시어머니 시집살이에 눈물짓고, 늙어서는 세상이 변해서 며느리 시집살이를 하고 있으니 나같이 불쌍한 인생이 없다며 신세 한탄을 하는 분들이 많습니다. 그 말에 공감하면서도 그 아픔을 주춧돌 삼아 수행을 하면 더 잘할 수 있을 텐데 하는 안타까움이 밀려옵니다. 사실 팔자 기구하기로 따지면 부처님, 예수님보다 더한 사람이 없습니다. 소크라테스도 마찬가지입니다. 다른 성인은 그만두고 부처님만 살펴보면, 부처님께서 비록 왕자의 귀한 신분으로 태어났다 해도 태어나자마자 일주일 만에 어머니가 돌아가셨습니다. 아무리 이모인 마하파자파티와 궁녀들이 잘 돌봐주었다 해도 어머니만 하겠습니까? 어머니 없이 자란 부처님은 온 인류의 스승이 되었습니다. 그런데 부처님께서 한창 왕성하게 법을 전할 때 코살라 국의 유리왕이 부처님의 고국인 카필라 국을 침범해서 석가족을 멸망시켰습니다. 부처님은 이웃나라 군대가 당신의 고국을 침범하여 백성들을 죽이고 약탈하는 광경을 모두 지켜볼 수밖에 없었습니다.

맨 처음 유리왕이 카필라 국을 치려고 할 때 길목에서 부처님이 기다렸습니다. 바싹 마른 나무 밑에 서서 인도의 작열하는 태양빛을 그대로 받고 계신 부처님을 보고 유리왕이 말에서 내려와 인사를 하면서 여쭈었습니다.

"부처님이시여, 저 무성한 숲의 그늘 아래 계시지 왜 이렇게 바싹 마른 나뭇가지 밑에 서 계십니까?"

"대왕이시여, 대왕께서 나의 고국 카필라 성을 쳐들이가서 식가족을 멸망시키러 가는 이 순간 나의 심정은 이 타들어가는 나무와 같습니다."라고 답하였습니다.

유리왕이 부처님의 말씀을 듣고 감동하여 군사를 돌려 코살라 국으로 돌아갔습니다. 두 번째까지 그렇게 하였는데, 세 번째로 유리왕이 쳐들어 왔을 때는 도저히 부처님도 어떻게 할 길이 없는 악연임을 알고 자리를 피했습니다. 부처님께서는 고국이 멸망하는 것을 그저 바라볼 수밖에 없었던 심정을 할절신체, 온몸을 낱낱이 잘리는 것과 같은 마음이었다고 표현하였습니다. 금강경에서는 역사적인 인물인 유리왕 대신 부처님께서 과거 전생에 인욕 선인일 적에 핍박했던 가리왕을 등장시켰습니다. 그런데 신체를 마디마디 칼로 오리는 것과 같은 아픔을 겪으면서도 아상·인상·중생상·수자상이 없었기 때문에 원망하고 분노하지 않았다는 겁니다. '내 마음은 텅 빈 상태에서 당신을 감화시키고 인과의 매듭을 풀어보려고 거기에 섰을 뿐이다' 라는 뜻이 숨어 있습니다.

어리석은 탐욕의 불길에 휩싸여 있는 유리왕과 군대를 측은한 마음, 연민의 마음으로 안타깝게 지켜볼 뿐입니다. 동족인 석가족을 짓밟고 멸망시켜도 분노하거나 대적하지 않고, 자기 부모를 죽인 사람에게도 원수를 갚지 말라는 게 불교사상입니다.

◉
머무는 바 없이 보시하라

수보리須菩提야 우념과거어오백세又念過去於五百世에 작인욕선인作忍辱仙人하야 어이소세於爾所世에 무아상無我相하며 무인상無人相하며 무중생상無衆生相하며 무수자상無壽者相이니라 시고是故로 수보리須菩提야 보살菩薩은 응리일체상應離一切相하고 발아뇩다라삼먁삼보리심發阿耨多羅三藐三菩提心이니 불응주색생심不應住色生心하며 불응주성향미촉법생심不應住聲香味觸法生心이요 응생무소주심應生無所住心이니라 약심유주若心有住면 즉위비주卽爲非住니 시고是故로 불설보살佛說菩薩은 심불응주색보시心不應住色布施라하니라

수보리야, 또 기억해 보니 여래가 과거에 오백 생 동안 인욕선인이 되었을 때가 있었노라. 그 세상에서도 나라는 상이 없었으며, 남이라는 상도 없었으며, 중생이라는 상도 없었으며, 수명에 대한 상도 없었느

니라. 그러므로 수보리야, 보살은 반드시 일체의 상을 떠나서 최상의 깨달음에 대한 마음을 일으키도록 하라. 반드시 사물에 머물지 말고 마음을 내야 하며, 반드시 소리나 향기나 맛이나 감촉이나 그 외에 어떤 것에도 머물지 말고 마음을 내야 한다. 반드시 머무는 바 없는 마음을 내야 한다. 만약 마음이 머무는 데가 있으면 곧 머물지 않는 것이 된다. 그러므로 여래는 말하기를 '보살은 마음이 반드시 사물에 머물지 말고 보시를 하라'고 하느니라.

이 대목이 부처님의 과거 오백세 전에 인욕선인으로 수행하고 있을 때의 설화입니다.

가리왕이 신하들과 시녀들을 데리고 사냥을 갔다가 점심을 먹고 곤히 잠들었습니다. 가리왕이 잠들어 있는 동안 시녀들은 수행자에게 가서 법문을 들었습니다. 잠에서 깨어난 왕이 주위에 아무도 없자 신하와 시녀들을 찾았는데 그들이 수행자를 우러러 보며 법문을 듣는 모습을 보고 화가 머리끝까지 치솟았습니다.

가리왕이 수행자에게 무엇을 하는 사람인지 묻자, 수행자는 고요히 인욕을 수행하는 중이라고 대답하였습니다. 가리왕이 칼을 뽑아 인욕선인의 신체를 잘라내며 "아프지 않느냐? 원망하는 마음이 나지 않느냐?"고 하자, "나도 없고 너도 없는데 무엇이 아프고 누구를 원망하겠습니까?"라고 하며 전혀 동요하지 않았다는 이야기입니다. 그렇게 가리왕이 인욕선인의 신체를 갈기갈기 잘라내자 마침내 하늘에서 우레가 치고, 왕은 기절을 하고, 잘렸던 팔이랑 다리가 회복되어 정상으로 돌아왔다는 설화가 있습니다.

뒤이어 보살은 상을 떠나서 발심을 하고, 최상의 깨달음에 대한 마음을 내야 된다고 하였습니다. 상을 떠나고 나서야 비로소 발심하는 것이고, 상이 있으면 진정한 발심이 안 되기 때문에 금강경에서는 상 떠나는 것을 매우 중요시하는데 이 대목에서 또 한 번 강조하고 있습니다.

또한 "불응주색생심不應住色生心하며 불응주성향미촉법생심不應住聲香味觸法生心이요 응생무소주심應生無所住心."이라 하여 반드시 어떤 것에도 머물지 않고 마음을 내라고 하였습니다. 마음은 머물렀다고 할 때 벌써 흘러가고 있어요. 모든 이치가 그렇습니다. 이 내용은 금강경 사구게의 한 구절인 '응무소주이생기심'과 비슷한 내용입니다. 다른 경전은 다양한 내용을 담고 있어서 한 가지 주제에 대한 집중력이 떨어진다고 할 수 있습니다. 그런데 금강경은 한 가지 주제에 집중하고 있습니다. 그러다 보니 문장의 표현도 강합니다. '반드시, 틀림없이'라는 뜻의 응應자도 많이 나옵니다. 여기에서도 불응이라는 말이 두 번 나오는데, 응당 어떤 사물에 머물러서 마음을 내지도 말고 성향미촉법에 머물러서 마음을 내지도 말라고 하였습니다. 마음은 어떤 방향으로든지 항상 흘러가는 것이고 변화하는 것인데, 어딘가에 머물러서 집착을 해서는 안 된다는 것입니다.

금강경에는 우리 일상에서 삶의 지침으로 삼을 만한 구절이 매우 많습니다. "응당히 머무는 바 없이 그 마음을 낼지니라應生無所住心." 하는 구절도 그렇습니다. 어떤 대상에 머물러 집착하면 거기에서 한 걸음도 더 나아가지 못합니다. 그러다가는 '배신당했느니, 의리가 없느니' 하고 안달합니다. 그런데 구름처럼 흘러가는 것, 변하는 것은 자연스러운 이치입니다. 나도 흘러가고 남도 흘러갑니다. 스스로 변하고 싶어서 변하는 것이 아니라 자기도 모르게 변해가는 것입니다. 그런 것이 삶입니다. 하나하나의 대상에 갇히지 말고, 그 어디에도 머물지 않을 때, 집착하지 않을 때 그 무엇에도 머물 수 있는, 따뜻한 자비 보시를 베풀 수 있는 큰 삶이 되는 것입니다. 수박 껍질을 벗겨야 맛있는 수박을 먹을 수 있고, 매미도 한 꺼풀 벗어나야 성충成蟲이 되는 것입니다. 우리들을 한정짓는 온갖 상에서 벗어나 머물지 않을 때 진정 행복한 삶이 활짝 열립니다.

◉

인류의 격이 부처로 올라가다

수보리須菩提야 보살菩薩이 위이익일체중생爲利益一切衆生하야 응여시보시應如是布施니라 여래如來가 설일체제상說一切諸相이 즉시비상卽是非相이며 우설일체중생又說一切衆生이 즉비중생卽非衆生이니라
수보리須菩提야 여래如來는 시진어자是眞語者며 실어자實語者며 여어자如語者며 불광어자不誑語者며 불이어자不異語者니라 수보리須菩提야 여래소득법如來所得法은 차법此法이 무실무허無實無虛하니라

수보리야, 보살은 일체 중생들의 이익을 위하여 반드시 이와 같이 보시를 해야 하느니라. 여래가 말한 일체의 모든 상은 곧 상이 아니며, 또 일체 중생도 중생이 아니니라.

수보리야, 여래는 참다운 말만 하는 사람이며, 사실만을 말하는 사람이며, 진리의 말만 하는 사람이며, 거짓말은 하지 않는 사람이며, 사실과 다른 말은 하지 않는 사람이다. 수보리야, 여래가 얻은 법은 실다움도 없고 헛됨도 없느니라.

보살은 중생들을 이롭게 하기 위해 베풉니다. 요양원에 가서 노인들 목욕을 시켜드리거나 빨래와 청소를 해드리는 것뿐만 아니라 다른 사람을 위해서 지하철에서 자리를 양보하는 것, 밥 한 끼, 책 한 권, 염주 하나를 선물하는 것 등 사람들에게 이익을 주는 일들은 다 보시입니다. 그런데 보시 역시 그 어디에도 머물지 말고 해야 합니다. 보살의 삶은 베푸는 것이기에 보살에게 있어 보시는 그대로 삶입니다.

금강경에 '즉비'라는 말이 스무 번 이상 나온다고 말씀드렸습니다만, 여기에도 즉시비상과 즉비중생이라는 말이 나왔습니다. 그런데 상은 실체가 없으며 고정된 것도 아니므로 없다고 할 수밖에 없습니다. 만일 상이라고 하는 어떤 고정된 실체가 있다면 부처님께서 '상을 떠나라' '상을 내지 말라'고 할 수 없습니다. 그러므로 여래가 설한 일체상은 곧 상이 아니며 그 이름이 상일 뿐입니다. 이렇게 상이 없다는 사실을 안다면 어쩌다 상을 좀 내더라도 크게 두려워하거나 갈등할 필요가 없습니다.

중생 역시 마찬가지로 즉비중생입니다. 중생이 실재하지 않는다는 것은 지금까지 공부해 온 것으로써 얼마든지 알 수 있을 것입니다. 불교에서는 성인이나 부처님과 상대되는 개념으로 좀 부족한 사람이라는 뜻에서 중생이라는 말을 씁니다. 그러나 편의상 중생이라고 이름을 쓸 뿐이지 사실은 모두가 부처입니다. 그런데 중생이라는 생각이 골수까지 배어 있습니다. 걸핏하면 "중생이 그렇지 뭐."라고 합니다. 흔히 나쁜 짓을 할 때 "나는 중생이다."라고 변명합니다. 이 잘못된 생각, 행동을 고쳐야 합니다. 언제 어디서나 우리는 모두 부처라는 자각을 가지고 부처노릇을 하기 위해 노력해야 한다는 말입니다.

한편 부처님의 말씀을 얼마나 사람들이 받아들이기 힘들었는지, 부처님께서는 당신이 하신 말씀의 진실성에 대해서 다섯 번이나 간곡하게 증명하고 계십니다. 불교에 입문한 지 얼마 안 되는 사람들은 "중생이 중생이 아니다. 그 이름이 중생이다."라는 말을 듣고 의아해 합니다. 부처님은 그동안 중생이 중생이 아니고, 깨달음이 깨달음이 아니고, 설법이 설법이 아니고, 그 이름이 중생이요, 깨달음이요, 설법이라고 했습니다. 엄청난 사실들을 모두 부정하고 단지 그 이름일 뿐이라고 하였으니 초심자들은 받아들이기 어려운 말씀입니다. 이해하기 힘든 점도 있지만, 자신을 저급하게 취급하는 습, 중생이라는 집착에 너무 굳어져 있어서 부처님의 말씀을 믿기 어려운 것입니다.

그러니까 부처님께서는 '진실만을 말하는 사람이다[是眞語者]' '실다운 것만 말하는 사람이다[實語者]' '진리와 똑같은 것만 말하는 사람이다[如語者]' '속이지 않는 말만 하는 사람이다[不誑語者]' '사실과 다르지 않은 말만 하는 사람이다[不異語者]'라고 다섯 번이나 반복하여 간곡하게 말씀하신 것입니다.

그리고 부처님께서 얻으신 법이 실다운 것도 아니고 허망한 것도 아니라고 하였습니다. 연등불에게서 부처가 되리라는 수기를 받은 것, 역사적으로는 부처님이 29세에 출가하여 6년 고행을 하시고 보리수 아래에서 큰 깨달음을 성취하신 것이 여래가 얻은 법입니다. 부처님의 깨달음은 인류사에 있어서 최대의 사건입니다. 왜냐하면 그동안 인간이 죄 많은 존재인 줄 알았는데, 모두가 부처님이고 하느님이고 신이라고 하는 사실을 알았기 때문입니다. 부처님의 깨달음 덕분에 인류 전체가 부처의 격으로 올라갔습니다. 부처님께서 인간의 실상을 제대로 보았기 때문에 '사람은 그대로 부처다'라고 표현한 것입니다.

인간을 죄인이라고 하거나 업장 많은 중생이라고 가르치는 것은 방편이거나 생명의 실상을 제대로 알지 못하거나 둘 중의 하나입니다. 고려청자의 가치를 모르는 사람이 모조품이라고 보는 것과 마찬가지입니다. 불교의 위대함은 사람의 가치를 제대로 본 데 있습니다. 그런데 부처님은 당신이 발견한 그 깨달음마저도 실다움도 없고 허망함도 없다고 하였습니다. 깨달음마저도 깨달았다고 하는 관념에 떨어지면 안 된다는 것을 강조하신 말씀입니다.

◉
인생길을 환하게 밝히는 길

수보리須菩提야 약보살若菩薩이 심주어법心住於法하야 이행보시而行布施하면 여인如人이 입암入暗에 즉무소견則無所見이요 약보살若菩薩이 심부주법心不住法하야 이행보시而行布施하면 여인如人이 유목有目하야 일광명조日光明照에 견종종색見種種色이니라

수보리야, 만약 보살이 마음을 온갖 것에 머물러 보시하는 것은, 마치 사람이 어두운 곳에 들어가서 아무것도 볼 수 없는 것과 같다. 만약 보살이 마음을 온갖 것에 머물지 않고 보시하는 것은, 마치 사람에게 밝은 눈도 있고 햇빛도 밝게 비칠 적에 갖가지의 온갖 사물들을 분별하여 볼 수 있는 것과 같다.

'심주어법心住於法', 여기서 법은 모든 대상, 존재를 말합니다. 우리는 항상 조건을 붙이고 대가를 바랍니다. 나와 가까운 사람, 그렇지

못한 사람에 대한 계산이 머릿속에서 순식간에 이루어집니다. 마음에 집착함이 있기 때문입니다. 집착하면서 행하는 보시는 어떤 사람이 어두운 방에 들어가서 아무것도 보지 못하는 것과 같다고 하였습니다. 갑자기 암흑 세상이 된다고 생각해 보세요. 한 발자국만 벗어나도 어딘가에 부딪치고 굴러서 상처투성이, 피투성이가 될 것입니다. 어떤 조건, 이유를 달고 보시하는 것이 이와 같다는 것입니다.

이와 반대로 만약 어떤 보살이 그 어디에도 머물지 않고 보시한다면 태양빛도 환하게 잘 비치고 눈도 밝아서 가지가지 사물을 잘 분별하는 것과 같다고 하였습니다. 이 대목에 불교의 모든 것이 들어있다고 생각해도 무방합니다. 여기에서는 보시라고 표현했지만, 이 말 속에는 우리가 살아가고 있는 삶의 일체 행위가 다 포함됩니다.

무슨 일이든지 머무르면, 집착하게 되면 깜깜해서 아무것도 보지 못하게 되는 것입니다. 조그마한 구멍가게를 하나 운영하는 것도 옆에서 제3자 입장에서 바라보면 뻔히 눈에 보이는데, 본인은 그만 어떤 상황에 마음이 딱 달라붙어 보이지 않는 겁니다. 마음이 어디에도 머물지 아니하고, 곧 집착하지 않고 조건도 붙이지 않고 행하면 무엇을 하든지 그르치지 않습니다. 불자라면 기본적으로 이 정도는 되어야 합니다.

이 대목에서 생각나는 분이 있습니다. 대만에서 자제공덕회를 이끄는 증엄 스님은 이 시대의 관세음보살로 칭송받는 분입니다. 그분이 기독교인들을 위하여 교회를 지어준 일이 있습니다. 이분은 이미 마음속에 '나다 너다, 불교인이다 기독교인이다' 하는 분별과 차별을 떠난 분입니다. 이런 분이야말로 어디에도 머물지 않고 보시하는 사람입니다. 궁극적으로는 우리 불자들이 모두 그러한 마음이 되어야 합니다. 어렵다고 생각하면 어렵지만 한 생각 돌이키면 얼마든지 가능한 일입니다.

　이와 같이 정말 중요한 것은 마음의 빛, 지혜의 빛입니다. 불교는 지혜의 종교입니다. 지혜가 있을 때 자비도 제대로 실천할 수 있는 것입니다. 지혜가 없으면 무슨 일을 해도 캄캄합니다. 지혜가 없어 집착하기 때문에 결국 상처투성이 인생이 됩니다. 스스로 상처가 많은 삶이라고 생각한다면, '그동안 어리석었다'고 생각하면 됩니다. 자식, 아내, 남편, 형제, 집안, 부모 때문에 등등 별별 '때문에'라는 이유를 붙이지만 모두 아닙니다. 단 한 가지 이유는 '내가 어리석었기 때문'입니다.

　지혜만 있으면 주변상황이 어떻든 문제가 되지 않습니다. 지혜로워서 마음에 조건과 이유를 달지 않고 베풀고, 거기에 머물지 않는다면 밝은 눈과 태양빛이 비추는 것과 같습니다. 빛이 있으니 계단이 아무리 좁고 험하더라도 다치지 않고 상처받지 않고 잘 오르내립니다. 도로에 차가 아무리 씽씽 달려도 그 차를 잘 피해서 다닙니다. 인생길을 가는 데 아무런 상처를 받지 않고 순리에 따라서 잘 살 수 있습니다.

◉

금강경 공부를 하면 한량없는 공덕을 성취하리라

수보리須菩提야 당래지세當來之世에 약유선남자선여인若有善男子善女人이 능어차경能於此經에 수지독송受持讀誦하면 즉위여래則爲如來가 이불지혜以佛智慧로 실지시인悉知是人하며 실견시인悉見是人하야 개

득성취무량무변공덕皆得成就無量無邊功德하리라

수보리야, 다음 세상에서 만약 어떤 선남자선여인이 능히 이 경을 받아 지니고 읽고 외우면, 곧 여래는 부처의 지혜로써 이 사람에 대하여 다 알며, 이 사람을 다 본다. 이 사람은 한량없고 가없는 공덕을 남김없이 성취하리라."

당래지세는 불멸후 제1 오백 년이 됐든, 제5 오백 년이 됐든 간에 앞으로 오는 세상, 미래세상을 말합니다. 오는 세상에 이 경전을 수지 독송하면 한량없고 가없는 공덕을 성취한다는 것입니다. 그런데 이 대목에서 공덕에 대해 잘 이해해야 합니다. 누누이 말씀드리지만, 열심히 보시하고, 절하고, 기도해서 얻는 공덕은 몇 푼어치 안 됩니다. 불교에서 말하는 공덕은 없는 것을 쌓아서 얻어오는 것이 아닙니다. 간혹 방편으로 그런 얘기를 하기도 합니다만, 본래 갖추고 있는 공덕을 알고 누리고 쓰리는 것이 불교의 바른 가르침입니다. 무량무변공덕無量無邊功德이 알량하게 몇 푼 희사했다 해서 나오겠습니까? 무량무변공덕은 우리들 자신 안에 충만해 있는 공덕입니다. 단지 우리가 느끼지 못하고, 볼 줄 몰라서 못 쓸 뿐입니다. 우리가 금강경을 공부하는 것은 결국 공덕을 가린 것이 환상인 줄 알고 공덕을 드러내서 잘 쓰기 위해서입니다.

한편 이 경전을 수지 독송한다고 할 때, 이 경전은 금강경 전편을 뜻합니다만, 특히 앞서 말씀하신 "여인如人이 입암入暗에 즉무소견則無所見이요 약보살若菩薩이 심부주법心不住法하야 이행보시而行布施하면 여인如人이 유목有目하야 일광명조日光明照에 견종종색見種種色"이라는 것을 뜻한다고 생각할 정도로 중요한 대목입니다. '집착이 있으면 캄캄하고, 집착이 없으면 환하다'는 말씀은 세상을 살아가는 가장 훌륭한 열쇠라고 생각해도 좋습니다. 이 열쇠만 있으면 인생에 어려움이 없을 것입니다. 그래서 부처님께서는 이러한 말씀 끝에 한 번 더 금강경의 위대함을 부각시킨 다음 "누가 몰라줘도 걱정하지 마라. 여래인 내가 다 안다."고 말씀하고 계십니다.

여래는 이천육백 년 전의 석가모니 부처님만을 뜻하는 것이 아닙니다. 깨달음의 지혜를 가진 사람을 말합니다. 그리고 그런 사람은 항상 우리 곁에 있어서 이해해 주는 것입니다. 자기 일에는 캄캄해도 남의 일 같으면 환하게 알고 훈수를 잘 두기 마련입니다. 제3자의 입장이 되면 누구나 부처의 지혜가 생기기 때문입니다. 제3자의 입장이 되어보는 것, 자기가 당면한 일과 자기 가족의 일을 남의 일이라고 생각해 본다면 좋은 해결책이 떠오를 것입니다. 부처님의 지혜는 2,600년 전 석가모니 부처님의 지혜를 뜻하는 것이 아닙니다. 자기 안에 본래 갖추어진 지혜, 안목이 열린 것을 뜻합니다.

이상 금강반야바라밀경 상권이 끝났습니다. 권卷은 말을 권자입니다. 한 발 정도 종이를 둘둘 말면 그것이 한 권입니다. 그 이상이 되면 간수하기가 곤란하기 때문에 내용이 아니라 양에 따라서 경전을 1권, 2권으로 나누었고, 여기까지가 상권에 해당됩니다.

제15분 持經功德分
경을 지니는 공덕

금강경은 상·하 두 권으로 이루어졌는데, 15분부터 금강경 하권에 해당됩니다. 하권의 첫머리가 금강경을 가지는 공덕이므로 다시 한 번 금강경의 제목과 대지大旨에 관해 살펴보겠습니다.

이 경의 제목인 금강반야바라밀경金剛般若波羅蜜經은 '금강(다이아몬드)과 같이 견고하고 빛나고 날카로운 깨달음의 지혜(반야)로써 우리 인간사, 세상사의 모든 문제를 해결하는(바라밀) 가르침'이라는 뜻입니다.

금강경의 대지는 '파이집破二執 현삼공顯三空', 두 가지 집착을 깨뜨리고 세 가지 공의 이치를 나타내는 것이라 할 수 있습니다. 이집二執은 나라고 하는 집착인 아집我執과 나 이외의 다른 객관에 대한 집착인 법집法執을 말합니다. 삼공三空은 아공我空·법공法空·구공俱空인데, 나도 공하고 대상도 공하고 나와 대상이 함께 공하다는 뜻입니다. 그렇지만 그 또한 이름이 세 가지 공일 뿐입니다.

두 가지 집착만 없으면 세 가지 공은 저절로 드러납니다. 마치 하늘에 구름이 걷히면 푸른 하늘과 태양이 저절로 드러나는 것과 같습니다. 늘 그 자리에 있었기 때문입니다. 태양과 푸른 하늘을 어딘가에서 갖다 놓거나 할 수는 없기 때문에 구름을 걷는 일, 두 가지 집착을 깨뜨리는 일이 중요합니다. 그렇게 되면 사람으로 태어난 보람도 크고, 의무도 즐겁게 충실히 할 수 있는 길이 열립니다.

금강경은 '인간으로 태어난 소중한 기회를 한껏 누리면서 행복하게 살 수 있는 가르침이다'라고 할 수 있습니다. 금강경의 이치가 몸에 배면 일체 부자유함도 없고, 오로지 영원히 밝고 힘차고 행복한 인생길을 당당하게 걸어갈 수 있습니다. 금강경을 수지하는 공덕을 어찌 말로 표현할 수 있겠습니까?

금강경을 믿고 수지하는 공덕

수보리須菩提야 약유선남자선여인若有善男子善女人이 초일분初日分에 이항하사등신以恒河沙等身으로 보시布施하며 중일분中日分에 부이항하사등신復以恒河沙等身으로 보시布施하며 후일분後日分에 역이항하사등신亦以恒河沙等身으로 보시布施하야 여시무량백천만억겁如是無量百千萬億劫을 이신보시以身布施하고 약부유인若復有人이 문차경전聞此經典하고 신심불역信心不逆하면 기복其福이 승피勝彼하리니 하황서사수지독송何況書寫受持讀誦하야 위인해설爲人解說이리오

"수보리야, 만약 어떤 선남자선여인이 오전에 항하의 모래 수와 같은 많은 몸으로 보시하고, 낮에 또 항하의 모래 수와 같은 몸으로 보시하며, 저녁에 또한 항하의 모래 수와 같이 많은 몸으로 보시해서, 이렇게 하기를 한량없는 백 천 만 억겁 동안 몸으로써 보시하더라도, 만약 다시 어떤 사람이 이 경전을 듣고 믿는 마음이 거슬리지 아니하면, 그 복은 앞의 복보다 훨씬 뛰어나느니라. 그런데 하물며 이 경전을 쓰고 출판하여, 받아 지니고 읽고 외워서, 널리 여러 사람들에게 해설하여 주는 일이겠는가?"

하루 중에 아침을 초일분, 정오를 전후한 점심을 중일분, 저녁을 후일분이라고 합니다. 보통사람들은 이해하기 힘든 내용이 나옵니다. 세상에 가장 가치 있는 것은 무엇이겠습니까? 요즘 사람들이 모이면 농담 삼아 하는 얘기가 있답니다. 20대는 제 잘난 멋에 살고, 30대는 남편 자랑, 40대는 자식 자랑, 50대는 돈 자랑하는 맛에 사는데, 60대

이후부터는 건강한 사람이 최고랍니다. 모든 사람들이 건강에 혈안이 되어 있습니다. 생명이 가장 중요하다고 생각하기 때문입니다. 일생에 한 번도 보시하기 어려운 것이 자기 목숨입니다. 그런데 항하의 모래같이 많고 많은 몸을 아침·점심·저녁에 보시하고, 하루만 하는 것이 아니라 무량 백 천 만억 겁을 보시하는 것보다 금강경의 가르침을 듣고 믿는 마음에 거슬리지 않으면 그 복이 훨씬 더 크다고 하였습니다. 마음에 거슬리지 않는다는 것은 '이 경전이 정말 훌륭하구나' 하며 환희심을 낸다는 말입니다.

앞에서 삼천대천세계만한 금은보화로써 보시한 것보다 금강경의 가치가 더 크다는 말씀은 있었습니다. 그런데 여기에서는 우리의 육신보다도 금강경의 가치가 훨씬 크다고 합니다. 꼭 육신을 가지고 보시한다는 구체적인 사실이 문제가 아니라, 부처님의 가르침이야말로 육신의 가치보다 훨씬 더 높다는 것을 느낀다면 공부를 잘하는 것입니다. 사실 소중한 몸을 무수히 보시하는 것보다도 금강경을 지니고 읽고 외우고 쓰고 다른 사람을 위해서 설해 주는 것이 훨씬 더 큰 공덕이 있다는 것은 실로 믿기 어려운 일입니다.

공부해서 안다고 해도 그야말로 겉으로, 말로만 아는 것이지 1mm의 깊이도 마음속으로, 가슴으로 파고들지 못합니다. 그 깊이를 느껴야 합니다. 금강경에 대해 신심을 내고 공부해서 '정말 위대한 가르침이다' 하는 느낌이 절절하고, 금강경의 가르침이 진심으로 마음에 와 닿아야 합니다. 마음이 그렇게 열려야 하고 영혼이 그만큼 맑아져야 합니다. 그래야 경전 말씀이 제대로 보이고, 부처님의 바른 법을 알게 됩니다. 지금 절에 오는 사람들을 살펴보면, 부처님 뜻과는 정반대의 길을 걷고 있습니다. 사람들이 전부 부처님께 와서 "우리 남편 승진하게 해 주시고, 우리 아들 시험 합격하게 해 주시고 … 사업이 잘 돼서 돈 많이 벌게 해 주시고…" 등등 구하려고, 얻으려고 합니다.

그런데 부처님께서는 그 마음을 비우라고 하셨습니다. 경전의 어디를 봐도 부처님께 와서 구하고, 빌라는 말씀이 없습니다. 더더군다나 그것을 해 주겠다고 약속하지도 않았습니다. 다만 버리고 비우면 대단한 삶이 펼쳐진다고 했습니다. 그리고 우리 자신 속에 이미 갖춰져 있기 때문에 필요한 것은 다 있다고 했습니다. 부처님이 줄 수 있거나 부처님께 뭔가 얻어갈 수 있는 것은 아니라고 하였습니다. 금강경을 수지 독송해서 이미 자기 자신 속에 갖춰져 있는 것에 눈뜨게 되고, 다른 사람에게 해설해 주면 육신을 보시하고, 금은보화를 남에게 보시했을 때 얻어지는 복보다 훨씬 더 공덕이 크다고 하셨습니다.

금강경은 우리에게 이토록 큰 희망과 활력을 주는 경전입니다. 그저 자기 자신에게 갖추고 있는 것을 깨닫고 내어 쓰기만 하면 되니, 알고 보면 얼마나 쉬운지 모릅니다. 그런데도 우리들은 자꾸 딴청만 부리고 있으니 안타까울 뿐입니다.

◉

멋진 인생을 살고자 하는 이들에게 설하다

수보리須菩提야 이요언지以要言之컨댄 시경是經은 유불가사의불가칭량무변공덕有不可思議不可稱量無邊功德하니 여래如來가 위발대승자설爲發大乘者說이며 위발최상승자설爲發最上乘者說이니라

수보리야, 요점만을 말한다면, 이 경은 상상할 수도 없고, 설명할 수

도 없고, 끝도 없는 공덕이 있느니라. 여래가 대승大乘의 마음을 낸 사람들을 위하여 이 경을 설하며, 최상승最上乘의 마음을 낸 사람을 위하여 이 경을 설하느니라.

이 경전에는 생각으로는 이해할 수 없고, 표현할 수 없고, 끝없는 공덕이 있어서 여래께서 아무에게나 말씀하시는 것이 아니고 대승자, 최상승자에게 설했다고 하셨습니다. 대승자, 최상승자는 세속적인 가치에 물들지 않고 고귀한 삶을 살고자 하는 최고의 인격자, 영혼이 가장 맑은 사람을 일컫는 것입니다. 이 대목에서 부처님께서는 금강경이 인간으로 태어나 최고의 삶을 살고 싶어 하는 사람들을 위해서 설한 경전임을 또 한 번 강조하였습니다.

사실 부처님은 태어나면서부터 말할 수 없이 호화로운 생활을 했습니다. 부처님의 생부인 정반왕은 늦게 얻은 자식이 자꾸 엉뚱한 생각을 하는 듯해서 온갖 신경을 다 썼습니다. 여름궁전, 겨울궁전까지 지어서 세속의 향락을 누리도록 하였지만 결국 부처님의 마음을 달래지 못했습니다. 부처님은 출가하기 전에도 세속적인 가치가 아무것도 아님을 알았기 때문에 부귀영화가 보장된 태자의 자리를 버린 것입니다.

여기서 우리를 한번 돌아봐야 합니다. '나는 금강경의 가르침을 받아들일 만한 대승자, 최상승자인가?' 세속적인 작은 욕망, 하찮은 것에 집착해서 살고 있지는 않은가 생각해 봐야 합니다. 아무것도 아닌 것에 매달려 살다보면 거기에서 더 이상 나아갈 수 없습니다. 그 사람은 그만큼밖에 못 삽니다. 아무리 위대한 마음, 부처의 씨앗을 가지고 있다 해도 진리에 눈뜨지 못하고, 세속적인 가치에 끄달려 살면 그 마음을 허공처럼 크게 확대시킬 수 없습니다. 성인의 가르침을 가까이 하고, 공부하고 깊이 새겨야 비로소 우리가 확대될 수 있는 기회를 얻게 되는 것입니다.

불자는 성인 중의 성인이신 부처님의 가르침을 따르고 실천하는 사람들입니다. 그렇다면 불자들의 화두는 무엇이겠습니까? '불교의 진정한 의미가 무엇일까'가 불자의 화두가 되어야 합니다. 불교라는 이루 말할 수 없이 방대한 가르침 속에서 '과연 진정한 불법이 무엇일까'라는 질문을 놓치지 않는다면, 그 영혼이 남다르고 뛰어난 사람이라고 굳이 표현하지 않아도 이미 그렇게 살아갈 준비가 되어 있는 사람입니다. 한마디로 인생을 멋지게 살고자 하는 사람들, 최고의 가치로 살고 싶어 하는 사람들입니다.

깨달음의 짐을 짊어진 사람의 공덕

약유인若有人이 능수지독송能受持讀誦하야 광위인설廣爲人說하면 여래如來가 실지시인悉知是人하며 실견시인悉見是人하야 개득성취불가량불가칭무유변불가사의공덕皆得成就不可量不可稱無有邊不可思議功德하리니 여시인등如是人等은 즉위하담여래아뇩다라삼먁삼보리卽爲荷擔如來阿耨多羅三藐三菩提니라

하이고何以故오 수보리須菩提야 약요소법자若樂小法者는 착아견인견중생견수자견着我見人見衆生見壽者見일새 즉어차경則於此經에 불능청수독송不能聽受讀誦하야 위인해설爲人解說하리라

만약 어떤 사람이 이 경을 받아 지니고, 읽고 외우며, 널리 많은 사람들을 위하여 설명한다면, 여래는 이 사람이 헤아릴 수 없고, 일컬을 수 없고, 끝도 없고, 상상할 수도 없는 공덕을 성취하였음을 모두 알고 모두 보노라. 이러한 사람들은 곧 여래의 최상의 깨달음을 온몸으로 짊어진 것이 된다.

왜냐하면 수보리야, 만약 작은 법을 좋아하는 사람은 나라는 소견, 남이라는 소견, 중생이라는 소견, 수명에 대한 소견에 집착하여 곧 이 경을 듣고, 받아들이거나 읽고 외우지 못하며, 다른 사람들을 위하여 설명하여 주지도 못할 것이기 때문이니라.

누구나 경전을 가지고 다닐 수가 있습니다. 또한 글만 알면 읽을 수 있습니다. 그런데 무엇보다 중요한 것은 남을 위해 일러주는 것입니다. 여기 서사라는 말이 빠졌습니다만, 널리 남을 위해 알려주는 것이 서사, 즉 사경이 이에 해당됩니다. 예전에는 인쇄술이 발전되지 않아 경전을 베껴서 남에게 전해 주는 경우가 많았습니다. 요즘으로 치면 법공양도 일종의 서사에 해당될 수 있습니다. 그래서 법공양의 공덕이 최고라고 하는 것입니다. 사경 수행도 좋고, 법공양을 열심히 하는 것도 좋습니다. 저도 평소에 법공양을 많이 하는 편입니다. 제 나름대로 부처님의 가르침에 억만 분의 일이라도 보답하는 길일까 싶어서 법공양을 열심히 하고 있습니다.

"도가 같은 사람끼리는 서로 안다[同道可知]."는 말이 있듯이 우리의 정신이 이러한 수준에 이르렀다면 곧 여래의 수준과 다를 바 없습니다. 여래가 있고 없고 문제가 아니라, 이러한 사람들이 이미 여래의 수준에 이르렀기 때문에 "여래는 그것을 다 알고 다 본다."는 표현을 한 것입니다.

그리고 이어서 매우 중요한 말이 나옵니다. 이러한 사람은 "여래께서 깨달으신 최상의 깨달음을 다 짊어진 사람들이다[荷擔如來阿耨多羅三藐三菩提]."라는 것입니다. 하담荷擔이라는 말은 '짐을 지다'라는 말입니다. 부처님의 깨달음이 부처님 당신의 짐이 되었다는 것이지요.

주머니, 핸드백, 걸망 등에 별별 잡동사니를 다 넣고 다니지만 금강경을 수지 독송하고 다른 사람을 위해 일러준다면 이미 마음속에 부처님의 깨달음이 나의 문제, 나의 화두, 나의 과제가 된 것입니다. '부처님의 깨달음이 과연 무엇일까?'에 자나 깨나 마음을 쓰는 사람들이기 때문에 여래의 깨달음을 다 짊어진 사람입니다.

한편 왜 이렇게 부처님이 금강경을 여래의 수준까지 끌어올려서 이야기하는가에 대해 말씀하고 계십니다. 소법을 좋아하는 사람은 아견·인견·중생견·수자견에 집착해서 이 경을 받아들이고 읽고 외우며 남을 위해서 해설하지 못하기 때문이라고 합니다. 소법을 좋아하는 사람들은 소인배, 중생이라고 생각해도 좋습니다.

우리는 그동안 살아오면서 보고, 듣고, 배우고, 익힌 틀, 한계, 기준, 가치관을 설정해 놓고 남들도 그렇게 살아가니까 본인도 그렇게 살아가야 하는 줄 압니다. 보고 들은 것이 그것뿐이기 때문에 자꾸 작아집니다. 성인의 가르침도 몰라봅니다. 우리 중생들의 그릇, 됨됨이, 생각이 미치기에는 성인의 가르침이 너무 멀어 보입니다. 하지만 순전히 마음, 생각의 문제입니다. 세월이나 어떤 단계가 꼭 필요한 것이 아니라 한 생각 돌이키면 됩니다. 자꾸 독송하고, 읽고, 쓰고, 이야기하고, 서로 토론도 하고, 의논하다 보면 어느 순간 마음에 확 다가오는 계기가 있습니다. 희망을 가지고 공부하면 됩니다.

앞에서도 말씀드렸지만, 육조 혜능 스님은 금강경 사구게 한 구절을 듣고는 한순간에 마음이 달라졌습니다. 그분도 세속적인 가치관, 노모를 모시면서 의식주를 해결하는 것을 삶의 목표로 생각하고 살던 분입니다. 그분에게 명예나 부귀영화는 가당치도 않았지요. 그저 몸 하나 간수해 가는 것만으로도 힘겨울 정도로 조촐한 삶을 살아온 분입니다. 그런데 이 금강경 한 구절을 얻어듣고는 한순간에 마음이 우주처럼 커져버린 겁니다. 시골의 일자무식 나무꾼 노총각이었던 육조 혜능 스님에 비하면 오늘날의 우리는 훨씬 좋은 조건을 가지고 있습니다. 보고 들은 견문도 넓고, 부처님의 가르침도 폭넓게 접했습니다. 참으로 희망을 가지고 공부할 만하지 않겠습니까.

세속적인 가치관은 물론이고, 복을 짓고 공덕을 쌓으면 좋은 결과를 얻고 좋은 곳에 태어난다고 믿는 인천인과교 수준인 소법에서 벗어나야 합니다. 금강경의 수준은 깊이와 높이를 말할 수 없는 광대무변의 경지이기 때문에 소법을 가지고 논할 게 아닙니다. 소법을 좋아하는 사람은 나라고 하는 자아의식, 남이라고 하는 차별의식, 부처님과 비교해 봤을 때 스스로 못난 사람이라는 열등의식, 나이에 대한 한계의식에 늘 집착하고 있습니다. 그렇기 때문에 금강경을 듣고 받아들이고 읽고 외워서 남을 위해 해설할 자격이 없다고 하는 것입니다. 최소한 금강경을 수지 독송하고 남을 위해서 해설한다고 하면 이미 아견·인견·중생견·수자견이라고 하는 집착에서 떠나려 작정하고, 떠나 있어야 한다는 것입니다.

아견이나 인견 못지않게 '중생이 그러면 그렇지' 하는 타성에 젖어있는 중생견이나 특히 우리나라 사람들이 나이 타령을 많이 하는데, 수자상에서도 벗어나야 합니다. 또한 이러한 집착해서는 안 될 집착에서 아직 떠나지 않았다 하더라도 '아 이것은 아니다' 하는 것을 알고 있는 것이 중요합니다. 부족한 것은 어찌할 수 없지만 '아니다'라고 생각할 줄은 알아야 한다는 말입니다. 이러한 사실을 알고 있는 것만으로도 상당한 경지입니다. 이런 사람은 소법을 좋아하지 않기 때문에 언젠가는 벗어날 기회가 오기 마련입니다. 한편, 소법을 좋아하는 사람은 금강경을 좋아하지도 않고, 그러니까 읽지도 않을 것이고, 남을 위해서 해설해 주는 일도 없을 것이라는 말입니다.

금강경을 부처님처럼 공경 공양하라

수보리須菩提야 재재처처在在處處에 약유차경若有此經하면 일체세간천인아수라一切世間天人阿修羅의 소응공양所應供養이니 당지차처當知此處는 즉위시탑即爲是塔이라 개응공경작례위요皆應恭敬作禮圍繞하야 이제화향以諸華香으로 이산기처而散其處하리라

수보리야, 어떤 곳이든 만약 이 경전만 있으면 일체 세간의 천신들과 사람들과 아수라가 반드시 공양하여야 한다. 마땅히 알라. 이곳은 곧 부처님의 탑을 모신 곳이 된다. 모두들 반드시 공경하고 예배를 드리며, 주위를 돌면서 여러 가지 꽃과 향으로 그곳을 장엄하여야 하느니라."

재재처처는 '어디에 있든지 간에'라는 말입니다. 우리가 있는 곳

이 화장실이든 침실이든 교실이든 식당이든 공원이든 어디든지 간에, 금강경이 있으면 반드시 공양해야 된다고 하였습니다. 그 말씀을 어느 정도로 강조했는가 하면, "마땅히 알아라, 이 경이 있는 곳이 곧 불탑이다."라고까지 하셨습니다.

부처님께서 열반하신 이후에는 불탑신앙이 발달하였습니다. 탑 속에는 부처님의 사리가 들어 있기 때문에 부처님을 모시듯이 탑을 모시고 공경하고 공양을 올렸습니다. 그런데 부처님 사리는 양적으로 한계가 있어서 주변 나라에만 전해졌을 뿐입니다. 우리나라나 중국 같은 나라에서는 탑 안에 사리 대신 경전을 넣었습니다. 불상의 복장에도 경전을 넣었습니다. 그렇기 때문에 이 경전은 부처님과 똑같은 불사리佛舍利와도 같고, 사리가 모셔진 불탑과 같다고 하였습니다. 우리가 지금 금강경을 보고 있다면 부처님 사리탑을 하나씩 다 모시고 있는 것이고, 금강경이 열 권, 스무 권 있다면 부처님 사리탑을 열 기, 스무 기 모시고 있는 것과 같다고 생각해야 합니다.

부처님은 진리의 가르침, 위대한 가르침을 가리킵니다. 불상이든 탑이든 그 속에 부처님의 위대한 가르침이 모셔져 있기 때문에 공경하고 예를 올리는 것입니다. 요불요탑繞佛繞塔이라는 말이 있는데, 부처님을 모셔놓은 불탑이나 불상을 도는 것으로 부처님을 향한 공경의 표시입니다. 그리고 탑에 여러 가지 꽃과 향을 뿌리는 것도 다 탑을 공경하고 공양할 때 하는 의식입니다. 그런데 금강경에 대해서도 탑에 공경 공양하는 마음자세로 모시고 받들어 섬겨야 된다고 하였습니다.

지경공덕분에서는 경을 가지는 공덕을 몸을 보시하는 공덕과 비교를 했고, "이 경전이 그대로 불탑이다, 바로 부처님이다."라는 표현까지 하였습니다. 경전을 신앙의 대상인 불탑으로 생각할 정도라면 이 경전의 가치를 따로 설명하지 않아도 알 수 있습니다.

사람들은 저마다 각양각색으로 살아가는지라 과연 어떤 삶이 값있고 보람된 삶인지 쉽게 단언하지는 못할 것입니다. 사람들은 흔히 생명을 보존해 가는 것만으로도 숭고하고 존엄한 일로 생각하고 있습니다. 그러나 깨어있는 사람들의 생각은 다릅니다.

공자는 "아침에 도를 깨달으면 저녁에 죽어도 좋다."고 했습니다. 석가모니 부처님께서는 "너희들이 그 소중한 목숨을 남을 위해서 무수히 버렸을 때 얼마나 많은 칭송과 찬사를 받겠는가. 그 명예와 공덕은 또 얼마나 많겠는가. 그렇더라도 그것보다 천 배 만 배 값지고 소중하고 찬란히 빛나는 삶이 있다. 그것은 곧 반야의 삶이다. 반야의 삶이야말로 참 생명의 삶이다. 무상, 무주, 묘행의 삶이야말로 존귀하고 위대한 삶이다. 너희는 부디 그렇게 살라."고 가르치고 있습니다.

반야란 무엇이겠습니까?

낙엽이 지자마자 눈발이 휘날리누나.

제16분

能淨業障分

업장을 깨끗이 맑히다

소승불교에서는 업장을 상당히 소중하게 생각합니다. 업장 소멸이라는 말을 많이 쓰고, 참회 법회 등 업장을 소멸하는 특별한 의식이 발달되어 있습니다. 그런데 금강경을 공부하면서 지금까지 줄곧 아상·인상·중생상·수자상을 없애왔으니 업(行爲), 업 때문에 생긴 장애가 남아 있을 수 없습니다. 업은 우리가 가지고 있는 것 중에서 제일 못난 것입니다. 이사 갈 때도 짐이 많다 싶으면 제일 필요 없는 것을 먼저 버리는 것처럼 업은 이미 버려버린 것입니다. 그래서 금강경 하나면 업장을 텅 비울 수 있고, 업장 소멸에 금강경보다 더 좋은 특효약이 없다고 합니다.

여기에서 업장을 청정하게 한다는 것은 가라앉혀서 맑아지는, 어느 순간이라도 휘젓기만 하면 금방 또다시 흐려지는 것이 아닙니다. 때 묻은 옷을 빨아서 깨끗하게 하는 것이 아니라 아예 없애는 것입니다. 옷마저 없어진 상태가 청정, 정(淨), 또는 공(空)입니다. 능정업장은 '업장을 완전히 비워 버린다. 공하게 한다'는 뜻입니다. 벼루를 갈아서 거울을 만들지 못하듯이 절한다고, 좌선한다고 부처가 되는 게 아닙니다. 흙탕물을 가라앉히면, 윗물은 맑아집니다. 그런데 약간만 흔들어도 또 흐려집니다. 부처님이 그런 공부를 가르치셨겠습니까?

석가모니 부처님께서 연등불 시절부터 수없는 생을 반복해 오면서 팔만 사천 만억 부처님을 친견하고 갖가지 공덕을 쌓았습니다. 그래서 오늘날 위대한 성자가 되었습니다. 그러나 우리는 부처님처럼 만행 고행을 할 필요가 없습니다. 오로지 금강경을 수지하고 제대로 이해하면 부처님이 갖춘 모든 공덕과 지혜와 위덕을 하루아침에 갖출 수 있기 때문입니다. 또한 아무리 큰 죄를 지어서 지옥에 갈 일이 있다 하더라도 금강경을 수지 독송하면 죄업은 소멸하고 지옥은 즉시 사라집니다. 금강경의 이치만 제대로 알면 무릎 아프게 애써서 많이 절할 필요도 없고, 다리 아프게 좌선하고 앉아 있을 필요도 없습니다. 불전에서 삼천 배 절을 하는 것보다 금강경을 수지 독송하고 남에게 설해주는 것이 더 낫다는 것입니다.

불교적 삶(수행)의 내용을 간단히 두 가지로 표현할 수 있습니다. 첫째는 수없는 생 동안 지은 업장을 소멸하는 일과 복덕과 지혜를 이루어 가는 일입니다. 그것들을 다 충족시켜 주고 다 해결해 주는 경이 바로 금강경입니다. 사람들 중에는 이런 말을 듣고 믿지 않을지도 모릅니다. 말도 안 되는 소리라며 비방할지도 모릅니다. 그렇지만 이 경의 의미는 보통사람들이 이해할 수 없을 정도로 불가사의합니다. 과보 또한 불가사의합니다. 보통사람들이 쉽게 믿는다면 금강경이 될 수 없을지도 모릅니다.

◉

금강경행자가 무시 받는다면 업장 소멸, 최상의 깨달음을 얻으리라

부차수보리復次須菩提야 선남자선여인善男子善女人이 수지독송차경受持讀誦此經호대 약위인경천若爲人輕賤하면 시인是人이 선세죄업先世罪業으로 응타악도應墮惡道언마는 이금세인以今世人이 경천고輕賤故로 선세죄업先世罪業이 즉위소멸則爲消滅하고 당득아뇩다라삼먁삼보리當得阿耨多羅三藐三菩提하리라

"또 수보리야, 선남자선여인이 이 경전을 받아 지니고 읽고 외우는데도, 만약 남에게 업신여김을 당한다면, 이 사람은 전생前生의 죄업으

로 반드시 지옥이나 아귀나 축생에 떨어질 것이지만, 금생今生에 남에게 업신여김을 당함으로써 전생의 죄업이 곧바로 소멸하고 반드시 최상의 깨달음을 얻게 되느니라.

불자들은 '금강경은 참으로 대단한 경전이다. 금강경만 외우면 돈도 많이 생기고 대접도 받고 무슨 일이든지 내 뜻대로 되리라'는 생각을 갖고 있습니다. 또 사실은 그렇게 되어야 합니다. 금강경 같은 수준의 경전에 심취하고 그것을 좋아하는 사람이라면 부처님의 적자嫡子이기 때문에 당연히 존경을 받아야 합니다.

그런데 여기에서는 금강경을 가지고 다니고 읽고 외우고 쓰는 사람이 다른 사람들에게 업신여김을 받는 내용이 나왔습니다. 금강경 공부를 잘하고 있는데도 불구하고 사람 대접을 못 받는 경우가 있다고 합니다. 이렇게 천시 받고 비웃음을 사는 것도 지난 생에 큰 죄를 지어서 악도에 떨어져야 하는데 그 정도로 작게 받는 것이며, 그것으로써 업장이 소멸된다는 것입니다. 금강경 덕분에 업장을 소멸하고, 지금처럼이라도 사는 것이니 얼마나 대단한 경전인지 모릅니다.

금강경의 주해서는 예부터 수백 가지가 넘습니다. 금강경을 쉰세 분이 각각 달리 해석한 것을 하나의 책으로 편집한 금강경 오십삼가해라는 주석서도 있습니다. 우리나라에는 큰스님 다섯 분이 해설한 금강경오가해가 전해져 널리 읽히고 있지요. 그런데 이 대목에서 금강경을 해설한 수많은 조사스님들께서 분명히 말씀하셨습니다. '잘못도 하지 않았는데 사람들이 오해하고 비난하는 일이 있으면 근거 없이 비난을 듣는 이 순간에 내 업장이 소멸되어 정말 다행이다. 저 사람들이 내 업장을 소멸시켜 준다'고 생각해야 된다는 것입니다.

사람이 살다보면 본의 아니게 천시도 받고 무시도 당합니다. 그런데 대접받을 만한 덕을 쌓지도 않았는데 대접을 받고 칭송을 받는 것보다는 차라리 근거 없는 비난을 듣는 게 훨씬 낫다고 합니다. 예를 들어서 내가 3정도의 공로를 가졌는데 사람들이 오해해서 5로, 7로, 20으로 부풀려서 칭찬받는 것이야말로 그동안 지은 공덕을 한꺼번에 다 없애버리는 일입니다. 공자님께서도 "과분한 칭찬을 받는 것은 군자가 갈 바가 아니고 근거 없는 비난을 받는 것이 군자가 갈 바이다."라고 하였습니다.

아무튼 그다음 구절에 보면 더한 내용이 나옵니다. 사람들에게 천시당하는 것이 업장만 소멸하는 것이 아니라 최상의 깨달음을 얻는 공덕이 된다고 합니다. 사람들 중에는 "전생에 죄를 지어서, 업장이 너무 두터워서 사업이 안 된다, 공부가 안 된다, 인덕이 없다."는 말을 자주 하는데, 금강경 공부를 하는 사람들은 절대 그런 말을 할 필요가 없습니다. 혹 업장이 마음에 걸리면 금강경을 수지 독송하면 됩니다. 업장 소멸뿐만 아니라 깨달음을 얻는 공덕이 되기 때문입니다. 그래서 금강경으로 모든 의식을 대신하는 절도 있습니다. 불공할 때도 금강경을 외우고 영가 천도를 지낼 때도 금강경을 외우는데, 주지스님의 안목이 높은 것입니다.

⦿ 자기 불교 보따리에서 벗어나면 그 공덕이 헤아릴 수 없다

수보리須菩提야 아념과거무량아승지겁我念過去無量阿僧祇劫에 어연

등불전於燃燈佛前에 득치팔백사천만억나유타제불得值八百四千萬億那
由他諸佛하야 실개공양승사悉皆供養承事하야 무공과자無空過者니라
약부유인若復有人이 어후말세於後末世에 능수지독송차경能受持讀誦此
經하면 소득공덕所得功德이 어아소공양제불공덕於我所供養諸佛功德으
로 백분百分에 불급일不及一이며 천만억분千萬億分과 내지산수비유乃
至算數譬喩로 소불능급所不能及이니라

수보리야, 내가 기억해보니 과거 한량없는 아승지겁 전 연등燃燈 부처
님 이전에 팔백 사천만 억 나유타의 부처님을 만나 뵙고, 한 분도 빠
짐없이 모두 다 공양을 올리고, 받들어 섬겼느니라.

만약 다시 또 어떤 사람이 앞으로 오는 말세末世에 이 경전을 받아 지
니고 읽고 외운다면, 그가 얻은 공덕은 내가 저 많은 부처님께 공양한
공덕으로는 백 분의 일에도 미치지 못한다. 천만 억 분의 일에도 미치
지 못하며, 어떤 산수와 비유로도 능히 미치지 못하느니라.

염念자는 기억한다는 뜻이고, 아승지阿僧祇(asaṃkhya)는 표현할
수 없는 수를 나타내는 산스크리트어의 독음입니다. 득치得値는 만났
다는 뜻이고, 나유타那由他(nayuta)는 천만 억을 나타내는 수입니다. 석
가모니 부처님은 2,600년 전 인도에 태어나셔서 6년 고행하시고 성
불하신 분으로 역사가 증명하는 부처님입니다. 연등불은 다른 경전에
도 등장하는데 과거세에 석가모니 부처님께 수기를 준 부처님입니다.
연등불의 실존 여부가 문제가 아니라 팔백 사천만 억 나유타 제불이
라고 하는 상상도 못할 정도로 어마어마한 숫자들이 어떻게 나왔는지
이해해야 합니다.

대승경전에서 이렇게 많은 부처님, '무량제불'이라 표현하는 근본취지는 모든 사람, 모든 생명을 부처로 보고 부처님으로 받들어 섬기는 마음가짐으로 살았다는 것입니다. 화엄경 보현행원품에도 걸핏하면 극미진수 부처님이라는 표현이 나옵니다. 극미진수란 눈에 보이지 않는 먼지 중에서도 지극히 작은 먼지를 뜻합니다. 헤아릴 수 없는 숫자는 모든 것을 말하는 것으로 이 세상 모든 생명이 부처라는 뜻입니다. 대승불교의 근본정신은 모든 생명이 부처님이다, 좁혀서 말하면 제가 늘 강조하는 인불人佛, 사람이 부처님이라는 것입니다. 만일 신이 있다면 사람이 신입니다. 사람이 신을 만들었습니다. 신의 어머니는 사람입니다. 사람보다 더 위대한 존재는 없습니다. 신, 성인, 부처, 보살, 아라한, 지인至人 등 경지에 오른 분들이 다 사람입니다.

이렇게 사람을 부처님으로 모시는 정신으로 철두철미하게 무장되어 있다면 그 사람은 법당에 초 한 개 안 켜고, 향 한 줄 안 피우더라도 부처님을 공양하는 것입니다. 물론 이 대목에서는 그러한 숨은 뜻을 강조하는 것이 아니라 뒤에 나올 경전의 가치와 비교하기 위해서 부처님께서 그렇게 수많은 부처님께 공양 올렸다는 것을 강조하고 있습니다.

어후말세는 지금 우리가 사는 시대로 보아도 됩니다. 그런데 우리는 불공 올리는 것을 대단히 중요하게 생각합니다. 부처님 앞에서 축원을 할 때도 꼭 분명하게 들리도록 '누구누구 보체保體'라고 이름을 불러줘야 한다고 생각하는 불자들도 적지 않습니다. 충분히 이해는 가지만, 늘 그 상태에 머물러서는 안 됩니다. 많고 많은 부처님께 공양 올린 공덕이 금강경을 수지 독송하는 것과 비교하였을 때, 백분의 일, 천만 억분의 일도 안 된다고 하였습니다.

부처님께서 우리에게 바라는 것은 한 가지입니다. 부처님의 가르침을 제대로 알고 가르침대로 살아가는 것입니다. 부처님께서는 공양을 바라시지 않습니다. 부처님께서 우리에게 바라시는 것은 '불교를 바르게 믿고 실천하는 것'입니다. 그래서 경전 공부가 소중한 것입니다.

제가 가끔 '자기 불교 보따리'라는 표현을 하는데, 많은 사람들이 무턱대고 자기 식의 불교를 만들고 있습니다. 집에서 자기가 만든 불교 보따리를 싸가지고 절에 올 때도 들고 옵니다. 법사가 어떤 설법을 하든, 경전에 무슨 말이 있든 상관하지 않고 자기가 싸놓은 보따리를 풀어서 자기 수준대로 공부하다가 또 고스란히 그 보따리를 들고 내려갑니다. 금강경을 공부하는 분들은 일단 '자기 불교 보따리'에서 벗어나야 합니다. 아니 금강경을 열심히 공부하다 보면 상相이 놓아지고 아我가 사라지고 집착이 없어지기 때문에 자연스레 '자기 불교 보따리'도 없어질 것입니다.

◉

금강경 공부는 불가사의한 능력 계발 작업

수보리須菩提야 약선남자선여인若善男子善女人이 어후말세於後末世에 유수지독송차경有受持讀誦此經하는 소득공덕所得功德을 아약구설자我若具說者면 혹유인문或有人聞하고 심즉광란心卽狂亂하야 호의불신狐疑不信하리라 수보리須菩提야 당지시경의當知是經義는 불가사의不可思議며 과보果報도 역불가사의亦不可思議니라

수보리야, 만약 선남자선여인이 이 다음 말세에 이 경전을 받아 지니

고 읽고 외우는 이가 있으면, 그가 얻은 공덕을 내가 만약 다 갖추어 말한다면, 어떤 사람은 그 말을 듣고 마음이 곧 미치고 어지러워져서 의심하며 믿지 아니할 것이다. 수보리야, 반드시 알라. 이 경의 뜻은 상상할 수가 없으며, 그 과보도 역시 상상할 수 없느니라."

앞에서 삼천대천세계의 금은보화 무더기를 보시한 것보다도 금강경이 더 훌륭하다고 하였습니다. 심지어 이 몸을 아침과 점심, 저녁에 항하의 모래숫자처럼 많이 보시한 것보다 금강경을 수지 독송하고 다른 사람에게 해설해 준 것이 더 위대하다고 하였습니다.

그런데 그렇게 보통사람이 이해할 수 없고, 가슴에 와 닿지 않을 정도로 대단한 비유를 들어 금강경의 공덕에 대해 말씀해 놓고서도 부처님께서는 경전의 공덕에 대해 조금밖에 설하지 않았다는 말씀입니다. 만약 부처님께서 금강경의 공덕을 다 말한다면 듣는 사람이 바로 미쳐버릴 거라고 하셨습니다. 호狐자도 의심한다는 뜻이므로 호의불신이란 의심하고 의심해서 믿지 아니한다는 뜻입니다. '부처님이 저런 말씀을 하다니, 부처님이 아니라 마구니가 부처의 형상을 지어서 사람을 혼란스럽게 하는 것인가?'라고까지 생각한다는 것입니다. 그렇기 때문에 다 말하지 못했다는 것입니다. 바로 앞의 지경공덕분이나 지금 능정업장분이나 모두가 경전의 공덕을 말한 것입니다. 금강경의 의미가 얼마나 깊고 깊은지 다시 한 번 생각해 봐야 합니다.

금강경의 뜻은 좁은 소견으로 짐작할 수 있는 것이 아닙니다. 이것저것 계산하고 헤아리는 사량 분별을 초월해서 직관으로 알 수 있어야 제대로 아는 것입니다. 예를 들어 금강경에서 "중생이 중생이 아니라 이 이름이 중생이다." 하는 말을 자주 하는데, 불자들은 그런 말을 들었을 때 '비록 중생이라고 하지만, 사람의 존재 가치는 너무나도 위대하다. 그것을 부처라고 표현해도 아무 손색이 없다'라고 금세 알아차려야 합니다.

어쨌든 콩을 심으면 콩이 열리고, 팥을 심으면 팥이 열리듯이 금강경의 뜻이 불가사의하므로 이 경전을 공부한 과보 역시 불가사의합니다. 경전을 공부한 것은 원인이 되고, 거기에 따른 공덕은 과보가 됩니다. 그런데 금강경의 의미가 도대체 무엇이기에 그 과보 역시 불가사의할까요?

제가 탄허 스님을 모시고 살 때의 일입니다. 탄허 스님께서 화엄경을 번역하시면서 통현 장자의 것을 저본으로 삼으시는 것을 보고, "왜 그 유명한 청량 스님의 화엄경소초를 놔두고 거사(통현 장자)의 것을 번역하시느냐?"고 여쭌 적이 있습니다. 스님께서 말씀하시길, "청량 도사의 글은 아름답고 표현이 좋아. 하지만 글이 서질고 형편없어도 통현 장자는 구절구절마다 화엄경의 종지를 나타내고 있어."라고 하셨습니다.

바로 그 점이 중요합니다. 읽는 사람이 근본 취지를 잃어버릴까봐 수시로 짚어주는 겁니다. 금강경도 앞에서 이야기한 것을 계속 짚어주고 또 짚어주고 있습니다. 어떤 경전을 공부하든지 불교의 근본 취지를 상기해야 합니다. 그런 입장에서 불가사의에 대해 말씀드리면, 이 세상 모든 것이 불가사의합니다. 그 가운데서 사람이 가장 불가사의합니다. 육신이야 과학적으로 거의 다 분석해 놓았습니다. 그런데 마음은 도저히 알 길이 없습니다. 마음까지 포함해서 사람을 생각하면 사람같이 넓고 크고 아득하고 불가사의한 존재는 없습니다.

　여기서 금강경의 의미가 불가사의하다고 하였는데, 결국 금강경을 통해서 우리 한 사람 한 사람이 가지고 있는 불가사의한 능력, 넓고 깊은 마음의 세계까지도 다 꿰뚫어서 나의 살림살이, 내 삶으로 해야 합니다. 금강경을 공부하는 것은 바로 우리가 본래 갖추고 있으면서도 활용하지 못한 불가사의한 복과 지혜, 덕을 계발하는 작업입니다. 불가사의한 사람의 능력을 일깨워주고 계발시키는 경전이기 때문에 금강경을 위대하다고 하는 것입니다.

　이렇듯 어찌 보면 심하다고 할 정도로 금강경을 찬탄하는 것에 내용의 많은 양을 할애하고 있는데, 다 그만한 뜻이 있는 것입니다. 이렇게 자주 언급함으로써 금강경을 공부하는 마음을 북돋는 것입니다. '그동안 업장이라고 하는 것이 내 마음에 걸렸는데 아, 됐다, 금강경 하나만 평생 수지 독송하고 사경하고 다른 사람을 위해 해설해 주면 업장 소멸은 물론이고 최상의 깨달음을 얻을 수 있구나' 하는 마음 자세를 확고하게 갖게 되는 것만으로도 큰 소득입니다.

제17분 究竟無我分

철저히 아(我)가 없다

무아無我를 이해하지 못하면 불교를 이해하지 못한다고 해도 과언이 아닐 정도인데, 제17분은 무아에 대해 철저하게 설하고 있습니다. 무아는 모든 존재의 고정불변한 실체가 없다는 뜻입니다. 예를 들어서 연필 한 자루가 눈앞에 있어도 이것은 실체가 없습니다. 우리들의 육신도 마찬가지이고 마음도 마찬가지입니다. 자동차, 컴퓨터, 비행기, 산하대지 만물이 모두 주체적인 실체가 없으므로 무아라고 합니다.

무아를 설명할 때 가유假有라는 개념을 들어 이야기합니다. 예를 들어, 자동차는 바퀴, 운전대, 타이어 등등 2만여 개의 부품들로 만들어진 것입니다. 그런데 자동차의 부품을 낱낱이 떼어냈을 때, 바퀴를 자동차라고 할 수 없고, 운전대를 자동차라고 할 수 없습니다. 2만여 개의 부품이 모두 있어야 할 자리에 제대로 조립되어 있을 때만 자동차로 불립니다.

지수화풍 사대四大로 이루어진 우리들의 육신도 크게는 하나하나 떼어내면 육신이라 할 수 없습니다. 마음도 아我와 아소我所로 이루어졌고, 세분하여 오위백법五位百法 오위칠십오법五位七十五法 등 여러 가지 요소들이 모여서 마음이라고 합니다.

이 모든 것은 잠깐 인연에 의해서 존재하는 까닭에 거짓으로 존재한다고 하고, 실체가 없는 무아라고 합니다. 어디까지 무아이고, 그 다음은 유아다 하는 것이 아니고 끝까지 무아라는 의미에서 '구경무아'라고 표현합니다. 그런데 어디에도 나라고 할 것은 없지만, 무아는 온 법계에 여여하고 밝고 깨끗하고 참다운 반야성품이 본래로 충만해 있다는 것의 다른 표현이라 할 수 있습니다.

이 제17 구경무아분의 문답을 살펴보면 앞의 제2 선현기청분과

제3 대승정종분의 문답과 내용이 같다는 것을 알 수 있습니다. 그러나 뜻은 다릅니다. 초심자 입장에서의 질문과 공부한 사람의 질문의 차이라고 할 수 있는데, 거친 번뇌를 끊는 일과 미세한 번뇌를 끊는 일에 대한 것인지라 질문은 같아도 뜻은 전혀 다릅니다. 부처님의 대답도 마찬가지입니다.

바다에는 오직 짠물뿐이듯이 반야의 세계에서는 오직 반야만 있을 뿐입니다. 반야란 무엇인가? 무상이요, 무아입니다. 반야의 세계에서는 어떠한 경우라도 무상이며, 무아뿐입니다. 그래서 구경에도 무아라고 한 것입니다. 끝까지 철저히 밝고 깨끗하여 어디에도 나라는 것은 없다고 한 것입니다.

반야는 초심자든 익숙한 사람이든 범부든 성인이든 무상無相·무아無我로 으뜸을 삼습니다. 그래야 일체 법이 모두 불법이 됩니다. 온 법계 진진찰찰이 다 불성을 갖추었고 반야를 갖추었습니다. 나에 매달리고 상에 매달리면 온 우주에 충만한 반야지혜를 쓸 수 없습니다. 존재의 실다운 모습이 공성임을 알고, 무아로 으뜸을 삼을 때 일체 법이 모두 불법이 됩니다. 그럴 때 본래 우리가 지니고 있는 무한 가치를 누리면서 가볍고, 편안하게 살 수 있습니다.

◉

상相이 있으면 보살이 아니다

이시爾時에 수보리須菩提가 백불언白佛言하사대 세존世尊이시여 선남자선여인善男子善女人이 발아뇩다라삼먁삼보리심發阿耨多羅三藐三菩提心하나니는 운하응주云何應住며 운하항복기심云何降伏其心하리잇고 불고수보리佛告須菩提하사대 약선남자선여인若善男子善女人이 발아뇩다라삼먁삼보리심자發阿耨多羅三藐三菩提心者는 당생여시심當生如是心이니 아응멸도일체중생我應滅度一切衆生하대 멸도일체중생이滅度一切衆生已나 이무유일중생而無有一衆生도 실멸도자實滅度者니라
하이고何以故오 수보리須菩提야 약보살若菩薩이 유아상인상중생상수자상有我相人相衆生相壽者相이면 즉비보살則非菩薩이니라 소이자하所以者何오 수보리須菩提야 실무유법발아뇩다라삼먁삼보리심자實無有法發阿耨多羅三藐三菩提心者니라

그때 수보리가 부처님께 사뢰었습니다.
"세존이시여, 선남자선여인이 최상의 깨달음에 대한 마음을 일으킨 이는 어떻게 머물며 그 마음을 어떻게 항복 받아야 합니까?"
부처님께서 수보리에게 말씀하셨습니다.
"만약 선남자선여인이 최상의 깨달음에 대한 마음을 일으킨 이는 반드시 이와 같은 마음을 내어야 한다. '나는 반드시 일체 중생들을 다 제도하노라. 그리고 일체 중생들을 다 제도하였으나 한 중생도 실은 제도한 것이 없노라'라고 하라.
왜냐하면 수보리야, 만약 보살이 나라는 상과 남이라는 상과 중생이라는 상과 수명에 대한 상이 있으면 곧 보살이 아니기 때문이니라. 왜냐하면 수보리야, 실로 고정된 법이 있어서 최상의 깨달음에 대한 마음을 낸 것이 아니기 때문이니라."

제2 선현기청분에서 수보리가 부처님께 여쭈었던 내용과 똑같은 질문입니다. "보리심을 발한 사람은 어떻게 살아야 하며, 어떻게 그

마음을 항복받아야 합니까?" 하고 수보리가 재확인을 하는 입장에서 여쭙고 있습니다.

아응멸도我應滅度라고 할 때 멸도라고 하는 말은 '제도한다' '교화한다'는 뜻입니다. 그런데 일체 중생을 제도하였지만 "한 중생도 실로 제도를 얻은 사람이 없다."고 하였습니다. 제3 대승정종분에서도 똑같은 내용이 있었습니다. 부처님께서 수많은 중생들을 제도하셨는데 왜 한 중생도 제도하신 적이 없다고 하셨는지에 대해 여쭙자, "중생이 중생이 아니고 그 이름이 중생이기 때문"이라고 하셨습니다.

중생이든 부처든 편의상 붙여놓은 이름입니다. 우리들은 이대로 완전무결한 존재입니다. 제도를 하고, 교화를 하고, 어떤 경지로 끌어올려 놓았다 하더라도 출발했을 때의 그 사람입니다. 본래로 우리 인간은 누구나 완전무결한 존재라는 것을 이해시키는 것이 제도라면 제도이고 교화라면 교화입니다. 그렇다 해도 달라진 것은 아무것도 없기 때문에 한 중생도 멸도를 얻은 사람이 없다고 표현한 것입니다.

제3 대승정종분에서는 바로 이 점 때문에 대승정종, 가장 으뜸되는 가르침이라고 이름 붙일 만하다고 했습니다. 보살이 설령 제도했다 하더라도 이미 있는 것을 이해시킨 것에 불과한데, 그것을 가지고 아상·인상·중생상·수자상을 낸다면 보살도 아니고 부처도 아니라는 것입니다. 인간의 실상을 알면, 사람을 부처님으로 공경하고 받들어 섬깁니다. '저 사람을 내가 사람으로 만들었다'는 생각은 있을 수 없는 일입니다. 세속의 관점에서 본다면 어떤 사람에게 도움을 주었다면 생색도 낼 수 있고 자랑할 수도 있습니다. 하지만 인간의 진정한 가치를 안다면, 또 불교적인 관점에서 보면 전혀 생색내고 자랑할 일이 아닙니다. 아상·인상·중생상·수자상이 있다면 보살이 아니라고 하면서 깨달음에 대한 마음을 낸 것조차도 고정된 것이 아니라고 하였습니다.

예를 들어서 인연이 되어서 불교에 귀의하여 발심을 했습니다. 그렇다 해도 흔적이 없습니다. 불자가 교회에 가서 예배를 보면 교인처럼 보이고, 교인이 법당에 와서 법회를 보면서 불자라고 해도 그 속을 모릅니다. 마음을 내는 것은 흔적이 없고 실체도 없습니다. 보리심을 발하는 것도 실체가 없는데 그 밖의 일이야 오죽하겠습니까. 철저히 무아라는 사실을 알아야 된다는 것입니다.

고정된 법이 있어 깨달음을 얻은 것이 아니다

수보리須菩提야 어의운하於意云何오 여래如來가 어연등불소於燃燈佛所에 유법득아뇩다라삼먁삼보리부有法得阿耨多羅三藐三菩提不아 불야不也니다 세존世尊이시여 여아해불소설의如我解佛所說義컨댄 불佛이 어연등불소於燃燈佛所에 무유법득아뇩다라삼먁삼보리無有法得阿耨多羅三藐三菩提니다

불언佛言하사대 여시여시如是如是하니라 수보리須菩提야 실무유법여래득아뇩다라삼먁삼보리實無有法如來得阿耨多羅三藐三菩提니라

"수보리야, 그대는 어떻게 생각하는가? 여래가 연등 부처님의 처소에서 어떤 고정된 법이 있어서 최상의 깨달음을 얻었는가?"

"아닙니다. 세존이시여, 제가 부처님께서 말씀하신 뜻을 이해하기에는 부처님께서 연등 부처님의 처소에서 어떤 고정된 법이 있어서 최

상의 깨달음을 얻는 것이 아닙니다."

부처님께서 말씀하셨습니다.

"사실 그러하니라, 수보리야. 실로 어떤 고정된 법이 있어서 여래가 최상의 깨달음을 얻은 것이 아니니라.

앞에서도 연등 부처님 이야기가 나왔습니다만, 이 대목은 과거 생에 석가모니 부처님께서 연등 부처님께 가르침을 받고 최상의 깨달음을 얻었다는 것을 기정사실로 보고 수보리와 이야기하는 입장입니다.

부처님께서는 수보리에게 여래가 연등 부처님 처소에서 아뇩다라삼먁삼보리라고 하는 고정된 어떤 법의 실체가 있어서 여래가 최상의 깨달음을 얻었는지 물었습니다. 그러자, 수보리는 아니라고 답합니다. 부처님의 말씀에 의하면, 부처님께서는 방편으로 그런 이야기를 하셨고, 고정된 어떤 법이 있어서 최상의 깨달음을 얻은 것은 없다고 하셨습니다.

이 말은 부처님의 깨달음에 대해서 부처님께서 직접 말씀하신 것이 아니라 수보리가 한 말입니다. 수보리는 부처님의 깨달음과 부처님이 과거 생에 수기 받은 사실까지 부정한 것입니다. 큰 지혜를 가진 수보리가 그에 걸맞게 상 없는 것을 으뜸으로 강하게 표현한 것입니다. 이것이 금강경의 매력입니다.

수보리의 부정에 대해 부처님께서 '여시여시', '그렇다, 그렇다. 네 말이 맞다'라고 하셨습니다. 조사스님들의 어록에서도 깨달음을 인가할 때 '여시여시'라고 합니다. '그렇다'라고 수긍하여 그 사람의 깨달음을 인정해 줍니다. 수보리는 과거 연등 부처님 당시의 깨달음에 대한 이야기를 하였지만, 어떤 면에서는 석가모니 부처님께서 금생에 보리수 아래에서 깨달으신 것까지도 사정없이 부정하는 것이라고 할 수 있습니다. 그런데 부처님께서는 "실로 법이 없다. 여래가 최상의 깨달음을 얻은 것이 없다."라고 하시면서 수보리의 말을 흔쾌하게 인정해 주셨습니다. 본래 같은 소리는 서로 상승작용을 하면서 울립니다. 그와 같이 부처님과 수보리의 한마음의 파장이 수천 년이 지난 오늘의 우리들에게까지 가슴 벅차게 전해오는 듯합니다.

⦿

깨달음의 흔적이 남아 있으면 깨닫지 못한 것이다

수보리須菩提야 약유법여래득아뇩다라삼먁삼보리자若有法如來得阿耨多羅三藐三菩提者인댄 연등불燃燈佛이 즉불여아수기即不與我授記하사대 여어래세汝於來世에 당득작불當得作佛하대 호석가모니號釋迦牟尼어니와 이실무유법득아뇩다라삼먁삼보리以實無有法得阿耨多羅三藐三菩提일새 시고是故로 연등불燃燈佛이 여아수기與我授記하사 작시언作是言하사대 여어래세汝於來世에 당득작불當得作佛하야 호석가모니號釋迦牟尼라하시니라 하이고何以故오 여래자如來者는 즉제법여의即諸法如義니라

수보리야, 만약 어떤 고정된 법이 있어서 여래가 최상의 깨달음을 얻은 것이라면, 연등 부처님께서는 결코 나에게 '그대는 다음 세상에 반드시 부처를 이루고 이름을 〈석가모니〉라고 하리라'라는 수기授記를 주시지 않으셨을 것이다. 실로 어떤 고정된 법이 있어서 최상의 깨달음을 얻은 것이 아니다. 그래서 연등 부처님께서는 나에게 수기를 주시며 말씀하시기를 '그대는 이 다음 세상에 반드시 부처를 이루리니

그 이름을 〈석가모니〉라고 하리라'라고 하셨느니라. 왜냐하면 여래如來라고 하는 것은 모든 법이 여여如如하다는 뜻이기 때문이니라.

여기에서 법은 '고정된 실체'를 뜻하는 말입니다. 어떤 고정된 실체가 있어서 그것을 최상의 깨달음이라고 여기고 여래가 그것을 얻었다고 한다면 연등불이 수기를 주시지 않았을 것이라는 이야기입니다. 즉 고정된 실체로서의 최상의 깨달음이라는 것이 없기 때문에 연등불이 수기를 주었다는 내용입니다.

설화로 내려오는 부처님의 전생 이야기를 상식으로 전제해 놓고 풀어나가고 있는데, 그렇다고 해서 어떤 고정된 깨달음에 대한 법이 꼭 있는 것은 아니라는 겁니다. 깨달음이든 뭐든 한 보따리 얻었다고 생각하는 것이 큰 문제라는 것입니다. 그래서 반야심경에도 가장 중심에 '이무소득고', 얻었어도 얻을 바가 없다는 구절이 있습니다. 이것이야말로 불법의 특징이요, 위대한 점입니다. 깨달음의 흔적이 남아 있으면 깨닫지 못한 것입니다. 조사스님들의 오도송을 감정할 때도, 당신의 깨달음에 대해 흔적이 남아 있는지, 남아 있지 않은 표현인지를 보고 이 사람이 제대로 도를 깨달았다, 깨닫지 못했다고 판단합니다.

경전에는 부처님께서 "어느 세상에 부처가 될 것이다."라는 수기를 줍니다. 그런데 언제 어느 때 성불할 거라는 수기에는 본래 부처라는 의미가 담겨 있습니다. 법화경을 자세히 읽어보면 이 사실을 역력히 알 수 있습니다. 법화경에서는 불전佛前에 가서 합장 한 번만 해도, 손 한 번만 들어도 성불하고, "나무 불—!" 한마디만 해도 성불한다고 하였습니다. 심지어 아이들이 장난으로 모래사장에서 오줌으로 모래를 대충 뭉쳐 "불탑이다!" "부처님이다!"라고 해도 개이성불도皆已成佛道, 이미 다 성불해 마쳤다고 하셨습니다.

당득작불이라 하니, 수많은 세월이 흐른 뒤에 힘겹게 부처가 된다고 알아들어서는 안 됩니다. 법화경 상불경보살품에서는 상불경보살이 등장해서 자기를 때리고, 구타하고, 욕하던 사람들도 전부 부처라고 하는 만인대성불萬人大成佛이 나옵니다. 불교를 믿든 비방하든 상관없이 만인이 부처님이라는 뜻입니다. 법화경은 부처님께서 말년에 유언처럼 설하신 경전이기 때문에 차츰차츰 충격을 완화시켜가면서 사람이 본래 부처라는 사상을 이해시키고 있는 것입니다. 금강경의 이 대목 역시 법화경의 만인성불, 인불사상과 일맥상통한 내용입니다.

여如는 '그대로이다' '같다' '진리이다' '평등하다'는 불교적 의미가 있습니다. 진리라는 말보다 여如라고 하는 것이 더 구체적입니다. '모든 법이 여여하다'는 것은 '모든 법이 진리이다'라는 뜻입니다. 부처님의 이름을 열 가지로 표현한 것을 여래 십호라고 합니다. 즉 여래·응공·정변지·명행족·선서·세간해·조어장부·천인사·불·세존인데, 그 첫째가 여래如來입니다. 여如는 진리, 여래는 여如에서 왔다, 곧 여래는 진리에서 온 사람, 진리 그 자체라는 뜻입니다. 그런데 여기에서의 '여래'는 제법諸法이 여여하다는 뜻입니다. 여여如如는 있는 그대로를 말합니다. 조금도 더 보태거나 뺄 것이 없는, 전혀 조작이 없는 그 자리를 말하는 것입니다. 제법여의諸法如義, 모든 존재의 실상이 있는 그대로라는 말은 참으로 의미심장한 말입니다.

탐·진·치 삼독이 그대로 불법佛法이다

약유인若有人이 언여래득아뇩다라삼먁삼보리言如來得阿耨多羅三藐三菩提라하면 수보리須菩提야 실무유법득아뇩다라삼먁삼보리實無有法佛得阿耨多羅三藐三菩提니라 수보리須菩提야 여래소득아뇩다라삼먁삼보리如來所得阿耨多羅三藐三菩提는 어시중於是中에 무실무허無實無虛니라 시고是故로 여래如來가 설일체법說一切法이 개시불법皆是佛法이라하느니라.

그러므로 만약 어떤 사람이 '여래는 최상의 깨달음을 얻었다'라고 말하더라도 수보리야, 실로 고정된 법이 있어서 부처님이 최상의 깨달음을 얻은 것이 아니다. 수보리야, 여래가 얻은 최상의 깨달음은 여기에 실다움도 없고 헛됨도 없느니라. 그러므로 여래가 말하기를 '일체법이 모두 다 불법佛法이다'라고 하느니라.

편의상 여래가 최상의 깨달음을 얻었다고 말합니다. 하지만 실무유법實無有法이라, 실은 그런 법이 없습니다. 어떤 고정된 것을 가리켜 이것이 부처님이 깨달음을 얻으신 것이라는 게 없다는 것입니다. 사실 '여래가 깨달음을 얻었다'라는 표현을 안 할 수도 없습니다. 실제로 부처님께서 설산에서 6년 고행을 하고, 보리수 아래에서 납월(음력 12월) 8일 큰 깨달음을 이루셨기 때문입니다. 부처님께서는 분명히 이날 생사의 근원적인 의문을 풀고, 모든 집착을 끊고, 광대무변하고 영원한 진리를 얻으셨습니다. 그래서 불자들은 이날 성도재일 법회를 봉행하면서 부처님의 성도를 기립니다. 그러나 이 위대한 깨달음도 어떤 고정된 법, 실체에 근거한 것이 아니라는 말입니다.

절에 있으면 여러 신도님들이 다녀갑니다. 대부분 이런저런 고민을 털어놓고 갑니다. 신도님들의 고민을 완벽하게 해결해 줄 수는 없지만 위안이 될 만한 말씀을 해드리면 어두운 얼굴이 환하게 밝아집니다. 절에 올 때와는 사뭇 다른 마음으로 절문을 나서는 경우가 많습니다. 그런데 신도님들에게 그동안 가슴을 짓누르던 번뇌덩어리가 사라진 듯한 마음의 변화가 오고, 구름이 걷히고 태양이 드러나 환히 비치는 느낌을 받았다 하더라도 그게 어떤 고정된 법, 실체가 있는 것은 아닙니다. 그렇다고 해서 없다고 할 수도 없습니다.

무실무허無實無虛, 실다움도 없고 헛됨도 없다는 말입니다. 있다고 하자니 실체가 없지만 없다고도 할 수 없습니다. 부처님께서 최상의 깨달음을 성취하시고 진리의 말씀으로 우리를 가르치신 것도 역사적 사실이기 때문입니다. 부처님뿐만 아니라 모든 존재의 실상이 무실무허입니다. 모든 존재는 없는 것도 아니고 있는 것도 아닌 중도의 원리로 존재합니다. 깨달음 역시 중도입니다.

예를 들어, 제가 지금 소리를 '악' 하고 질렀습니다. 소리가 있느냐고 물었을 때, 이미 소리가 사라지고 없습니다. 금방 있다 금방 없어지니 있다 없다의 구분이 애매합니다. 또한 있고 또한 없고, 있는 것도 아니고 없는 것도 아닙니다[亦亦無 非有非無]. 소리의 실체가 없기 때문입니다. 눈에 보이는 사물도 마찬가지입니다. 책상 위에 컵을 예로 든다면, 언제부터 이곳에 있었는가? 누가 만들어서 갖다 놓은 것인가? 원래 있었다고 할 수도 없고 현재 없다고 할 수도 없습니다. 만일 컵을 창 밖에 던져버리면 책상 위의 컵은 방금 전까지 있었다가 현재는 없지만, 완전히 없다고 할 수는 없습니다.

이 세상의 모든 것이 다 그렇게 존재합니다. 이러한 존재의 실상을 알면 어느 한 곳에 치우치지 않고, 그야말로 유쾌·상쾌·통쾌하게 살 수 있습니다. 중생들의 병은 대부분 치우치는 것에서 생기기 때문입니다. 있는 것에 치우치고 없는 것에 치우칩니다. 허망하다 해서 버릴 수는 없습니다. 늙고 병들고 마침내 죽어서 썩을 허망한 육신이지만 살아 있는 동안에는 반드시 입히고 먹이고 씻어주어야 합니다. 이러한 중도의 원칙은 명예, 돈, 육신, 사물 등 모든 것에 적용됩니다. 모든 것이 중도적으로 존재하기 때문에 우리의 삶도 중도적이어야 합니다.

그러한 까닭에 일체 법이 개시불법, '모든 것이 그대로 불법이다'라고 하셨습니다. 이 말은 개인적으로 제가 좋아하는 말입니다. 탐·진·치 삼독을 끊어야 되고, 망상을 없애야 되고, 번뇌 업장을 소멸해야 된다고 가르치는 것은 비단 소승불교만이 아닙니다. 대승불교권에서도 그렇게 가르치는 경우가 많습니다. 하지만 금강경에서는 탐·진·치 삼독 그대로 불법이요, 팔만사천 번뇌 그대로 불법임을 일깨워주고 있습니다. 모든 것이 그대로 불법이라는 사실에 눈을 떠야 합니다. 탐진치 삼독을 끊으려고 하지 마세요. 끊어지는 것도 아닙니다. 진흙 없이 연꽃이 존재할 수 없습니다. 진흙 그대로가 연꽃입니다. 일체 법一切法 개시불법皆是佛法은 최상의 안심법문입니다. 이 한 구절만 마음에 새겨도 마음이 편안해집니다.

미운 감정 자리에 불법佛法이 들어가는 이치

수보리須菩提야 소언일체법자所言一切法者는 즉비일체법卽非一切法일 새 시고是故로 명일체법名一切法이니라 수보리須菩提야 비여인신장대 譬如人身長大하니라

수보리언須菩提言하사대 세존世尊이시여 여래如來가 설인신장대說人身 長大가 즉위비대신卽爲非大身일새 시명대신是名大身이니다

수보리야, 이른바 일체 법이라는 것은 곧 일체 법이 아니다. 그러므로 그 이름이 일체 법이니라. 수보리야, 비유하자면 사람의 몸이 아주 큰 것과 같으니라."

수보리가 사뢰었습니다.

"세존이시여, 여래께서 말씀하신 사람의 몸이 아주 크다는 것도 곧 큰 몸이 아니고 그 이름이 큰 몸일 뿐입니다."

바로 앞에서 실한 것도 아니고 헛된 것은 더더욱 아닌 진공묘유한 상태를 말로 표현하자니 일체 법이라고 할 수밖에 없었지요. 그런데 또 일체 법이라는 고정불변의 실체가 따로 있는 줄 알고 일체 법이라는 상에 매이는 병에 걸릴까 봐, 얼른 그 이름이 일체 법이라고 하면서 치료를 해 주는 대목입니다. 금강경은 처음부터 끝까지 이 즉비의 논리로 일관하고 있습니다. '남자가 남자가 아니라 그 이름이 남자고, 여자가 여자가 아니라 그 이름이 여자다' '부처가 부처가 아니라 그 이름이 부처다'라는 모든 것이 여기에 해당됩니다.

일체 법이 곧 일체 법이 아니고 그 이름이 일체 법임을 부연설명

해 주는 내용으로 앞에서는 사람의 몸을 수미산만큼 장대하다고 하였는데, 여기서는 아주 크다고 표현하였습니다. 수미산만한 몸이든 아주 큰 몸이든 없는 것을 만들어서 말한 것뿐입니다.

경에서는 수미산이라고 했지만, 이해하기 쉽게 서울 남산만한 몸이 있다고 해도 되고, 그 또한 이름이 큰 몸입니다. 아무리 장대한 몸이 있다 하여도 결국 사대와 오온이 잠시 인연으로 결합되어 있을 뿐입니다. 인연이 다하면 그 장대했던 몸도 다 흩어지고 본질 자리는 텅 비게 되어 있습니다. 그러므로 사람의 몸이 장대하다는 것도 실로 큰 몸이 아니고 이름을 큰 몸이라 붙였을 뿐입니다.

일체 법, 장대한 몸, 중생, 부처, 남자, 여자 등 이 세상 모든 것을 다 갖다 붙여도 모두 다 그 이름이 그러할 뿐입니다. 눈에 보이는 존재뿐만 아니라 시도 때도 없이 변하는 감정도 마찬가지입니다. 누군가를 미워했을 때 그 미워하는 감정이 미워하는 것이 아니라 이 이름이 미워하는 것입니다. '원수 같은 지식 미워 죽겠다'는 감정노 고성불변의 실체가 없습니다. 금강경 공부를 통해 감정도 이름뿐이라는 것을 깨달으면 미운 감정 자리에 불법이 들어갑니다. 그래서 일체 법이 다 불법이 되는 것입니다. 이러한 즉비의 논리만 꿰뚫어도 금강경을 제대로 이해했다고 할 수 있습니다.

◉

금강경은 고질적인 상병相病의 특효약

수보리須菩提야 보살菩薩도 역여시亦如是하야 약작시언若作是言하대 아당멸도무량중생我當滅度無量衆生이라하면 즉불명보살卽不名菩薩이

니 하이고何以故오 수보리須菩提야 실무유법명위보살實無有法名爲菩薩
이니라 시고是故로 불설일체법佛說一切法이 무아무인무중생무수자無
我無人無衆生無壽者라하노라

수보리須菩提야 약보살若菩薩이 작시언作是言호대 아당장엄불토我當
莊嚴佛土라하면 시불명보살是不名菩薩이니 하이고何以故오 여래如來가
설장엄불토자說莊嚴佛土者는 즉비장엄卽非莊嚴일새 시명장엄是名莊嚴
이니라 수보리須菩提야 약보살若菩薩이 통달무아법자通達無我法者는
여래如來가 설명진시보살說名眞是菩薩이니라

"수보리야, 보살도 이와 같아야 하나니, 만약 '나는 한량없이 많은 중
생들을 제도하노라'고 말한다면 이는 곧 보살이라고 이름할 수 없느니
라. 왜냐하면, 수보리야, 실로 어떤 고정된 법이 있어서 이를 보살이라
고 이름하는 것이 아니기 때문이니라. 그러므로 여래가 말하기를 '일
체 법이 나도 없고, 남도 없고, 중생도 없고, 수명도 없다'고 하느니라.
수보리야, 만약 보살이 말하기를 '나는 반드시 세상을 장엄하노라'라
고 한다면 이는 보살이라고 이름 할 수 없느니라. 왜냐하면, 여래가
말하는 세상을 장엄한다는 것은 곧 장엄이 아니고, 그 이름이 장엄일
뿐이기 때문이니라. 수보리야, 만약 보살이 무아無我의 이치를 통달하
였다면, 여래는 이 사람을 '진정한 보살'이라고 이름하느니라."

보살은 나니 너니 하는 상대적인 생각이 끊어져 지극히 평등한
원리를 깨친 사람입니다. 아니 사실 모든 사람이 본래 보살이요, 부처
입니다. 그렇기 때문에 제도해도 제도하는 바가 없습니다. 제도한다
는 것을 굳이 말하자면, 각자가 갖고 있는 무한한 능력과 생명의 복을

캐내어 쓸 수 있도록 돕는 것입니다. 부처님의 팔만사천법문도 부처님께서 깨달으신 내용을 쏟아놓으신 것이 아니라 중생들이 모두 그대로 진리임을 밝혀주시는 것입니다.

그렇기 때문에 설령 보살이 중생을 제도했다고 해도 제도했다는 관념, 상相에 떨어지면 안 됩니다. 그렇게 되면 보살이 아닙니다. 또한 '그 사람은 육바라밀을 잘 닦는다' '그 사람은 봉사활동을 잘 한다' 등등 어떤 고정된 명제를 붙여놓고 보살이라고 할 수도 없습니다. 모두가 공을 근본으로 하여 잠시 인연을 갖고 있을 뿐인데 어떤 고정된 법이 있어서 보살이라 할 수가 있겠습니까.

우리들이 눈에 보이는 것에 머물러서 보면 일체 법의 진실을 볼 수 없습니다. 일체 법은 나도 없고 남도 없고 중생도 없고 수명도 없다고 하였습니다. 사랑, 미움, 기쁨, 슬픔, 돈, 명예 등등 모든 것이 고정된 실체가 없다는 말입니다. 그런데 사람들은 실체가 없는 허깨비에 속아서 우왕좌왕하고 괴로워합니다. 한평생을 헛되이 보내는 경우도 많습니다. 지나온 인생은 어쩔 수 없다 해도 지금부터라도 정신 차리고 허망한 환상에 집착하지 말라고 그토록 곡진하게 강조하고 있는 것입니다.

제10분 장엄정토분에서도 설명 드렸습니다만, 장엄불토는 세상을 장엄하는 것입니다. 어떤 장소, 어떤 모임이든 사람으로 장엄하는 것이 가장 좋습니다. 어느 법회에 명사가 여럿이 나오고 사람들이 많이 참석한다고 하면 모두들 환희심을 냅니다. 사람 장엄이 그 어떤 장엄보다도 빛나는 장엄이라는 것은 평소 경험하셨을 것입니다.

공자께서 해동(우리나라)에 가고 싶다고 하자, 제자들이 길도 험한

데, 그 누추한 동쪽 오랑캐 나라에 왜 가려고 하느냐고 여쭈었습니다. 공자께서 말씀하시길, "아니다, 그 나라는 군자가 사는 곳이다."라고 하였습니다. 군자가 사는 곳이기 때문에 훌륭하고 대단한 나라라는 것입니다. 그렇다고 해서 또 거기에 고정 불변한 실체가 있는 것은 아닙니다. "내가 와서 법회가 빛났다, 사찰이 빛났다."고 하면 보살이 아니라는 겁니다. 아무리 공로가 많고 그 사람이 와서 그 행사가 빛나고, 대한민국 국민이 그 사람 덕분에 산다 하더라도 생색내는 그 순간 이미 그 공은 물거품처럼 사라지고 마는 것입니다. 역사에서도 볼 수 있듯이 공로자가 어느 순간 원수가 될 수도 있습니다. 어쨌든 장엄 또한 즉비의 논리로 그 이름이 장엄일 뿐입니다.

앞에서도 말씀드렸지만, 무아는 불교에서 아주 중요한 개념인데, 여기에서 무아법無我法에 대해 언급하고 있습니다. 무아법이란 아我가 없는 법입니다. 통달무아법자는 나와 너라는 분별심을 떠나보내고, 중생을 제도한다거나 불국토를 장엄한다는 상相을 비워 철저하게 아我가 없는 무아법의 이치를 깨친 사람입니다. 무아無我가 되어야 진정한 보살이라는 겁니다. 제아무리 좋은 일을 많이 했다 해도 무아가 되지 않으면 보살이라 할 수 없습니다. 봉사활동 잘하고 보시 잘하고 세상에 공헌이 많아도 생색을 내면 보살은 고사하고 중생도 안 된다는 것입니다. 중생이 가장 많이 앓고 있는 병은 상병相病입니다. 이 병은 누구나 다 가지고 있는 아주 독하고 고질적인 병이기 때문에 이토록 자주 강조하시는 것입니다. "금강경은 이 상병 하나를 고치기 위해서 처음부터 끝까지 장황하게 설법한 것이다."라는 결론을 맺을 수도 있습니다.

제18분

一體同觀分

한 몸으로 동일하게 보다

끝없는 우주 한량없는 세계가 펼쳐져 있습니다. 그 안에는 별의별 종류의 많고 많은 중생들이 살고 있습니다. 그 모든 것이 하나의 마음, 한 가지 망념에서 나온 것입니다. 부처님께서는 마음의 세계 또한 실존實存하는 것이 아님을 설하시면서 그 공적空寂한 세계를 환히 드러내 보여주셨습니다. 망념이 사라지면 중생들의 한량없는 갖가지 마음들이 텅 비게 됩니다. 오직 맑고 깨끗한 마음뿐입니다. 중생의 마음이 곧 부처의 마음이요, 부처의 마음이 곧 중생의 마음입니다. 중생과 부처는 같은 몸, 한몸입니다. 중생과 부처뿐만 아니라 모든 것이 한몸입니다.

"천지天地는 여아동근與我同根이요 만물萬物은 여아일체與我一體라, 하늘과 땅은 나와 그 뿌리가 같고, 온갖 만물은 나와 한 몸"입니다. 한 몸인 그 마음에서는 과거도 미래도 현재도 나눌 수 없습니다. 공간도 시간도 혼연히 하나이거늘 무슨 과거 현재 미래를 분별할 수 있단 말입니까.

제18 일체동관분一體同觀分은 이와 같이 모든 것을 한몸으로 동일하게 본다는 뜻입니다. 육안·천안·혜안·법안·불안 등 다섯 가지 특별한 눈[眼]을 갖추신 부처님께서 오안五眼을 총동원해서 보신 것이 일체동관입니다. 부처님께서 일체동관하심으로써 중생은 모두 다 부처님으로 승격된 것입니다. 중생과 부처는 본래 한몸인데, 다른 점이 있다면 하나로 보는 이는 부처요, 그렇지 못한 이는 아직까지 스스로 부처임을 깨닫지 못한 중생입니다.

부처님의 오안도 눈썹 밑을 떠나지 않았다

수보리須菩提야 어의운하於意云何오 여래유육안부如來有肉眼不아 여시如是니다 세존世尊이시여 여래如來가 유육안有肉眼이니다 수보리須菩提야 어의운하於意云何오 여래유천안부如來有天眼不아 여시如是니다 세존世尊이시여 여래如來가 유천안有天眼이니다

수보리須菩提야 어의운하於意云何오 여래유혜안부如來有慧眼不아 여시如是니다 세존世尊이시여 여래如來가 유혜안有慧眼이니다 수보리須菩提야 어의운하於意云何오 여래유법안부如來有法眼不아 여시如是니다 세존世尊이시여 여래유법안如來有法眼이니다

수보리須菩提야 어의운하於意云何오 여래유불안부如來有佛眼不아 여시如是니다 세존世尊이시여 여래유불안如來有佛眼이니다

"수보리야, 그대는 어떻게 생각하는가? 여래가 육안肉眼이 있는가?"

"그렇습니다, 세존이시여. 여래께서 육안이 있으십니다."

"수보리야, 그대는 어떻게 생각하는가? 여래가 천안天眼이 있는가?"

"그렇습니다, 세존이시여. 여래께서 천안이 있으십니다."

"수보리야, 그대는 어떻게 생각하는가? 여래가 혜안慧眼이 있는가?"

"그렇습니다, 세존이시여. 여래께서 혜안이 있으십니다."

"수보리야, 그대는 어떻게 생각하는가? 여래가 법안法眼이 있는가?"

"그렇습니다, 세존이시여. 여래께서 법안이 있으십니다."

"수보리야, 그대는 어떻게 생각하는가? 여래가 불안佛眼이 있는가?"

"그렇습니다, 세존이시여. 여래께서 불안이 있으십니다."

육안肉眼은 사물을 볼 수 있는 실제적인 눈입니다. 육안은 사물의 형태나 색깔, 원근은 구별할 줄 압니다마는, 두루 보지 못하는 제한적인 눈입니다. 앞을 보면 뒤를 보지 못하고, 안을 보면 밖을 볼 수 없으며, 밝은 곳에서는 볼 수 있으나 어두운 곳에서는 전혀 볼 수 없는 매우 부자유스러운 눈입니다. 석가모니 부처님께서도 우리와 같은 육신을 가지셨기에 당연히 육안이 있지요.

천안天眼은 육안으로 볼 수 없는 먼 곳이나 미세한 사물까지도 뚫어볼 수 있는 신통한 눈을 말합니다. 천안을 갖추면 보고 싶은 것은 다 볼 수가 있습니다. '산하석벽무장애山河石壁無障碍'입니다. 가려져 있든지 거리가 멀든지 아무런 장애 없이 가만히 앉아서 산하석벽을 꿰뚫고 다 볼 수 있습니다. 심지어 과거 현재 미래생은 물론이고 지옥이나 극락세계까지 다 볼 수 있습니다. 육신통六神通을 갖추신 부처님께서는 천안天眼으로 삼천대천세계를 마치 손안의 거울처럼 들여다보셨습니다.

신통하기 그지없는 천안보다 훨씬 더 중요한 것이 혜안입니다. 산 너머, 벽 뒤를 보는 것이 삶에 무슨 이익을 주겠습니까? 남의 전생을 보는 것도 마찬가지입니다. 불교에서는 혜안을 강조합니다. 인간의 모든 문제는 혜안으로 해결할 수 있습니다. 아니 혜안이 있는 사람에게는 문제가 생기지도 않습니다. 무슨 문제든 즉시 해결되니 문제라고 하는 게 사라집니다.

혜안은 만법의 현상 너머에 내재되어 있는 공적한 자리를 깨닫는 눈입니다. 공空과 무상無相의 도리를 증득하여 현상에 끄달리지 않고 집착을 떠나보내는 눈입니다. 예를 들어, 육신이 공空한 줄 알면서도 육신은 육신대로 인정할 줄 아는 것이 혜안입니다. 봄에는 온갖 꽃들이 피고 가을이면 낙엽이 곱게 물들어 떨어지는 자연의 현상처럼 모든 것이 인연因緣으로 이루어졌다가 인연의 힘이 다하면 뿔뿔이 흩어진다는 사실을 여실하게 아는 것이 혜안입니다. 부처님의 깨달음, 연기, 인연의 도리를 깨닫는 것이 혜안이라 할 수 있습니다.

부처님의 손꼽히는 열 분 제자 중에서 신통제일 목건련과 지혜제일 사리불은 부처님께 귀의하기 전부터 대중들에게 존경받는 종교 지도자였습니다. 제자들이 무려 250명이나 되었지요. 절친한 도반이었던 이 두 분은 늘 의지하며 수행하다가 훌륭한 스승을 만나면 서로 알려주기로 했습니다. 어느 날 사리불이 길을 가다가 마승이라고 하는 비구스님을 만났습니다. 사리불은 마승 비구의 고매한 모습을 보고 감동합니다. '저 사람은 도대체 어떤 스승의 가르침을 따르기에 저렇게 훌륭할까?'라는 생각을 하면서 마승 비구에게 묻습니다.

"당신은 보통 사람들과 행색이 매우 다릅니다. 도대체 어떤 스승을 모시고 어떤 가르침을 배우고 있기에, 인품이 그렇게 높아 보입니까?"

"세존世尊이신 석가모니 부처님의 가르침을 공부하고, 그분의 제자들의 모습을 닮아서 그렇습니다."라는 마승 비구에게 사리불이 "그분은 어떤 가르침을 전해 주느냐, 아는 대로 가르쳐 달라."고 하였습니다. "저는 초보자라서 잘 모릅니다. 별로 아는 것이 없어서 일러줄 게 없습니다."라는 마승 비구에게 단 한마디라도 들려달라고 부탁합니다.

사리불의 청에 마승 비구가 "아불대사문我佛大沙門 상작여시설常作如是說, 우리 부처님 깨달으신 분께서 늘 이와 같은 말씀을 자주 하십니다. 그래서 한 마디는 제가 기억하고 있는데, '제법종연생諸法從緣生 제법종연멸諸法從緣滅, 모든 법法은 인연에 의해서 생기고 인연에 의해서 소멸消滅된다'고 하셨습니다."라고 대답하였습니다.

부처님께서는 우주 만물의 생성生成 변화가 다 인연의 도리로 있는 것이다, 원인 없는 결과는 하나도 없다는 이치를 주로 설하여 주신다는 마승 비구의 말을 듣고 사리불은 큰 깨달음을 얻게 되었습니다. 사리불은 곧바로 친구인 목건련에게 달려가 부처님의 가르침을 전하여 목건련 역시 그 자리에서 깨닫고 부처님의 제자가 된 것입니다. 사리불과 목건련처럼 가장 요긴하고 가장 우선적으로 이해해야 할 것이 인연의 도리를 꿰뚫어 볼 수 있는 혜안입니다. 그것만 잘 알면 부처님의 깨달음이나 다를 바가 없습니다.

법안法眼은 진리의 눈, 진리를 구별해 낼 수 있는 안목입니다. 혜안과 법안이 크게 다른 것은 아니지만, 세밀하게 살피면 조금 다릅니다. 법안은 일체 법을 분명히 비추어 볼 줄 아는 눈으로서 현상 너머의 만법이 평등해진 가운데 또 뚜렷이 자리 잡고 있는 차별까지도 구별해 내는 눈입니다. 부처님께서는 이것은 저것이 아니고 저것은 이것이 아님을 있는 그대로 인정하여 중생들을 교화하는 진리의 눈, 법안을 갖고 계십니다.

부처님의 오안五眼 중에서 다섯 번째가 불안佛眼입니다. 불안은 부처님만이 갖추고 계신 눈으로 앞의 네 가지 눈을 하나로 합한 눈이라고도 할 수 있습니다. 오안에 대해 이렇듯 하나하나 거론하신 것은 완벽한 안목을 갖추신 부처님께서 한량없는 중생들 한 사람 한 사람의 마음을 다 살펴서 볼 줄 안다는 것을 내포하고 있습니다. 뒷전에 콕

처박혀 있으면서 '부처님도 내 마음은 못 살필 거야'라는 생각을 할 수 있겠지만 천만의 말씀이라는 겁니다. 부처님은 오안으로 보기 때문에 그 많은 사람들의, 많고 많은 생각들을 그냥 다 아시는 겁니다.

조사스님들이 아주 재미있는 표현을 했습니다. "우리들의 육안이나 부처님의 오안이나 다 눈썹 밑에 있는 그 눈을 떠나 있지 않다."고 하였습니다. 그렇습니다. 눈썹 밑에 있는 육안, 부처님과 똑같이 우리들도 가지고 있는 그 두 눈을 떠나 있지 않습니다. 바로 거기에서 혜안, 천안, 법안, 불안이 파생된 것입니다. 또한 육안으로 보나 오안으로 보나 장미는 붉고 백합은 흽니다. 이 도리를 알아차리는 안목이 있어야 합니다.

● 어느 마음에 점을 찍으려고 하십니까?

수보리須菩提야 어의운하於意云何오 여항하중소유사如恒河中所有沙를 불설시사부佛說是沙不아 여시如是니다 세존世尊이시여 여래설시사如來說是沙니다 수보리須菩提야 어의운하於意云何오 여일항하중소유사如一恒河中所有沙하야 유여시사등항하有如是沙等恒河어든 시제항하소유사수불세계是諸恒河所有沙數佛世界가 여시영위다부如是寧爲多不아 심다甚多니다 세존世尊이시여

불고수보리佛告須菩提하사대 이소국토중소유중생爾所國土中所有衆生의 약간종심若干種心을 여래실지如來悉知하노니 하이고何以故오 여래如來가 설제심說諸心이 개위비심皆爲非心일새 시명위심是名爲心이니라 소이자하所以者何오 수보리須菩提야 과거심불가득過去心不可得이며

현재심불가득現在心不可得이며 미래심불가득未來心不可得이니라

"수보리야, 그대는 어떻게 생각하는가? 저 항하의 모래에 대해서 여래가 말한 적이 있는가?"

"그렇습니다, 세존이시여. 여래께서는 그 모래에 대해서 말씀하셨습니다."

"수보리야, 그대는 어떻게 생각하는가? 예컨대 저 하나의 항하에 있는 모래들, 그 모래 수와 같이 많은 항하가 또 있고, 그 모든 항하의 전체의 모래 수와 같은 세계가 있을 경우, 이러한 것을 참으로 많다고 하겠는가?"

"대단히 많습니다, 세존이시여."

부처님께서 수보리에게 말씀하셨습니다.

"그처럼 많은 세계 가운데 있는 모든 중생들의 갖가지 마음들을 여래는 모두 다 아느니라. 왜냐하면 여래가 말하는 모든 마음은 다 마음이 아니라 그 이름이 마음일 뿐이기 때문이니라. 왜냐하면 수보리야, 과거의 마음도 찾을 수 없고, 현재의 마음도 찾을 수 없고, 미래의 마음도 찾을 수 없기 때문이니라."

부처님께서 오안에 대해 물은 다음, 항하의 모래 수와 같은 세계가 얼마나 많은지 묻습니다. 제11 무위복승분에서 이미 항하의 모래 숫자에 비유하여 물으신 적이 있습니다. 부처님께서는 대중들이 알아듣기 쉽게 하기 위해 항하의 모래를 예로 든 경우가 많습니다. 항하의 모래 숫자처럼 많은 국토에 항하의 모래 숫자보다 많은 중생들의 마음이 얼마나 많겠습니까?

사람들이 보통 하루에 3천 종류의 마음을 일으킨다고 합니다. 그 사람이 일생을 통해서 얼마나 많은 마음을 일으키는지 헤아리기 힘들지요. 그런데 그 수많은 국토의 수많은 중생들의 마음을 여래가 실제로 다 안다는 것입니다. 오안五眼을 통해서 치우침이 없이 똑같이 본다는 뜻입니다.

우리는 '마음'을 말하고, 마음을 쓰면서도 마음에 대해 잘 모릅니다. 그런데 부처님께서는 마음의 근본, 실체를 다 안다고 하셨습니다. 그리곤 지금까지 중도中道의 공식으로 해 오신 말씀을 마음에도 대비시켜 말씀하십니다. 실제로 하루에 삼천 번 내지 삼만 번도 더 쓸 수 있는 마음을 분석해 들어가 보면 실재하는 게 아닙니다. 누구도 찾지 못하는 마음, 중생만 못 찾는 것이 아니라 깨달은 사람도 못 찾고, 누구도 드러내서 보여줄 수가 없는 것이 마음입니다. 그래서 비심非心이고 시명위심是名爲心입니다. 마음이 마음이 아니라 이름이 마음입니다. 편의상 이름을 마음이라 지어서 부른다는 말입니다.

인생살이가 순전히 마음 놀음이라고 할 수 있습니다. 하지만 마음은 손에 잡히는 것도 아니고 찾을 수 있는 것도 아닙니다. 불가사의하고 요상한 게 마음이지만, 마음 또한 고정불변의 실체가 아닌, 그 이름이 마음이라는 것을 알면 더 이상 흔들리고 끄달리지 않습니다. 마음에 집착하지 않으므로 괴롭지 않고, 진정 자유롭고 행복하게 살아갈 수 있는 것입니다.

과거심불가득 현재심불가득입니다. 마음이 모든 것의 근본인데, 마음의 꼬투리를 하나도 찾을 길이 없다, 실체가 없다는 말씀입니다. 이는 마음 위에 건립된 온갖 희로애락의 감정, 마음으로 인식하는 세계를 다 부정하는 것입니다. 생각해 보세요. 멜로 영화를 보면, "이 목숨을 걸고 사랑했노라."고 하는데, 사랑을 찾아보세요. 사랑이 보입니까? 찾을 수 있는 것도 아닌데, 스스로 만든 허상에 사로잡혀 인생을 엉망으로 만드는 분들도 많습니다.

과거심은 이미 지나가 버린 것이니 이해하기 쉽습니다. 현재심도 마찬가지입니다. 내가 지금 이 말을 듣고 있는 것이 '현재의 마음이다' 하는 순간 이미 과거가 되어 버렸습니다. 과거심이든 현재심이든 말뿐입니다. 그런데도 과거에 생각했던 마음, 행동에 연연해서 힘들어 합니다. 허망한 환영에 사로잡혀 괴로워하는 이들이 참으로 많습니다. "모든 마음은 마음이 아니라 그 이름이 마음이다."라는 말씀을 가슴에 새기고 살면 만사 해결이 됩니다.

이 대목 덕분에 옛날부터 많은 조사스님들이 이야깃거리와 법문을 많이 남겼습니다. 또한 이것이 인연이 되어 깨달음을 성취한 분들도 많습니다.

이 대목을 설명할 때 자주 등장하는 분이 중국 당나라 때의 덕산德山(782~865) 스님입니다. 선가禪家에서 덕산방棒 임제할喝, 덕산 스님은 주장자로 사정없이 사람을 두들겨 때리고, 임제 스님은 할로 깨우침을 주시는 독특한 지도방법이 아주 유명합니다.

덕산 스님은 본래 팔만대장경을 섭렵한 대강백으로 강의를 하는 스님이었습니다. 덕산 스님이 서촉이라는 지방에서 금강경을 강의하였습니다. 경전 중에서도 금강경은 당시 선종禪宗의 사상을 대변한다고 하였습니다. 그런데 당시 선종은 후득지後得智, 다시 말해 수련修練을 통해서 얻어지는 지혜를 강조하였습니다. 우리가 본래 갖추고 있는 지혜를 근본지根本智라 하면, 후득지는 반대말이라고 할 수 있습니다. 교학자들은 천겁千劫 동안 부처님의 행동거지를 배우고, 또 만겁萬劫 동안 부처님의 미세한 행동을 배운 다음에 성불한다고 하였습니다. 그런데 그 당시 저 남방南方에서는 즉심즉불卽心卽佛, 이 마음이 곧 부처라고 한다는 소식을 듣고 덕산 스님이 화가 머리끝까지 치밀었습니다. 자기가 쓴 『금강경소초』를 짊어지고 '남방에 가서 그 마구니들을 쳐부수겠다'는 각오를 새기면서 남쪽으로 떠났습니다.

점심 무렵 풍지라는 땅에 도착하였습니다. 노상路上에서 한 노파가 기름떡을 팔고 있는 것을 보고 떡으로 요기를 할 생각으로 "떡을 좀 팔라."고 했습니다. 노파가 스님의 한 짐 가득한 걸망에 눈길을 주며, "스님, 걸망 속에 든 것이 뭡니까?" 하고 물었습니다. "내가 금강경에 대해 저술한 『금강경소초』입니다."라는 덕산 스님에게, 노파가 말하기를, "스님께 한 가지 여쭈어도 되겠습니까? 스님께서 답을 하신다면 이 떡을 그냥 드리겠습니다. 만약 스님께서 답을 못하신다면 다른 곳에 가서 사드세요."라고 하였습니다. 덕산 스님은 금강경에 대해서는 박사 중의 박사였으니, '옳지! 잘 됐다. 그렇지 않아도 입이 근질근질하던 참인데, 공짜로 떡을 얻어먹을 수 있겠구나'라고 생각하면서 질문을 하라고 했습니다.

노파가 묻기를, "금강경에 이르기를, '과거심 불가득이며 현재심 불가득이며 미래심 불가득이라' 하니, 스님께서는 어느 마음에 점을 찍으려고 하십니까?"

노파의 질문을 듣고 콱 막혔습니다. 그동안 금강경 공부를 많이 해서 『금강경소초』까지 썼는데도 이런 말은 듣도 보도 못한 것이었습니다. 덕산 스님은 땀을 뻘뻘 흘리며 결국 대답을 못하고 점심을 굶어야 했습니다.

당시 그 마을 노파의 실력이 그 정도였던 것입니다. 노파의 질문은 언어 문자를 떠난 것이었습니다. 팔만대장경을 앞으로 외우고 뒤로 외워도 대답을 못합니다. 마음이 밝아지지 않으면, 눈[眼目]이 열리지 않으면 말할 수 없는 것이기 때문입니다. 덕산 스님의 대답이 없자, "내가 좋은 스님을 한 분 소개해드리겠습니다. 용담龍潭 스님을 찾아가 보세요. 소문을 듣자 하니, 그 스님은 뭔가 아는 것 같습니다."라고 하면서 노파가 용담 스님이 계시는 곳을 가르쳐 주었습니다.

덕산 스님은 노파가 일러주는 대로 용담 스님이 계시는 절에 찾아갔습니다. 노보살에게 한 방 얻어맞긴 했어도 워낙 기개가 있는 분인지라 창피한 생각은 벌써 잊고 우레 같은 목소리로, "일찍이 용담이라는 스님의 얘기를 듣고 내가 여기에 왔는데, 물도 없고 용龍도 안 나타나니 이게 어찌된 노릇인가?"라고 고함을 치니 전 대중이 쫓아 나오고 용담 스님도 나오셨습니다. 용담 스님은 "좋다! 여기에 용도 없고 못도 없지만, 진짜 용담龍潭에 잘 왔다."고 하면서 덕산 스님을 반겨 주셨습니다.

차원이 다른 말입니다. 덕산의 눈에 보이는 용과 담의 뜻과 다른 말입니다. 덕산 스님이 용담 스님께 인사해 보니 특별한 감응이 없었습니다. 그런데 물러나서 생각해 보니, 그래도 그 대단한 노파가 소개해 줄 정도로 유명한 스님이시니 혹시 뭐가 있는가 해서 밤에 또 찾아갔습니다. 야간입실夜間入室, 밤에 찾아가서 쓸데없는 이야기를 늘어놓으면서 밤이 으슥하도록 용담 스님 곁에 있었습니다. 용담 스님이 덕산 스님에게 왜 돌아가지 않느냐고 하자, 그때서야 문門에 쳐놓은 발을 걷고 나갔습니다. 밖이 캄캄해서 신발도 못 찾고 더듬더듬하다 도로 들어와서는 "밖이 어둡습니다. 신발이라도 찾을 수 있게 불을 좀 주십시오."라고 하였습니다. 용담 스님이 초에다 불을 붙여 덕산 스님에게 주었습니다. 덕산 스님이 조심스레 촛불을 받자, 용담 스님이 그걸 입으로 확 불어서 꺼버렸습니다. 환하던 것이 다시 캄캄해져 버렸습니다. 그 순간 덕산 스님이 크게 깨달았습니다.

수행하는 사람들이 오매불망 그리는 것이 활연대오豁然大悟입니다. 그런데 꼭 참선을 해야만 활연대오하는 게 아닙니다. 그 작은 계기로 덕산 스님은 완전히 깨쳤습니다. 과일도 완전히 익으면 바람만 살짝 불어도 툭 떨어집니다. 덕산 스님은 경전 공부를 많이 한 분인데, 다 익어서 툭 떨어지는 상황에 이른 것입니다.

덕산 스님이 크게 깨달은 뒤에 용담 스님에게 예배를 하였습니다. 덕산 스님이 곧바로 들어와서 예배를 하는데 심상치 않았시요. 용담 스님이 "그대가 무엇을 봤기에 예배를 하는가?"라고 묻자, 덕산 스님이 말하기를 "즉심시불卽心是佛이라, 남방의 대선사大禪師들의 말씀을 절대 의심하지 않겠습니다."라고 하였습니다.

그다음 날 용담 스님이 법상法床에 올라 대중을 모아 놓고, "이 가운데 아주 쓸 만한 놈이 있는데, 이빨은 칼과 같이 무섭고, 입은 벌건 피를 큰 항아리에 담아놓은 것같이 험상궂고, 기개 있는 놈이 하나 있다. 이놈은 한 방망이로 내리쳐도 까딱도 안 한다. 그러나 이놈이 하루아침에 내 도道를 크게 세운 사람이다."라고 말했습니다. 실컷 다른 곳에서 공부하다가 문득 어느 날 하룻밤 자고는 스님의 법을 이어간 것입니다. 그동안 용담 스님 밑에 수백 명의 제자가 있었음에도 불구하고 거기에 있던 사람들이 법을 잇지 못하고 덕산 스님이 법을 이었습니다. 용담 스님과 덕산 스님의 만남은 후인들에게도 큰 귀감이 됩니다.

위와 같은 용담 스님의 법문이 끝났는데, 덕산 스님이 드디어 자기가 짊어지고 왔던 금강경 관련 책들을 전부 장작더미 위에 올려놓고 한 마디 합니다. "내가 그동안 이 세상 높고 높은 기가 막힌 도리를 이야기해 왔는데, 그런 이론들은 설사 다 안다 하더라도 털끝 하나를 하늘에다 날리는 것과 같다."고 하였습니다. 한 생각 눈이 열리면 온 우주와 하나가 되는 것입니다. 그동안 금강경 연구한 그 많은 논서가 먼지 같고 물방울 같은 것에 불과한데, 그게 전부인 줄 알고 그것을 붙들고 살았다는 것입니다. 눈을 뜨고 보니까 내가 바로 온 우주인데 좁은 소견으로 어리석게 살아온 삶을 반성하면서 덕산 스님은 금강경 관련 책자를 다 태워버렸습니다.

이러한 이야기가 선어록 곳곳에 전해 내려오고 있습니다. 지식과 지혜의 차이를 이야기할 때, 이 대목을 예를 들어 이야기합니다. 지식이 아무리 많다 하더라도 깨달음 앞에는 한 방울의 물, 털끝 하나에 불과합니다. 맹인이 코끼리 만지는 것처럼 안목이 열리지 않으면 아무 소용이 없다는 것입니다.

제19분 法界通化分
법계를 모두 교화하다

불교에서는 온 세상을 법계라고 합니다. 이 무상無相 무주無住의 반야를 온 법계에 널리 펴서 법계의 중생들을 다 제도한다, 법계를 한꺼번에 교화한다는 뜻에서 통화라고 하였습니다. 그런데 실로는 교화할 것도 없이 이미 완성되어 있는 것입니다. 자신의 안목에 따라서 부처의 세계, 중생의 세계, 보살의 세계 등 차이가 나보이는데 실로는 우리가 사는 이 세상이 그대로 진리의 세계라는 것입니다.

법계를 한꺼번에 교화한다고 하는 것도 아귀를 보살로 만들고, 중생을 부처로 만드는 식이 아닙니다. 안목이 없어서 그렇지 안목이 열리면 현재 모습 그대로 완벽하다는 것을 알게 됩니다.

따라서 보살이 수행하는 육도만행의 요체는 상相에 머물거나 집착하지 않는 데 있습니다. 이 우주에 가득 찬 칠보로 사람들을 위하여 베풀었을지라도 그 마음에 베풀었다는 의식이 있으면 모두가 새어나가는 유루복이 됩니다. 그러나 베풀었다는 의식이 없으면 모두가 청정한 무루복이 되어 이 우주를 덮고도 남게 됩니다. 자성自性의 반야복은 본래로 상이 아닙니다. 한정된 모습의 상이 아니므로 비로소 그 복덕이 많다고 할 수 있습니다. 사람들 모두 이 금강 반야의 복을 가졌습니다. 그러므로 이미 범부니 성인이니 하는 분별이 있을 수 없습니다. 법계에 있는 중생을 다 한꺼번에 제도하는 도리도 바로 여기에 있습니다.

◉

주는 연습을 하면 줄 수 있는 능력이 생긴다

수보리須菩提야 어의운하於意云何오 약유인若有人이 만삼천대천세계

칠보滿三千大千世界七寶로 이용보시以用布施하면 시인是人이 이시인연
以是因緣으로 득복다부得福多不아
여시如是니다 세존世尊이시여 차인此人이 이시인연以是因緣으로 득복得
福이 심다甚多니다

"수보리야, 그대는 어떻게 생각하는가? 만약 어떤 사람이 삼천대천세계에 가득한 금은보화를 가지고 널리 보시한다면 이 사람이 이 인연으로 얻은 복이 많겠는가?"

"그렇습니다, 세존이시여. 이 사람은 이 인연으로 얻은 복이 매우 많습니다."

지하철이나 버스에서 좌석을 양보하거나 길을 잃고 헤매는 사람에게 길을 가리켜주는 작은 친절도 자꾸 쌓이면 큰 복이 될 터인데, 우주를 가득 채울 수 있는 금은보화로 남을 위해 아낌없이 썼다면 그 복이 얼마나 많겠습니까? 상상할 수 없을 정도이시겠지요. 그런데 아무리 값진 재물로 보시를 했다 해도 한계가 있는 유루복이라는 것을 암시하고 있습니다.

하지만 언젠가는 새어나갈 복이라도 자꾸 지어야 합니다. 사실 단돈 얼마라도 남을 위해 흔쾌히 쓰는 것이 쉽지 않습니다. 그래서 주는 연습을 자꾸 해야 합니다. 주고 싶어도 쑥스러워 못 주는 사람도 있고, 줄 줄 몰라서 못 주는 사람도 있습니다. 주다 보면 받는 기쁨보다 주는 기쁨이 얼마나 큰지 압니다. 주는 그 순간의 기쁨, 그것만으로도 큰 복을 받은 것입니다. 또한 자꾸 주는 연습을 하다 보면 줄 수 있는 능력이 생기는 게 세상의 이치입니다.

그런데 아무리 주고 싶어도 수중에 가진 것이 없어 못 주는 사람도 있습니다. 불교에서는 무재칠시無財七施라 하여 재물이 없어도 줄 수 있는 방법을 일러주고 있습니다. 지극정성을 다하여 마음을 베푸는 심시心施, 자신의 육신을 가지고 남을 도와주는 신시身施, 따뜻한 눈길로 남을 편안하게 돌보아 주는 안시眼施, 다정한 말씨로 남을 격려해 주는 언사시言辭施, 온화하고 밝은 얼굴빛으로 베푸는 화안열색시和顔悅色施, 자리를 양보하는 좌상시座床施, 포근한 잠자리를 마련해 주는 방사시房舍施입니다.

이렇듯 생활 속에서 작은 정성으로도 베풀 수 있는 길이 많습니다. 배려, 양보, 친절이 상대방을 감동시키고, 알게 모르게 음덕이 되어 나에게 돌아옵니다. 모든 상황, 모든 사람에게 마음을 열어놓고 최선을 다하는 태도는 정말 값진 것입니다. 특히 무상無相, 남을 돕고도 도왔다는 상 없이 도울 때 그 복덕은 헤아릴 수 없을 정도로 큽니다.

법계는 온통 복덕, 행복뿐이다

수보리須菩提야 약복덕유실若福德有實인댄 여래如來가 불설득복덕다不說得福德多어니와 이복덕무고以福德無故로 여래如來가 설득복덕다說得福德多니라

"수보리야, 만약 복덕이 그 실체가 있는 것이라면 여래가 '복덕을 얻는 것이 많다'고 말하지 않을 것이다. 복덕이 본래 없으므로 여래가 '복덕을 얻는 것이 많다'고 말하느니라."

위에서 수보리는 우주에 가득 찬 금은보화로 보시를 하면 상식적으로 알고 있듯이 큰 복덕이 있을 것이라고 했습니다. 그런데 부처님께서는 뜻밖에도 복덕이 실체가 없는 것이라는 말씀을 하십니다. 복덕이 본래 없기 때문에 '복덕을 얻는 것이 많다'고 말씀하셨다는 것입니다. 무슨 뜻인지 어리둥절할 것입니다. 특히 복덕 구족에 매여 있는 이들은 더더욱 헤맬 수밖에 없는 대목입니다.

우리는 늘 복덕을 바라고 구하지만 그 복덕의 실상을 살펴보면 복덕이라고 할 게 없습니다. 예를 들어 옛날 한 나라를 호령하던 왕들이 복덕이 있다 한들 오늘날 우리나라 중산층의 복덕이 오히려 낫습니다. 현대인들은 옛날 사람들이 상상조차 할 수 없을 정도로 문명의 혜택을 받고 있습니다. 한편 오늘날 우리들의 삶은 미래인들이 보면 허접해 보일 수 있습니다. 이와 같이 복덕의 실상을 살펴보면, 복덕이라고 할 게 없는 겁니다. 복덕은 실체가 없습니다. 복덕을 어떻게 받아들이고 느끼느냐에 따라서 달라지는 것입니다.

사람들은 누구나 행복을 추구합니다. "나는 참 행복한 사람이다, 나는 복이 많은 사람이다, 나는 덕이 많은 사람이다."라고 하는데 그 기준이 무엇입니까. 복덕의 조건이 문제가 아니라 전부 느끼는 데 있습니다. 병도 들고 찢어지게 가난하여 다른 사람들은 다 그 사람을 불쌍하게 여기는데, 정작 본인은 살아 있다는 것만으로도 행복해 하는 사람이 있고, 지위도 높고 재물도 넉넉하여 남들은 우러러 보며 부러워하는데, 본인은 불행하다고 탄식하며 늘 우울해 하는 경우도 많습니다. 복덕, 행복은 아파트 평수나 통장의 잔고 등 눈에 보이는 것으로 계산할 수 있는 게 아닙니다. 복덕 역시 고정불변의 실체가 없기 때문에 내가 어떻게 느끼느냐에 달려 있는 것입니다.

그래서 복덕이 복덕이 아니라 그 이름이 복덕입니다. 부처님께서는 복덕에 매여 있던 사람들, 복덕에 대한 집착을 훌훌 털어버릴 수 있도록 이끌어 주십니다. 어찌 보면, 부처님은 중생들이 좋아하는 것과는 거꾸로 가는 것을 가르쳐주신다 해도 과언이 아닙니다. 중생들은 내일이면 없어질 것을 좋아하고, 그것을 손에 쥐려고 안달복달하며 집착하는데, 부처님께서는 그런 유루복에 연연해 하지 말고, 그 자체로 완전한 것에 눈뜨라고 하셨습니다. 거듭 말씀드리지만 눈뜨고 바라보면 이 세상은 법계, 진리의 세계입니다. 법계에는 행복이 충만합니다. 온통 행복뿐입니다.

제20분

離色離相分

사물도 떠나고 형상도 떠나다

이 세상의 모든 형색과 형상은 인연으로 엮어져 있기 때문에 참으로 구족한 것이 못 됩니다. 그에 따른 인식을 떠나보내야 여래를 볼 수 있습니다. 거울에 찌든 때를 다 닦아버려야 사물을 있는 그대로 비추어주는 것과 같습니다. 한편 형상과 형색도 떠나야 한다는 내용을 보면서 반성해 봅니다.

요즘 세상 사람들은 형상과 형색에 매달려 살고 있는데, 겉으로 드러난 외모, 학벌, 성격 등으로 평가하는 일이 얼마나 어리석은 일인지에 대해 생각해 볼 수 있는 대목이라고 할 수 있습니다. 오늘날의 얼짱 신드롬, 초등학교 때부터 경쟁사회에 내몰리는 현실, 독종이 살아남고 성공한다는 주장이 설득력을 얻는 사회에서 금강경을 공부하고 그 말씀대로 살아간다는 것은 물살을 거슬러 올라가는 것처럼 쉽지 않은 일입니다.

하지만 아무리 힘들더라도 우리 사회에 팽배한 습관에서 벗어나 인식을 바꾸어야 합니다. 일체의 형색, 형상과 그 인식이 남아 있는 한 무량공덕의 반야의 삶은 펼쳐지지 않기 때문입니다. 여래의 32상이 아무리 거룩하다 하여도, 여래의 80종호가 아무리 훌륭하다 하여도, 여래의 설법이 아무리 위대하다 하여도 현상적이고 일시적인 것입니다. 그것은 모두가 눈을 멀게 하고 귀를 멀게 하는 것에 불과할 뿐만 아니라 인연이 다하면 사대로 흩어져버리는 것입니다. 결국 없어져버릴 색상에 눈이 멀면 법계에 충만해 있는 여래는 보지 못합니다. 겉껍데기에 눈이 멀면 자신의 본래 면목인 반야신을 보지 못하고 찾지 못하니 얼마나 안타까운 일입니까?

겉모습으로 부처를 보지 말라

수보리須菩提야 어의운하於意云何오 불가이구족색신佛可以具足色身으로 견부見不아 불야不也니이다 세존世尊이시여 여래如來를 불응이구족색신不應以具足色身으로 견見이니 하이고何以故오 여래如來가 설구족색신說具足色身이 즉비구족색신卽非具足色身일새 시명구족색신是名具足色身이니다

"수보리야, 그대는 어떻게 생각하는가? 잘 갖춰진 육신의 모습으로써 부처님이라고 볼 수 있겠는가?"

"아닙니다, 세존이시여. 잘 갖춰진 육신의 모습으로써 반드시 여래라고 볼 수는 없습니다. 왜냐하면 여래께서 말씀하신 잘 갖춰진 육신의 모습은 곧 잘 갖춰진 육신의 모습이 아니라 그 이름이 잘 갖춰진 육신의 모습일 뿐이기 때문입니다."

색신色身은 육신, 우리 몸뚱이를 뜻합니다. 흔히 부처님을 법신, 보신, 화신으로 나누어 설명하는데, 이 중에서 화신을 뜻하는 것이기도 합니다. 부처님께서는 진리의 당체에서 오시어 우리의 눈앞에 사람의 모습으로 나타나 직접 부처님의 모습을 확인시켜 주시는 것입니다. 32상相의 상은 상호相好, 즉 생김새를 뜻합니다. 부처님은 육신도 완벽해서 경전에 구족색신具足色身이라는 표현이 나옵니다. 32상 80종호를 갖추신 부처님은 외모도 아주 잘 생기셨고 관상학적으로도 매우 좋습니다. 그런데 부처님을 육신으로 볼 수 있겠느냐고 묻자, 수보리가 아니라고 단호하게 대답합니다. 부처님의 육신도 우리 중생과

마찬가지로 생로병사를 피할 수가 없습니다. 그러므로 부처님의 겉모습을 보고 부처라 할 수 없다는 것입니다.

그런데도 한국불교는 상에 집착합니다. 불상을 조성하는 것보다 법보시가 더욱 소중한 불사인데도 전자에는 보시할지언정 후자에는 인색한 게 사실입니다. 또한 어떤 모양의 바위를 일컬어 관세음보살이 나투었다는 식으로 이야기를 퍼뜨리고, 거기에 혹해서 달려가는 게 우리 불자들의 모습입니다. 금강경에 비춰볼 때 정말 부끄러운 일입니다. 반성해야 합니다. 살아 있는 부처님과 수보리와의 대화에서 분명하게 밝히신, "겉모습으로 부처를 보지 말라."는 말씀을 가슴 깊이 새겨야 합니다.

눈에 보이는 육신은 본래 없었던 것입니다. 시간이 얼마 지나지 않아 곧 무너질 것입니다. 육신은 길어야 100년입니다. 지수화풍으로 얼기설기 이루어진 이 육신은 거짓으로 존재하는 가유假有입니다. 석가모니 부처님의 위대한 지혜와 자비, 깨달음의 가르침들을 뒷전에 두고 단지 겉모습만 보고 '부처님 부처님' 한다면 정녕 부처님께서 섭섭하실, 아니 슬퍼하실 일입니다.

금강경을 공부해서 눈에 비친 모습이 다 껍데기라는 것을 이해하고 살아간다면 지금보다 훨씬 성숙하고 행복한 삶을 살아갈 수 있습니다. 가끔 시내에 나올 때마다 간판을 즐겨 봅니다. 간판이나 광고판만 봐도 시대상이 보입니다. 얼짱 신드롬을 증명해 주듯 요즘에 성형외과, 피부과가 성행하더군요. 너도 나도 외모를 잘 가꾸기 위해 수술도 불사하는데, 우리가 추구해야 할 것이 겉모습이 아니라는 것을 알아야 합니다. 못생겼다 해서 자꾸 위축되는 사람은 금강경 공부를 안

한 사람이고, 금강경 공부를 한 사람은 외모와 상관없이 당당하고 행복하게 살아갑니다.

◉

연화 비구니와 외아들을 잃은 여인의 깨달음

수보리須菩提야 어의운하於意云何오 여래如來를 가이구족제상可以具足諸相으로 견부見不아 불야不也니다 세존世尊이시여 여래如來를 불응이구족제상不應以具足諸相으로 견見이니 하이고何以故오 여래如來가 설제상구족說諸相具足이 즉비구족卽非具足일새 시명제상구족是名諸相具足이니다

"수보리야, 그대는 어떻게 생각하는가? 여러 가지 상호를 잘 갖추고 있는 것으로 여래라고 볼 수 있겠는가?"

"아닙니다, 세존이시여. 여러 가지 상호를 잘 갖추고 있는 것으로 반드시 여래라고 볼 수는 없습니다. 왜냐하면 여래께서 말씀하신 여러 가지 상호를 잘 갖추고 있다는 것은, 곧 여러 가지 상호를 잘 갖추고 있는 것이 아닙니다. 그 이름이 여러 가지 상호를 잘 갖추고 있는 것일 뿐이기 때문입니다."

석가모니 부처님께서는 과거 오백생 동안 수행하고 보시한 공덕으로 32상 80종호를 지녔습니다. 32상으로 보든 80종호로 좀 더 세분화해서 보든 외적인 모습으로써 여래를 볼 수 있느냐고 부처님께서 묻자, 이번에도 수보리가 아니라고 대답했습니다. 어떤 것이든지 외적 조건을 가지고 부처님이라 볼 수는 없습니다. 정신세계가 따로 있

다는 것이 아니라 바깥으로 드러난 겉모습을 다른 차원에서 보자는 것입니다. 이어서 역시 즉비의 논리가 나옵니다. 본래 없었던 것이고, 앞으로도 없을 것이고 그 이름이 상호를 갖추고 있는 것일 뿐입니다. 사대로 얼기설기 얽힌 육신, 제아무리 빼어난 용모도 잠깐 그 모습을 연출했을 뿐 늙고 병들어 죽으면 사라집니다. 세상 만물과 마찬가지로 육신 또한 물거품 같고 이슬 같고 환영 같은 것이므로 그대로 공한 줄 알 때 집착이 사라집니다. 그렇지만 대부분의 세상사람들은 자기, 특히 자기 몸뚱이에 대한 집착이 삶인 줄 알고 한평생 몸뚱이 봉양만 하다가 세월을 보내는 이들이 많습니다.

부처님 당시에 연화라는 아름다운 여인이 있었습니다. 그녀의 미모가 얼마나 빼어난지 온 나라 사람들이 그녀와 하루를 보내는 것을 최고의 영예로 여길 정도였습니다. 어느 날 연화는 문득 출가하면 착하게 살 수 있을 거라는 생각을 합니다. 그녀는 부처님을 뵙고 출가하기 위해 길을 떠납니다. 그녀가 부처님께 가던 중 샘물을 만났는데, 그 물에 비친 자기 모습을 보고 스스로 도취하여, '이 아름다운 미모에 머리 깎고 스님이 될 생각을 하다니 아깝다, 한 살이라도 젊을 때 실컷 놀다가 늙어서 출가를 생각하자'는 마음이 들어 발길을 돌렸습니다.

이때 부처님께서 연화를 교화하시기 위해 그녀보다 더 아름다운 여인을 변화로 만들어내어 서로 만나게 하였습니다. 연화는 같은 여자임에도 불구하고 눈부시게 고운 여인을 보고 황홀해졌습니다. 연화는 그녀에게 다가가 말을 걸었고, 마음이 통한 두 여인은 이런저런 속마음을 털어놓으며 대화를 나누었습니다. 그런데 잠시 후 그 여인이

졸리다며 연화의 무릎을 베고 누웠습니다. 눈을 감자마자 숨이 끊어지고, 잠깐 사이에 시체가 썩어 그 아름다운 모습이 흉측하게 변하였습니다. 연화는 이 모습을 보면서 삶의 무상無常을 절감하고 출가를 결심하였습니다. 출가 후 연화 비구니는 열심히 정진하여 아라한이 되었습니다.

한 가지 더 예를 들면, 부처님 당시에 사랑스러운 외아들을 잃은 여인이 있었습니다. 그녀는 외아들의 죽음에 너무나 큰 충격을 받아 제정신이 아니었습니다. 죽은 아들을 안고서 동네사람들에게 "제 아이를 살려주세요."라고 하면서 온 마을을 돌아다녔습니다. 그녀는 부처님께도 아들을 살려달라고 애원하였습니다. 부처님께서는 그 여인에게 "내가 네 아들을 살릴 약을 주겠다. 우선 마을에 가서 겨자씨를 받아오너라. 단 죽은 사람이 한 명도 없는 집의 씨앗이라야 한다."고 말했습니다.

그 여인은 부처님의 말씀에 아들을 살릴 수 있다는 희망을 가지고 집집마다 돌아다녔습니다. 그런데 죽은 사람이 없는 집, 사랑하는 가족을 잃지 않은 집은 단 한 집도 없었습니다. 그렇게 돌아다니면서 여인은 제정신으로 돌아왔습니다. 뿐만 아니라 사람은 누구나 늙고 병들고 죽는다는 것을 깨닫게 되었고, 수행에 매진하게 되었습니다.

영원한 것은 없습니다. 찰나적인 모습일 뿐입니다. 영원하지 않은 것에 집착하여 괴로워하고 가슴 아프게 사는 사람들을 보면 안타깝습니다. 대부분 현재의 모습이 무너지고 나서야 인연의 도리를 알게 됩니다. 그런데 우리는 닥친 다음에야 비로소 깨닫는 것이 아니라 앞으로 전개될 모습을 내다볼 줄 알아야 합니다. 우리가 불교에 입문하여 경전을 공부하는 이유도 바로 삶의 실상을 깨닫고 지혜롭게 살기 위해서입니다. 그렇다고 해서 육신을 함부로 하라는 얘기는 아닙니다. 몸과 마음이 둘이 아니기 때문에 육신이 상하면 마음까지 힘들어집니다. 육신을 건강하게 돌보고 아름답게 가꾸되 다만 거기에 집착하지 말라는 것입니다. 현상과 본체 그 어디에도 걸리지 않는 자세가 성숙한 불자라고 하겠습니다.

이것을 교리로 말하면, "차별이 평등에 걸리지 않고, 평등이 차별에 걸리지 않는다." "항포가 원융에 걸리지 않고 원융이 항포에 걸리지 않는다."고 합니다. 낱낱이 구별되고 차별되는 항포의 세계와 남녀노소, 승속, 성인과 범부를 다 초월한 원융의 세계 그 어디에도 걸리지 않고 자유자재해야 합니다. 불교에서 마음을 강조하니 육신을 도외시하는 불자들이 많은데, 그래서는 안 됩니다. 출렁거리는 물결을 버리고 물을 찾을 수 없습니다. 현실을 수용하면서 그 너머의 실상을 추구해야 하는 것입니다. 본질에 있어서는 마음만이 불생불멸한 것이 아니라 우리 육신도 다 불생불멸입니다.

그리하여 금강경의 가르침을 뼛속까지 배어들게 해야 합니다. 무상無常을 제대로 알면 자식이 죽은 아픔도 감당할 수 있습니다. 제아무리 고통과 고난이 닥쳐도 가볍게 이겨낼 수 있는 힘이 생깁니다. 칭찬을 듣거나 비난을 받거나 흔들리지 않고 여유 있게 진정으로 행복한 인생을 열어갈 수 있습니다.

제21분 非說所說分
말도 말할 것도 없다

불교에서는 주객이라는 말 대신에 능과 소라는 말을 잘 씁니다. 여기에서 설은 능설能說, 소설所說은 설할 거리, 설할 대상을 뜻합니다. 다시 말해 능설은 주체적인 입장에서 설하는 것이고, 소설은 객관으로 설해져야 할 법과 대상을 말하는데, 금강경을 강의하는 입장인 저는 능설이 되고, 금강경과 제 강의를 듣는 여러분은 소설이라 할 수 있습니다.

여래는 능히 설하는 분이기도 하고 설할 법이 있는 분인데, 그것은 수보리의 입장이라는 말입니다. 여래의 입장에서는 아무리 설법을 많이 한다 하더라도 아我도 없고, 설명할 대상이 있는 차원에서 설하는 것이 아니기 때문에 비설소설이라 한 것입니다.

우리 불자들은 방대한 팔만대장경을 자랑스러워합니다. 또한 우리는 부처님의 가르침, 경전 말씀에 귀의하면서 살아가고 있습니다. 그런데 부처님께서는 여래가 설하신 법이 있다고 한다면 부처님을 비방하는 것이요, 부처님 말씀의 이치를 이해하지 못하는 사람이라고 했습니다. 아울러 부처님께서는 49년 동안 많은 설법을 하셨음에도 불구하고 "한 글자도 설한 바가 없다."고 하셨습니다. 역사적으로 부처님의 말씀을 듣고 마음이 열린 사람도 있고, 크게 깨달은 사람도 아주 많습니다. 그런데도 고정되게 '이것이다'라고 할 것이 있다고 이해한다면 그것은 부처님의 말씀을 잘못 이해한 것이라는 것입니다.

혹자는 도대체 부처님의 말씀이 무슨 뜻인지 의혹을 가질 것입니다. 원론적으로 생각해 보면 그 뜻을 알아차릴 수 있습니다. 설법이란 깨달은 사람이 깨닫지 못한 사람을 위해서 하신 말씀을 뜻합니다. 설법이 성립되기 위해서는 깨달은 자와 깨닫지 못한 자가 확실하게 있어야 합니다. 그러나 부처님께서는 이미 모든 사람이 부처님과 똑같다고 하였습니다. 금강 반야는 사람들 모두가 본래 갖추고 있는 것입니다. 그런데 누가 누구에게 법을 설할 수 있겠습니까. 그러므로 만약 여래가 설법을 했다고 하면 그것은 곧 여래를 비방하는 일이고, 여래의 말씀을 이해하지 못하는 것이라는 말입니다.

반야의 도리는 학문과 지식으로 될 일이 아닙니다. 배우고 가르쳐서 될 일도 아닙니다. 가르칠 부처도 없고 배울 중생도 없습니다. 그래서 부처님께서는 "수보리야, 중생이란 본래로 중생이 아니다. 그 이름이 중생이며 그냥 중생이라고 할 뿐이다."라고 하셨습니다.

◉

아집과 법집을 깨뜨리면 이 세상 그대로 평화

수보리須菩提야 여물위여래汝勿謂如來가 작시념作是念호대 아당유소설법我當有所說法이라하라 막작시념莫作是念이니 하이고何以故오 약인若人이 언여래言如來가 유소설법有所說法이라하면 즉위방불卽爲謗佛이며 불능해아소설고不能解我所說故니라 수보리須菩提야 설법자說法者는 무법가설無法可說을 시명설법是名說法이니라

"수보리야, 그대는 이러한 말을 하지 말라. '여래는 스스로 〈나는 반드시 설법한 것이 있다〉라고 생각할 것이다'라고 하지 말라. 그런 생각도 하지 말라. 왜냐하면 만약 어떤 사람이 말하기를 '여래는 설법이 있다'라고 한다면, 이것은 곧 부처님을 비방하는 것이 되며, 내가 말한 것을 전혀 이해하지 못하는 것이 되기 때문이다. 수보리야,

설법한다는 것은 설할 수 있는 법이 없고, 그 이름이 설법일 뿐이니라."

지금까지 미진, 세계, 깨달음, 중생, 부처님의 32상 80종호 등 우리 눈에 들어오는 아주 작은 것에서부터 아주 큰 것에 이르기까지 모든 것을 즉비의 원리, 즉비의 이치로 깨뜨려버렸습니다. 파이집破二執, 아집我執과 법집法執을 깨고 다시 새로운 삶을 펼치자는 의미입니다. 여기에서는 부처님의 설법을 예를 들어 설명하고 있습니다. 설법은 없는 것이고 이름이 설법이라고 했습니다. 금강경에서 여러 차례 나오는 표현입니다만, 설법을 이렇게 이해해야 합니다. 그런데 세상에 어느 성현이 자신의 주옥같은 설법을 이렇게 깨뜨리고 모든 사람이 거기에 집착하지 않기를 바라겠습니까? 자기 말을 진리라고 주장하면서 무조건 따르라고 하지 부처님처럼 말씀하신 성현은 세상에 없습니다. 하지만 진리조차 집착하지 말라는 부처님 말씀을 제대로 이해하면 이 세상 그대로 평화입니다.

1분간 부처 흉내 내면 1분간 부처

이시爾時에 혜명수보리慧命須菩提가 백불언白佛言하사대 세존世尊이시여 파유중생頗有衆生이 어미래세於未來世에 문설시법聞說是法하고 생신심부生信心不잇가

불언佛言하사대 수보리須菩提야 피비중생彼非衆生이며 비불중생非不衆生이니 하이고何以故오 수보리須菩提야 중생중생자衆生衆生者는 여래

如來가 설비중생說非衆生일새 시명중생是名衆生이니라

그때 지혜를 생명으로 삼는 수보리가 부처님께 사뢰었습니다.
"세존이시여, 매우 많은 중생들이 이 다음 세상에 이러한 도리를 설명하는 것을 들으면 믿는 마음이 나겠습니까?"
부처님께서 말씀하셨습니다.
"수보리야, 그들은 중생이 아니며 중생이 아님도 아니다. 왜냐하면 수보리야 중생, 중생 하는 것도 여래는 말하기를 '중생이 아니라 그 이름이 중생일 뿐이다'라고 하기 때문이니라."

그동안 수보리를 장로라고 표현하다가 여기에서는 혜명 수보리라고 하였습니다. 혜명慧命(ayusmant)은 지혜를 생명으로 한다는 뜻입니다. 특별히 혜명 수보리라고 한 까닭이 있습니다. 수보리는 공空의 도리를 잘 이해하는 해공제일일 뿐만 아니라 미래세에 남다른 식견이 있는 지혜제일이기 때문입니다.

혜명 수보리가 부처님께서 말씀하신 것처럼 설법이 곧 설법이 아니고 그 이름이 설법일 뿐이라는 이야기를 듣고 누가 신심을 내겠느냐고 여쭙는 대목입니다. 사실 잘못 적용하면 큰일 날 말이기 때문에 수보리가 그렇게 여쭌 것입니다. 설법을 부처님께 적용해서 "부처님도 부처님이 아니라 이름이 부처님이지."라고 하면서 부처님께 불경할 수도 있기 때문입니다. 그런데 수보리의 질문에 대해 부처님께서 답하신 것은 "그래 맞아, 부처님은 부처님이 아니므로 진짜 부처님이야, 설법은 설법이 아니므로 진짜 설법이야."라고 이해해야 됩니다.

부처님께서는 수보리의 질문을 받고, 그들은 중생이 아니라고 합니다. 편의상 이름을 붙여서 중생이라 할 뿐이지 중생도 아니고 중생 아님도 아니라고 하셨습니다. 미국의 오바마 대통령은 흑인입니다. 백 년 전만 하더라도 아프리카에서 미국 땅에 끌려온 노예로서 짐승 취급을 받던 흑인이 미국의 최고 지도자가 될 줄 누가 알았습니까? 세상에 고정된 것은 하나도 없습니다. 그들은 중생이 아니라고 하는 말에는 그들도 부처라는 뜻이 있습니다. 뛰어난 여성을 보고 '그 사람 여자 아니야, 여장부야'라는 표현을 씁니다. 그런데 그 여성이 여자가 아닌 것도 아닙니다. 그렇듯이 중생이 아니면서 중생 아닌 것도 아닌 것입니다. 어떻게 보면 말장난같이 들릴 수도 있겠지만 존재의 실상을 제대로 파악한 말입니다. 말은 조금 다르지만, 설비중생을 즉 비중생이라 해도 좋습니다.

이 대목에 과거에 깨달으신 조사스님들이 주석을 달기를, "모두 다 조금도 부족함이 없는 부처인 것을, 그래서 중생이 곧 중생이 아니라 이 이름이 중생이라고 한다."고 표현했습니다. 금강경을 폭넓게 공부하기로 하면 예부터 뛰어난 주석서를 보는 게 좋습니다.

앞에서는 설법의 문제를 이야기했고 여기에서는 중생의 문제를 이야기합니다. 우리가 흔히 말하는 중생을 즉비의 논리에 등장시켜 보았는데, 이것을 우리 일상생활에 적용시키는 일이 필요합니다. 나는 어떤 사람이라고 고정시켜버리면 그 테두리 안, 틀에 갇히게 됩니다. 특히 자녀나 자기 자신에 대해서 "나는 이런 사람이야, 나는 이런 집안에 태어나 이렇게밖에 못 배웠어, 나는 팔자가 이래." 하면서 스스로 규정하는 것이 큰 문제입니다.

요즘은 어릴 때 한 번 지으면 평생 그 이름을 가지고 가지만, 옛날에는 어릴 때 부르던 이름과 호적 이름이 다른 사람이 많았습니다. 요즘도 예명, 필명, 당호 등 이름을 많이 가진 사람이 있습니다. 추사 김정희 선생은 이름이 500여 개나 된다고 합니다. 그와 같이 중생이라는 것도 이름에 불과한 것입니다. 중생은 그대로 부처입니다. 그런데 부처이기만 한 것도 아닙니다. 욕심을 부리면 아귀도 되었다가 분노를 못 이기면 순식간에 아수라가 됩니다. 또 마음을 잘 쓰면 부처 노릇, 보살 노릇도 곧잘 합니다. 그렇기 때문에 편의상 잠깐 부르는 이름에 목매달고 집착하고 고정화시켜서는 안 된다는 겁니다.

불자들과 대화할 때, "그것은 스님들이나 할 일이지 우리 속인이 어떻게 하겠습니까?"라는 말을 들은 적이 많습니다. "우리 속인이, 중생이."라고 하면서 스스로를 비하시켜 놓고는 "중생이니 이럴 수밖에 없다."고 하는 중생상을 얼른 떨쳐버리야 부처에 가까워십니다. 그래서 제가 인불사상人佛思想(사람이 부처님)과 일행일불사상一行一佛思想(한 가지 부처의 행을 할 때 그동안만큼은 부처)을 주장하는 것입니다. 1분 동안 맹인 흉내를 내면 그 1분 동안은 맹인입니다. 마찬가지로 1분 동안 부처의 흉내를 내면 1분 동안 부처입니다. 부처행, 보살행을 자주 반복해서 하다 보면 자기 자신 안에 본래 갖춘 불성이 드러납니다.

"수보리야, 그들은 중생이 아니며 중생이 아님도 아니다. 왜냐하면 수보리야 중생, 중생 하는 것도 여래는 말하기를 '중생이 아니라 그 이름이 중생일 뿐이다'라고 하기 때문이니라."

인류 역사상 위와 같은 부처님 말씀처럼 인간에게 희망과 용기, 자신감을 한껏 불어넣어 주는 말씀도 없습니다. 참으로 중생은 중생이 아니라 이 이름이 중생이라고 하는 법문을 통해 우리가 갖고 있는 중생의 틀을 과감히 깰 수 있어야 합니다. 자기 자신, 배우자, 자녀, 이웃에 대한 틀, 고정관념을 깨면 다르게 보입니다. 모든 사람이 부처님으로 보입니다. 나의 시각, 나의 마음에 달린 것이지 대상은 아무 잘못이 없습니다. 이 위대한 가르침을 통해서 시각을 바로 잡아야 합니다. 고정관념을 깨고, 색안경을 벗고, 그대로 투명하게 모든 대상과 존재를 부처로 바라보는 안목을 가지시길 바랍니다.

제22분

無法可得分

법은 얻을 수 없다

법을 얻는다, 깨닫는다는 생각을 많이 합니다. 법은 쉽게 표현하면 세상의 깨달음입니다. 법 중에 제일 큰 법이 부처님께서 깨달은 아뇩다라삼먁삼보리, 최상의 깨달음입니다. 깨달음은 불교의 존재 이유요, 모든 불교인의 궁극적 목표는 거기에 달려 있다 해도 과언이 아닙니다. 그런데 중생이나 부처님의 형상만이 아니라 부처님께서 이루신 최상의 깨달음에도 금강경의 틀이라 할 수 있는 즉비의 논리를 적용하고 있습니다. 일체 법이 본래로 텅 비어 맑고 깨끗하기 때문에 깨달음을 달리 얻을 수도 없으며 얻었다고 할 수도 없다고 합니다. 또한 그 어떤 작은 법도 얻은 것이 없노라고 말씀하시면서 이름이 '아뇩다라삼먁삼보리'일 뿐이라고 말씀하십니다.

고인의 말씀에, "도를 남에게 말할 수 있다면 그 형제에게 말하지 않는 이 없을 것이며, 도를 남에게 줄 수 있다면 그 자손에게 주지 아니할 사람이 없을 것이다."라고 하였습니다. 또 어떤 이가 말하기를, "법을 얻을 수 있다면 그것은 법에 속박된 것이고, 법을 얻을 수 없어야 바야흐로 이름이 해탈이 된다."고 하였습니다. 한 사람 한 사람이 다 아뇩다라삼먁삼보리입니다. 어찌 보리로써 보리를 얻겠습니까. 너무도 당연한 이치인 것입니다.

⦿

인연에 따라서 조작 없이 살라

수보리須菩提가 백불언白佛言하사대 세존世尊이시여 불佛이 득아뇩다라삼먁삼보리得阿耨多羅三藐三菩提는 위무소득야爲無所得耶니이다 불언佛言하사대 여시여시如是如是하니라 수보리須菩提야 아어아뇩다라삼먁

삼보리我於阿耨多羅三藐三菩提에 내지무유소법가득乃至無有少法可得일
새 시명아뇩다라삼먁삼보리是名阿耨多羅三藐三菩提니라

수보리가 부처님께 사뢰었습니다.

"세존이시여, 부처님께서 최상의 깨달음을 얻으신 것이, 얻은 바가 없다고 할 수 있습니까?"

부처님께서 말씀하셨습니다.

"사실 그러하니라, 수보리야. 나의 최상의 깨달음에 대해서는 아주 작은 어떤 것도 얻은 바가 없다. 다만 그 이름이 최상의 깨달음일 뿐이니라."

지금까지 아주 다양한 내용을 거론하여 말씀하신 내용을 또 한 번 강조하고 계십니다. 우리 눈에 비치는 현상계는 말할 것도 없고 인류가 얻을 수 있는 최상의 정신세계, 부처님의 깨달음마저도 얻은 것이 없다는 입장입니다. 최상의 깨달음을 얻은 바가 없으니 그 외 열반, 자비, 지혜 등 그 어떤 작은 법도 얻은 바가 없다는 말씀입니다.

이러한 내용을 차원 낮게 이해하면 허망할 수도 있습니다. 보통 사람들은 뭔가 얻으려 하고, 얻을 것이 있다고 생각하여 시간과 돈, 에너지를 투자합니다. 그런데 금강경에서는 아무것도 얻을 것이 없다고 하였습니다. 반야심경에서도 이무소득以無所得이라고 했지요. 이와 같은 내용을 제대로 이해하기 위해서는 정신적 수준이 상당히 높아야 합니다. 그래야 법희선열을 느낄 수 있습니다. 작은 것을 얻는 데에서 재미를 느끼는 사람들은 오해하기 십상입니다. 여기에서는 깨달음과

그 외 여타 조그만 법까지도 가히 얻을 것이 없으므로 이름이 아뇩다라삼먁삼보리라고 했습니다.

열반하신 경봉 큰스님께서 금강경을 좋아하셔서 이 법문을 자주 하셨습니다. 경봉 큰스님의 금강경 법문을 들은 신도가 어느 날 큰스님이 주석하시던 염화실 문 앞에 와서 "큰스님 계십니까?" 하는 말 대신에 "아뇩다라삼먁삼보리가 아뇩다라삼먁삼보리가 아니라 이 이름이 아뇩다라삼먁삼보리입니다." 하면서 경봉 큰스님의 법문을 흉내 낸 적이 있다고 합니다. 그러자 큰스님이 환희심이 나셔서 그 내용을 그대로 법상에서 말씀하시는 것을 들은 적이 있습니다. 마치 부처님께서 녹야원에서 처음으로 설법하실 때 "카운디냐가 깨달았다."고 하면서 기뻐하시던 것처럼 경봉 큰스님께서 좋아하시던 모습이 지금도 눈에 선합니다. 당신의 가르침을 신도가 제대로 이해했다는 데 대한 기쁨을 그대로 내비치셨던 것입니다.

어쨌든 최상의 깨달음에 대해 이야기했으니 이제 다한 셈입니다. 금강경에서 이십여 회에 걸쳐서 즉비의 논리로 모든 문제를 거론했습니다. 중생, 부처님, 부처님의 32상 80종호, 설법, 심지어 부처님께서 태자의 지위를 던져버리고 6년이라는 피나는 고행을 하여 얻은 아뇩다라삼먁삼보리(최상의 깨달음)마저도 아뇩다라삼먁삼보리라 할 것이 없고 그 이름이 아뇩다라삼먁삼보리라고 하셨습니다.

깨달음에 대한 집착마저도 과감하게 깨뜨려버리고 시원하게 벗어버리라는 가르침을 보면서 그동안 쌓은 업적, 공로 등 평소에 자기가 잘한 일에 대해서 생색내고 자신을 치켜세운다는 것이 얼마나 하찮은 소인의 행동인가 하는 반성을 하게 됩니다. 또한 부처님께 그저 뭔가 얻으려고 빌고 또 비는데 그것이 얻어지는 게 아니라는 것을 깨달아야 합니다. 설혹 뭔가 얻었다손 치더라도 한순간에 다 날아가 버리는 것입니다. 그럼 어떻게 살아야 하는가?

화엄경에 "수연무작隨緣無作, 인연에 따라서 조작 없이 살라."는 말씀이 나옵니다. 자기 인연에 따르고, 자기 능력에 따라 살아가는 것입니다. 안 되는 것을 자꾸 억지로 조작하면 결국 오래 못 갑니다. 돈이든 사람이든 벼슬이든 들어올 수 있도록 여건을 만들어 놓으면 아무리 막아도 들어오게 되어 있습니다. 자기 몫인데 어디에 가겠습니까? 재앙도 마찬가지입니다. 그래서 수연소구업隨緣消舊業, 인연을 따라서 옛 업을 녹여야 합니다.

이렇듯 이치를 알면 인연에 따라서 물 흐르듯이 잘 살 수 있습니다. 많이 얻고 싶으면 많이 노력하고, 많이 노력하면 많이 노력한 만큼 얻어지는 겁니다. 그런데 무리하게 자기 능력도 아니고, 지기 덕도 아닌 것을 억지로 얻으려고 하면 피곤하고 괴롭습니다. 얻을 때도 애를 많이 쓰고, 지키려고 하다 보니 얼마나 힘이 듭니까?

깨달음은 인류가 이룩한 최고의 걸작이고, 최고의 보물입니다. 그럼에도 불구하고 얻을 바 없는 법이라는 것을 깨달아야 합니다. 세상에 집착할 것이 아무것도 없다는 말입니다. 그저 수연무작, 수연소구업하면서 살면 됩니다. 옛 선사스님들이 배고프면 먹고 피곤하면 자고 목마르면 물 마신다는 표현이 바로 이 말씀입니다. 이 평범한 말씀 속에는 억지로 하지 말라, 인연을 따르라는 뜻이 내포되어 있습니다. 이는 달리 말하면, 큰 것이 욕심나면 큰 것을 얻기 위해 더 큰 노력을 기울이고, 선행을 하고 덕을 쌓으면 갖기 싫어도 갖게 된다는 말씀입니다.

법을 얻을 것이 없다 해서 아무것도 하지 말라는 것이 아닙니다. "법도 얻을 게 없거늘, 법 아닌 것은 오죽하겠는가? 작은 것에 집착하지 말라."고 이해하고, 부처님의 위대한 정신에 다가가면서 더욱 열심히 살아가야 합니다. 그동안 나라고 의지했던 허망한 나를 떠나보내고, 작은 나에 대한 집착에서 벗어나야 더 큰 나, 참 나, 우주적인 나가 드러나는 것입니다. 이렇듯 금강경을 통해 인생을 살아가는 지혜를 배워서 당당하고 힘차게 살아야 할 것입니다.

제23분 淨心行善分
텅 빈 마음으로 선행을 하다

정심은 얼른 생각하기에 탐·진·치 삼독을 떠난 마음, 또는 착한 마음이라 생각할 수 있습니다. 하지만 정심은 텅 빈 마음입니다. 무상無相 무주無住의 마음입니다. 아상我相·인상人相·중생상衆生相·수자상壽者相이 없는 마음입니다. 모든 법이 평등해서 높고 낮음이 없는 마음입니다. 공空의 마음이요, 반야의 마음입니다. 이러한 청정의 마음으로 모든 선을 닦으면 반드시 깨달음을 성취할 것입니다.

좋은 일을 해도 좋은 일을 했다는 마음이나 자취가 남아 있지 않을 때 선을 제대로 행한 것입니다. 사람들은 선행을 하면 늘 흔적을 남깁니다. 스스로 자랑하는 것은 물론이고 급기야 생색까지 냅니다. 선행을 하고 자취를 남기지 않기가 쉽지 않은 일이지만 가능하면 참아야 합니다. 마음속으로 일어나는 것까지야 어쩔 수 있겠습니까? 밖으로 드러내지 않아야 합니다. 그랬을 때 우리가 지은 공덕, 조그만 선행이라도 상당히 큰 빛을 발하게 됩니다. 두고두고 내 마음의 창고에 쌓입니다. 그것이 정심행선淨心行善입니다.

모든 종교는 선을 행하는 것으로 본분을 삼습니다. 헐벗고 굶주린 사람들을 구하는 것도 선행이고, 세상에 적응하지 못해 괴로워하고 불안해 하는 사람들에게 위로의 말을 해 주는 것도 선행입니다. 사람들은 무심결에 모든 종교는 다 똑같다고 말하는데, 결코 그렇지 않습니다. 차원이 다릅니다. 여러 가지 종교 중에서도 불교가 가장 으뜸이고, 지상에서 가장 훌륭한 선을 행한다고 자신 있게 말씀드릴 수 있습니다. 왜냐하면 인간에 대한 대 긍정, 생명의 실상을 일깨워 자기 스스로가 부처라는 안목을 열어주고, 진리대로 살아갈 수 있도록 이끌어 주기 때문입니다.

이 법은 평등해서 높고 낮음이 없다

부차수보리復次須菩提야 시법是法이 평등平等하야 무유고하無有高下일새 시명아뇩다라삼먁삼보리是名阿耨多羅三藐三菩提니 이무아무인무중생무수자以無我無人無衆生無壽者로 수일체선법修一切善法하면 즉득아뇩다라삼먁삼보리卽得阿耨多羅三藐三菩提하리라

"또 수보리야, 이 도리는 평등해서 높고 낮음이 없다. 이것이 이름이 최상의 깨달음이다. 나도 없고, 남도 없고, 중생도 없고, 수명도 없는 경지에서 여러 가지 선법善法을 닦으면 곧 최상의 깨달음을 얻으리라.

수보리를 여러 번 부르니까 미안하신지 부처님께서 "또 수보리야."라고 하셨습니다. 미안하지만 또 부를 수밖에 없다는 부처님의 심정이 느껴집니다. "시법是法이 평등平等하야 무유고하無有高下일새, 이 법은 평등해서 높고 낮음이 없다."는 이 구절 하나만 건져도 금강경을 공부한 보람이 있습니다. 이 법은 모든 존재가 갖고 있는 진리와 이치가 평등하다는 뜻입니다. 연필과 만년필도 평등하고, 남자와 여자도 평등하고 중생과 부처도 평등합니다. 모든 만물이 존재하고 있는 그 모습 그대로 완전무결하다는 뜻입니다. 우리는 겉모습을 보고 잘 사는 사람, 못 사는 사람, 나이 든 사람, 젊은 사람 등을 차별합니다. 그런데 나이 들면 나이 든 대로, 젊으면 젊은 대로, 능력이 있는 사람이든 없는 사람이든 전부 평등하다는 뜻입니다.

제 개인적인 이야기를 말씀드리면, 어릴 때 출가하여 강원 생활도 함께하고 중노릇을 한 스님들이 많습니다. 그런데 지금은 수행자

라는 이름은 같지만 전혀 다른 형태의 삶을 살고 있습니다. 어떤 스님은 포교를 많이 하고, 또 어떤 스님은 한평생 선방에서 참선 수행하고, 어떤 스님은 일평생 강원에서 후학에게 경전을 가르치며 살아가고 있습니다. 저는 불법이 좋아서 열심히 정진하고 경전 공부를 하면서 가르치고 책을 만들고 펴는 일을 많이 했습니다. 제 도반스님은 경전 공부에 매진하지는 않았지만, 열심히 불사하고 포교하면서 열정적으로 살아왔습니다. 따지고 보면 똑같습니다. 사실은 평등한 겁니다. 시법은 평등하여 무유고하다, 이 도리를 알면 그것이 깨달음입니다.

한편 일체 선법을 무아無我·무인無人·무중생無衆生·무수자無壽者의 자세로 닦고 행해야 한다고 하셨습니다. 다시 말해서 자아의식도 없고, 남이라고 하는 차별의식도 없고, 중생이라고 하는 열등의식도 없고, 수자라고 하는 한계의식도 사라진 마음자세로 선법을 닦으라는 것입니다. 차원 높은 마음으로 선한 일을 하면 곧 아뇩다라삼먁삼보리를 얻을 것이라고 하였습니다. 사상四相이 사라졌다는 것은 나와 상대가 전혀 없다는 뜻입니다.

세상에서 가장 가깝다는 부모와 자식 사이에도 갈등합니다. 부모와 자식 간에 무슨 조건이 있겠습니까? 그런데 자기 부모이고 자기 자녀인데도 마음을 비우지 못하고 상을 많이 냅니다. 상을 내게 되면 조건이 붙습니다. 무아·무인·무중생·무수자가 안 되기 때문에 조건이 붙게 되고 갈등하게 되는 것입니다. 또 사실 부모가 자식에게, 자식이 부모에게 잘하는 것은 당연한 일이지 선법이라고 할 수도 없습니다. 하지만, 부모 자식조차도 제대로 선법을 행할 수 없는 게 현실입니다.

그렇기 때문에 금강경에서 시종일관 네 가지 상相을 떨쳐버려야 한다고 강조하는 것입니다. 상이 있는 한, 상을 내세우는 한 진정한 행복과 평화가 오지 않기 때문입니다. 물론 잠깐잠깐 평화롭고 행복할 수도 있습니다. 하지만 누가 옆에서 말 한마디만 잘못하면 그 순간에 불행해집니다. 부처님의 말씀, 금강경을 공부해서 그 참뜻이 몸에 밸 때 진정한 평화, 진정한 행복을 누릴 수 있습니다.

◉

집착하는 습관을 버려야 한다

수보리須菩提야 소언선법자所言善法者는 여래如來가 설즉비선법說卽非善法일새 시명선법是名善法이니라

수보리야, 이른바 선법이라는 것은 여래가 말하기를 '곧 선법이 아니고 그 이름이 선법이다'라고 하니라."

사자와 삽살개의 비유를 알고 계실 것입니다. 돌을 던졌을 때 사자는 돌을 던진 사람을 무는데, 삽살개는 날아가는 돌을 쫓아가서 물려고 합니다. 삽살개의 어리석음을 비유한 예이지만, 우리들도 삽살개처럼 습관적으로 날아가는 돌을 쫓는 경우가 아주 많습니다. 사람들에게 집착하는 습관은 고질병이라 해도 과언이 아닙니다. 선법이라고 하면 또 선법에 집착하고 선한 일에 걸립니다. 선에 대한 잣대가 생기고, 틀이 형성되어 버립니다. 선에 대한 집착, 그 흔적을 없애줘야 됩니다.

그래서 즉비선법이 나오는 것입니다. 금강경은 단 두 글자, 즉비

만 이해해도 80% 이해했다고 할 수 있습니다. 남자도 여자도, 불교도 기독교도 즉비입니다. 일체가 즉비 아닌 것이 없다고 이해하면 금강경의 핵심을 이해하였다고 할 수 있습니다. 이름이 선법일 뿐이니 선법이라 해도 선법에 넘어가지 말라고 하였습니다. 그렇다고 해서 '허망하다, 아무것도 아니구나, 선법에도 관심 쓸 게 없구나' 해도 안 됩니다. 이 또한 치우친 소견으로 중도가 아닙니다. 선법이 곧 선법이 아니고 그 이름이 선법이라고 이해하면서 어디에도 걸리지 않고 선법을 행하고, 선법을 행해도 마음에 남아 있는 게 없으면 됩니다. 좋은 일을 수미산처럼 했지만 자랑할 것이 하나도 없습니다. 그럴 때 그야말로 여여하고 평화롭게 살아갈 수 있습니다.

부처님의 선행을 태양에 비한다면 우리들의 선행은 반딧불 같은 것이기 때문에 내세울 게 전혀 없습니다. 이와 같은 것을 깨닫고 상을 내지 않는다면 편안해집니다. 자유롭습니다. 자유라고 하면, 사람들은 외적인 조건으로부터 자유로워지는 것으로 생각하기 쉬운데, 남이 나를 구속하는 것이 아니라 자기가 자기를 구속하는 것입니다. 즉 자기가 애착하고 있는 것, 가족, 친지, 자기가 쌓아 놓은 재산과 명예, 공로 등에 얽매여 부자유스러운 것입니다. 이런 것들에서 벗어나 가벼워질 수 있어야 그만큼 자유로워집니다. 진정한 자유는 자기에게서 오는 것입니다.

제24분 福智無比分
복과 지혜는 비교할 수 없다

금강경에서 무비를 만나게 되었군요. 복과 지혜는 비교가 안 된다, 천하를 덮는 복도 반야의 지혜와는 비교할 수 없다는 뜻입니다. 무엇이 복이고 무엇이 지혜인가? 지혜는 없어도 복은 있을 수 있지요. 그런데 불교는 복 이전에 지혜를 중시합니다. 지혜는 뒷전이고 복을 우선으로 생각하는 이들이 있는데, 이분들은 초보 불자, 아마추어 불자라고 할 수 있습니다. 지혜가 있으면 복이 있고 없고는 문제가 안 됩니다. 지혜가 있으면 복을 짓는 방법을 알게 되고, 자연스럽게 복도 물 흐르듯이 따라오기 때문입니다. 이게 순리입니다. 진짜 자기 것이 됩니다. 그런데 자꾸 복만 앞세워서 생각하면 우선 당장은 좋아보여도 결국 자기 것이 못 되고 다른 데로 흘러가버릴 수가 있습니다.

또한 불교는 지혜와 자비의 종교라고 말하는데, 자비 역시 지혜가 바탕에 깔려야 진짜 자비라고 할 수 있습니다. 지혜 없는 자비는 대부분 정에 떨어지고 맙니다. 그렇게 되면 상대방을 진정으로 위하는 자비가 못 됩니다. 오히려 자비심에 기대는 의존적인 사람이 될 수 있습니다. 이것이야말로 정말 경계해야 할 일입니다. 금강경에서 지혜를 강조하는 것도 제대로 된 자비, 복덕을 이루어 주고자 함입니다.

삼천대천세계에 가득한 칠보로 남을 위해 보시한 복도 헤아릴 수 없이 많지만, 금강경의 이치를 통달하여 반야의 지혜를 성취한 그것과는 비교할 수 없습니다. 백분의 일, 천분의 일, 만분의 일도 미칠 수 없습니다. 그것은 유위와 무위의 차이이며 유루와 무루의 차이이며 유한과 무한의 차이이며 상대와 절대의 차이인 것입니다. 자신의 무한 절대의 반야를 알지 못한다면 천하를 덮을 복이 있다

해도 제도를 받을 수도 없고, 생사의 속박에서 벗어날 수도 없습니다. 그래서 유루의 복과 무루의 지혜를 비교할 수 없음은 너무도 당연한 일입니다.

● 지혜의 뿌리를 잘 심으면 복의 과실이 열린다

수보리須菩提야 약삼천대천세계중소유제수미산왕若三千大千世界中所有諸須彌山王의 여시등칠보취如是等七寶聚를 유인有人이 지용보시持用布施하고 약인若人이 이차반야바라밀경以此般若波羅蜜經으로 내지사구게등乃至四句偈等을 수지독송受持讀誦하야 위타인설爲他人說하면 어전복덕於前福德으로 백분百分에 불급일不及一이며 백천만억분百千萬億分과 내지산수비유乃至算數譬喻로 소불능급所不能及이니라

"수보리야, 예컨대 삼천대천세계에 있는 산山 중에서 제일 큰 산인 수미산만한 금은보화의 무더기를 가지고 만약 어떤 사람이 널리 보시하였다 하자. 그리고 또 다른 어떤 사람은 이 반야바라밀경에서 네 글귀의 게송만이라도 받아 가지고, 읽고 외우고, 남을 위해 해설하여 준다면, 앞의 금은보화로써 보시한 복덕으로는 백분의 일에도 미치지 못하며, 백천만 억분의 일에도 미치지 못하며, 어떤 산수와 비유로도 미치지 못하느니라."

수미산은 매우 크다는 뜻입니다. 수미산이 산 가운데 제일이기 때문에 왕王 자를 붙였습니다. 앞에서도 금강경의 이치, 진리의 가치에 대해 여러 차례 이야기했습니다. 특히 지경공덕분에서 이 경을 수

지한 공덕에 대해 자세히 언급하였지요.

열반경에 의하면, 석가모니 부처님의 전신前身인 설산동자雪山童子는 진리의 가르침 한마디를 얻기 위해서 기꺼이 몸을 던져서 보시를 한 일화가 있습니다. 이처럼 진리, 법은 생명보다 소중하다는 확신을 갖는 것이 중요합니다.

가사정대경진겁假使頂戴經塵劫
신위상좌변삼천身爲床坐遍三千
약불전법도중생若不傳法道衆生
필경무능보은자畢竟無能報恩者
가령 부처님을 머리에 이고 수억만 년의 세월을 지난다 하더라도,
이 육신을 부처님이 깔고, 눕는 평상이 되어
오랜 세월 부처님을 모신다 하더라도
만약 진리의 가르침을 전하지 않는다면
결코 부처님의 은혜에 보답했다 할 수 없다.

위의 게송을 가슴에 새기고 살면 진리에 보다 가까이 살 수 있을 것입니다. 불자들이 주로 신행하는 경전 중에 특히 인기 있는 것이 「보현행원품」, 「관세음보살보문품」, 원각경보안보살장입니다. 보현행원품에 광수공양廣修供養, 널리 공양을 닦으라는 내용이 나옵니다. 태평양 바닷물과 같이 많은 기름을 장만하여 부처님께 공양을 올리는 것도 좋고, 온갖 물질적인 공양을 올리는 것도 좋지만 공양 가운데 최고가 법공양이라고 하셨습니다. 법공양이 부처님께서 원하시는 것입

니다. 부처님께서 원하시는 것을 올려야 복을 받겠지요. 비싼 음식 사 준다고 손님이 좋아하는 것은 아닙니다. 그 사람이 제일 좋아하고, 즐기는 것을 주어야 흡족해 하듯 부처님께서 원하시는 공양을 올려야 합니다.

그런데 우리는 우리가 좋아하는 것만 올립니다. 본인이 돈을 좋아하니 돈 갖다 올리고, 밥 좋아하니 밥 갖다 올립니다. 요즘 조계사 법당에 가면 불단에 생수와 음료수 등이 쌓여 있습니다. 예전에는 흔치 않던 공양물입니다. 사람들이 자기가 좋아하는 것을 올리기 때문입니다. 손님을 대접한다는 사람이 자기가 좋아하는 음식만 시켜놓고, 손님은 먹는지 안 먹는지 배려하지도 않고 자기 혼자만 맛있게 먹는다면 되겠습니까? 부처님께 공양 올리는 것도 그렇습니다. 부처님께서 좋아하는 법공양을 올려야 합니다. 현대의 선지식으로 유명하신 성철 스님도 수많은 경전과 어록을 공부하셨습니다. 성철 스님이 주석하셨던 백련암에 개인 장경각이 있는데, 수만 권에 가까운 책이 소장되어 있습니다.

스님은 일반 대중스님들에게는 참선을 강조하셨지만, 대부분 고학력자였던 상좌들에게는 경전 공부도 독려하셨고, 신도들에게는 절과 아비라 기도, 능엄주를 가르쳤습니다. 근기에 따라서 적절하게 지도하셨다는 것을 여실히 알 수 있습니다. 가끔 이왕이면 근기를 분별하지 말고 신도들에게도 경전을 가르쳐서 심성을 계발하게 하고 깨우치도록 이끌어서 수준을 끌어 올렸으면 한국불교가 상당히 달라졌을 거라는 생각이 듭니다.

다시 본론으로 돌아와서, 값나가는 칠보무더기로 보시한 것은 물질로 보시한 것이기 때문에 물질의 복을 불러올 수 있는 일이 됩니다. 분명히 그런 인연이 되고 씨앗이 되는 겁니다. 금강경에서 물질적인 보시보다 지혜가 더 중요하다고 했다 하여 사찰의 갖가지 불사佛事나 보시를 등한시 여기는 불자들도 있습니다. 그래서는 안 됩니다. 절도 지어야 하고, 부처님도 조성해야 하고, 범종도 있어야 합니다. 절이 있어야 수행하고 공부할 수 있고, 절에 모셔놓은 부처님을 뵙고 신심을 불러 일으킬 수도 있기 때문입니다. 단지 복을 짓겠다는 상에 치우쳐 있기 때문에 지혜를 강조한 것입니다.

또한 불자는 물질을 지혜로 전환할 수 있어야 합니다. 우리는 물질 보시를 먼저 생각하는데, 불교 공부를 잘해서 물질을 지혜로 바꾸어서 법을 전해주는 게 훨씬 더 큰 공덕이 됩니다. 자기의 재산이 얼마든 간에 그것을 지혜로 전환할 수 있는, 다시 말해 법을 전해줄 수 있는 방법을 강구해야 합니다. 물질을 물질로만 써버리면, 예를 들어서 만 원을 보시했으면 만 원어치의 공덕이 돌아올 수밖에 없습니다. 그것도 잘 보시했을 경우입니다. 보시해 놓고 자랑하고 유세를 떨면 오히려 마이너스가 됩니다. 보시를 잘했다고 하더라도 물질을 물질로만 하면 단순한 보시가 됩니다.

부처님의 가르침에 의하면 법보시, 법공양, 법으로의 전환이 중요합니다. 노력이든 재산이든 법으로 전환할 수 있으면 만 원으로 백만 원, 천만 원, 수억의 효과를 낼 수 있는 길이 열립니다. 부처님의 일생을 생각해 보십시오. 부처님께서는 당신의 80 인생을 어디에 썼습니까? 법공양, 법보시 하는 데 썼습니다. 석가모니 부처님께서는 진리의 길을 가셨기 때문에 수많은 중생에게 그렇게 큰 은혜를 베풀고 큰 이익을 물려주셨습니다. 같은 돈이라도 돈의 가치가 전혀 다르게 나타날 수 있는 것입니다.

똑같은 일생을 살면서도 그저 사업하고 재산만 늘리는 데 힘쓰면 결국 그 과보밖에 없습니다. 단순한 물질로 보시하는 길과 그 물질이 법으로 전해져서 의미 있게 보시하는 것은 차이가 있습니다. 저는 예전엔 간혹 금전적인 보시를 받으면 극구 사양했습니다. 인과가 분명하기 때문입니다. 그런데 근래에는 법공양하는 데 잘 쓰겠다고 말하고 잘 받습니다. 좀 수고스럽긴 해도 그분이 쓰는 것보다 제가 더 잘 써줄 수 있기 때문입니다. 그분의 심부름을 한다는 마음으로, 법공양에 잘 쓰겠다는 마음가짐으로 받습니다. 꼭 어떤 채널을 통하지 않더라도 스스로 만 원이 천만 원도 되고 수억도 될 수 있는 법보시의 길을 찾으면 됩니다.

한편 동타지옥에 간다는 말이 있습니다. 제대로 쓰지 못할 사람에게 보시하면 그와 같은 지옥으로 떨어진다는 겁니다. 줄을 잘 시아 떡 하나라도 떨어진다고 하죠? 보시하고 복 짓는 것도 줄을 잘 서야 합니다. 물론 객관적으로 판단하기는 아주 어렵습니다. 그렇지만 우리가 선행을 하고 복을 짓는 것도 제대로 줄을 잘 서서 했을 때 차원이 다른 결과가 나타나는 겁니다.

이와 같이 복과 지혜는 비교할 수 없다는 이야기는 금강경에 여러 차례 나오고, 다른 경전에서도 자주 나오는 내용입니다. 그럼에도 불구하고 우리의 관심사는 복에 가 있기 때문에 자꾸 복 쪽으로 치우칩니다. 하지만 지혜가 근본입니다. 지혜의 뿌리가 잘 살도록 다독여 놓으면 줄기도 잘 뻗고 꽃 피고 열매 맺는 복의 과실이 저절로 따라오는 겁니다.

이제 지혜에 초점을 맞춰서 살아야 한다는 것을 이 복지무비분에서 역력히 배웠을 것입니다. 계속 금강경 공부를 하면 안목이 높아지고 마음이 저 태평양 바다처럼 넓어져서 진리의 세계를 이해할 때가 있을 것입니다. 참으로 금강경이 일러주고 있는 도리를 깊이 이해하게 된다면, 그동안 생각했던 세속적인 복은 시시하게 보입니다. 어린아이들이 딱지치기, 구슬치기를 하면서 놀 때는 딱지와 구슬을 보물처럼 소중히 생각합니다. 딱지 하나, 구슬 한 개를 더 따기 위해서 온 종일 울고 웃고 한 추억이 있을 것입니다. 몰래 비밀 장소에 꼭꼭 숨겨둔 딱지와 구슬뭉치를 보고 흐뭇해 했는데, 나이가 들어서 그것을 발견하면 부끄러운 마음에 아무도 모르게 쓰레기통에 버릴 것입니다.

이와 마찬가지로 우리는 나름대로 가치 기준을 가지고 세상을 살아가고 있습니다. 부처님의 가르침을 통해서 마음의 눈을 열고 삶의 진정한 가치를 생각하고 그에 대한 이해가 깊어지면, 그동안 애지중지하게 여겼던 것들이 시시하다는 것을 깨닫고 차원 높은 진리의 세계를 알게 되고 진정으로 행복한 삶을 열어가게 됩니다. 이것이 우리가 불교를 공부하고 불교를 믿는 가장 큰 목적이요, 가장 큰 이득입니다.

제25분

化無所化分

교화하되 교화하는 바가 없다

앞에서도 누누이 말씀드렸듯이 금강경의 가르침을 풀어가는 열쇠가 바로 무상無相입니다. 어떤 내용일지라도 전부 무상으로 귀결됩니다. 제25분에서도 그 내용을 또 한 번 강조하고 있습니다. 일찍이 부처님께서는 중생을 교화하였으되 교화한 바가 없다고 하셨습니다. 화무소화분化無所化分, 교화하되 교화하는 바가 없다는 뜻입니다. 한문을 읽을 때 띄어 읽는 것만 보아도 그 사람이 뜻을 알고 읽는지 모르고 읽는지 알 수 있습니다. 많이 읽다 보면 자기도 모르게 뜻이 이해되어 띄어 읽을 곳은 띄어 읽게 되고, 붙여 읽을 곳은 붙여 읽게 됩니다. 여기에서도 화를 읽고 띄어서 무소화라고 읽어야 합니다.

　부처님께서는 시종일관 법을 설한 적도 없고 중생을 교화한 적도 없다고 하십니다. 또한 여래가 중생을 교화했다고 하면 여래를 상에 집착한 사람으로 만드는 것이라고 하셨습니다. 그리고 더 중요한 것은 사람들이 본래 지니고 있는 참 성품에는 중생이니 부처니 하는 차별이 없으므로 실로 교화하는 부처님과 교화 받는 중생이 따로 있을 수 없다는 것입니다. 부처님께서 이토록 자주 무상을 강조하신 것은 그만큼 중요하기 때문입니다. 우리가 일상생활에서 금강경의 가르침을 자꾸 반복해서 되뇌고, 인연 닿는 사람들에게 자꾸 들려주면 아마 어느 순간 무상의 이치를 확연히 깨닫고 상을 내지 않는 삶이 생활화되지 않을까 하는 기대를 해 봅니다.

● 매달리고 비는 습관이 문제다

수보리須菩提야 어의운하於意云何오 여등汝等은 물위여래작시념勿謂

如來作是念_{如來作是念}하대 아당도중생_{我當度衆生}이라하라 수보리_{須菩提}야 막작시념_{莫作是念}이니 하이고_{何以故}오 실무유중생여래도자_{實無有衆生如來度}者니라 약유중생여래도자_{若有衆生如來度者}면 여래_{如來}가 즉유아인중생수자_{卽有我人衆生壽者}니라

"수보리야, 그대는 어떻게 생각하는가? 그대들은 여래가 '나는 반드시 중생들을 제도한다'라고 생각하리라는 말을 하지 말라. 수보리야, 그런 것은 생각도 하지 말라. 왜냐하면 실은 중생이 있어서 여래가 제도하는 것이 아니기 때문이다. 만약 중생이 있어서 여래가 제도한다면, 여래가 곧 나와 남과 중생과 수명이 있는 것이니라.

금강경에 같은 말이 여러 번 반복됩니다. 수보리, 어의운하, 여등, 부처 불자, 중생이 몇 번 나오는지 계산한 책도 있습니다. 어의운하도 여러 번 나옵니다. 너의 뜻에 어떠하냐, 어떻게 생각하느냐는 뜻입니다. 여래는 물론 중생을 제도하지만 한 번도 중생을 제도한다는 생각을 해 본 적이 없다는 뜻입니다. 중생 제도가 가장 큰일임에도 불구하고 이렇게 표현했는데, 우리가 하는 일이 부처님께서 중생을 제도하신 것만큼 큰일이겠습니까? 그래도 그런 일을 했다고 하는 상_相에 떨어진다면 소인, 너무 작은 마음이라 할 수 있습니다.

우리는 부처님께서 많은 중생을 제도하셨다고 알고 있는데, 부처님의 생각은 다릅니다. 실로 중생을 제도한 바가 없다고 하셨습니다. 왜냐하면 부처님께서 중생의 실상을 가만히 꿰뚫어보니 제도할 존재도 아니고 제도할 수도 없는 이미 완벽한 존재라는 것을 아신 것입니다. 설사 부처님께서 좀 거들었다 하더라도 생색낼 정도는 아니

라는 겁니다. 예를 들어, 사람이 원래 갖추고 있는 것이 억이라면 부처님께서 거든 것은 억만 분의 일이 될까 말까 하기 때문입니다. 그래서 부처님께서는 한 번도 중생을 제도했다고 생각한 적이 없다는 것입니다.

부처님의 깨달음을 인류사에 있어서 제일 큰 사건이라고 합니다. 부처님의 깨달음은 모든 존재, 특히 그중에서도 사람의 존재 가치를 제대로 꿰뚫어보고 드러내신 분입니다. 부처님이 보신 사람의 가치 가운데 제일 멋지고 좋은 표현을 부처, 여래라고 한 것입니다. 요즘 많이 쓰는 하나님이나 신이라고 할 수도 있습니다. 그런데 그러한 표현이 모자랄 정도의 가치를 가진 존재가 사람입니다.

사람에 대한 이해가 이렇지 않다면 제대로 된 성인이 아닙니다. 진짜 성인인가 아닌가는 그 안목, 가르침을 보고 판단해야 됩니다. 신의 종이라고 하거나 업장이 많은 형편없는 중생이라고 매도하면서 무조건 따르라고 한다면 존재의 가치를 제대로 감정한 것이 아니니 속지 말아야 합니다. 그럼에도 불구하고 사람들의 의존적인 습관은 그저 매달리고 비는 것에 익숙해서 부처님의 진정한 가르침과 동떨어져 살고 있으니 안타까울 뿐입니다.

◉

상병相病을 다스리면 본래 능력을 발휘할 수 있다

수보리須菩提야 여래如來가 설유아자說有我者는 즉비유아卽非有我어늘 이범부지인而凡夫之人이 이위유아以爲有我니라 수보리須菩提야 범부자凡夫者는 여래설즉비범부如來說卽非凡夫일새 시명범부是名凡夫니라 수보리야, 여래가 말하는 '내가 있다'고 하는 것은 곧 내가 있는 것이 아닌데 범부들이 내가 있다고 여기기 때문이니라. 수보리야, 범부라는 것도 여래가 말하기를 '범부가 아니다. 그 이름이 범부일 뿐이다'라고 하였느니라."

우리의 가치는 우리가 본래 가지고 있는 것입니다. 누가 보태줄 수도 없고 빼앗아 갈 수도 없습니다. 그런데 여태까지 우리의 가치를 모르고 살아왔습니다. 부처님께서는 깨달음을 통해 우리 모두의 존재의 가치를 아셨고, 우리가 부처님과 똑같은 존재라고 일러주셨습니다. 그래서 부처님을 위대한 성인이라고 하는 것입니다. 그런 차원에서, 여래가 중생을 제도했다고 하는 사실이 없다는 것입니다. 여래가 중생을 제도했다고 말한다면 아상·인상·중생상·수자상이 있어서 하열한 중생, 보통사람보다 못한 인간이 되고 맙니다.

금강경은 아상·인상·중생상·수자상을 깨뜨리고 떠나라는 것이 주된 가르침인데, 그것은 어림도 없는 이야기입니다. "이범부지인而凡夫之人이 이위유아以爲有我일새니."라는 대목이 아주 중요합니다. 불자들은 아상我相이라는 말을 잘 쓰는데 사실 아상이라는 게 어디 있습니까? 내 몸뚱이를 가만히 분석해 보니 연기緣起로 이루어진 것입니다. 사대(地·水·火·風), 오온(色·受·想·行·識) 육근(眼·耳·鼻·舌·身·意) 등 온갖 인연이 화합하여 이루어진 것입니다. 나라는 것을 하나하나 분해해 보니 고정불변의 실체가 없습니다. 이와 같은 '연기공, 분석공'은 소승들이 설명하는 무아無我입니다.

하지만 반야심경이나 금강경은 색즉시공 당체즉공이라 하였습니다. 당체 그대로 공이다, 그대로 없다는 것입니다. 우리 모두 내가 했다고 하면서 전부 나를 내세우는데, 사실 아我가 있는 것이 아닙니다. 대승불교의 견해인 당체즉공으로 봐도 그렇고, 성문·연각의 입장에서 분석공, 연기공으로 봐도 그렇습니다. 보통사람들도 인생무상人生無常이므로 공하다고 합니다. 그 역시 아我가 없습니다.

부처님께서 진리를 깨닫고 보니 아가 없으므로 여래가 설한 바 아가 있다고 하는 것은 즉비유아卽非有我라, 곧 아가 없다고 계속 거듭하여 말씀하시는 것입니다. 시명유아是名有我를 덧붙일 수도 있습니다. 그런데도 범부들은 자꾸 아가 있다고 여기고 범부가 있다고 착각합니다. 부처님께서는 또 범부가 있다고 생각할까 봐 '이름이 범부일 뿐'이라고 강조하십니다. 혹을 하나 뗐는데 다른 혹이 하나 더 붙는 격이 되므로 즉비범부가 또 나옵니다. 설명하기 위해 편의상 부처님께서 허물을 뒤집어쓰고 중생·부처·범부라는 이름을 지어서 붙여본 것뿐입니다. 금강경에 이런 설명은 없지만 사람이 있을 뿐이라고 알면 됩니다. 사람을 두고 이리 부르고 저리 부르는 겁니다. 또 그렇게 이름을 붙여 부른 덕분에 우리는 깨우칠 것이 없는 가운데서 또 깨우침이 있게 됩니다. 그것이 우리들의 현실입니다.

여래가 중생을 제도한다는 것도 금강경에 오면 공한 소리가 되고 맙니다. 그렇다면 고민하고 갈등하고 들끓는 번뇌도 공해집니다. 그와 같은 문제가 공해지면 아무것도 없이 시원해져버립니다. 인간사에서 벌어지는 문제를 살펴보면 대부분 사상四相으로 말미암은 것입니다. 이러한 상은 본래 없는 것인데 중생들이 고정불변한 실체, 있는 것으로 착각하여 괴로워합니다. 금강경에서 무상無相을 으뜸으로 삼고 중생의 상병相病을 다스리는 것은 다 그러한 이유 때문입니다.

한약은 재탕, 삼탕 달여 먹는데, 금강경에서는 20탕 30탕도 더합니다. 계속 온갖 명제를 갖다 붙여 깨뜨립니다. 부처님께서 설명하려니까 편의상 용어를 한 가지 쓰면 사람들이 또 거기에 집착하니까 그것도 계속해서 깨뜨리는 식입니다. 금강경은 처음부터 끝까지 상병을 치료하는 아주 뛰어난 약입니다. 상병이 무섭다는 것, 빈말이라 하더라도 의식적으로 입으로 익히고 귀로 익히고 손으로 써서 익히고 다른 사람들에게 자꾸 반복해서 생활화되면 상병이 고쳐집니다. 이렇듯 금강경은 철저하게 삶의 원리를 보여주고 있습니다. 그 원리를 파악하면 저절로 자기 자신이 비워지고, 상병이 치유됩니다. 상병을 잘 다스리면 우리가 본래 지니고 있는 무한한 복덕과 지혜, 능력을 한껏 발휘할 수 있습니다. 자신감이 넘치고 당당해지고 삶이 행복해지는 것은 너무나 당연한 열매입니다.

 法身非相分

법신은 형상이 아니다

부처님은 세 가지 몸[法身·報身·化身]으로 이야기합니다. 법신은 진리의 몸·마음의 몸으로 부처님의 깨달음의 세계이고, 보신은 공덕의 몸·과보의 몸으로 깨달음의 영향력이고, 화신은 석가모니 부처님처럼 중생 교화를 위해 역사적으로 나타난 부처님입니다. 우리의 마음자리가 법신이라면 마음을 어떻게 쓰느냐에 따라서 세상에 끼치는 영향력이 다 다릅니다. 작게 자신의 삶에만 영향을 주는 사람이 있고, 온 가족·온 집안·온 동네·온 나라·전 세계 등 수많은 사람에게 영향을 미치는 사람도 있습니다. 똑같은 법신일지라도 이와 같이 보신은 다릅니다. 이렇게 보신을 달리 하다 보면 여기저기에 화신이 나타날 수 있습니다.

달을 비유해 보면, 달의 원형은 변함이 없지만 초승달이냐 보름달이냐에 따라 달빛이 달라집니다. 우리 인생도 만월처럼 세상을 널리 비추는 사람이 있고, 초승달처럼 겨우 신이나 찾을 수 있는 빛을 낼 수도 있고, 전혀 아무 빛도 내지 못하는 그믐달 같은 삶을 살 수도 있습니다. 화신化身은 천강유수천강월千江流水千江月이라는 표현에서도 알 수 있듯이 물에 비친 달입니다.

또한 전등불을 예로 든다면, 30촉짜리 전등은 방 하나 정도는 밝힐 수 있습니다. 200촉이나 300촉쯤 되면 온 마당이 환합니다. 광장을 환하게 밝히려면 몇 킬로와트는 되어야 합니다. 전기의 비추는 성질이 법신이라면 전력의 양에 따라 밝기가 달라지는 것은 보신이고, 각양각색의 모습을 띤 전구가 화신입니다. 50대 기혼여성에 비유해 보면, 주부·어머니·아내·할머니·딸 등 상황에 따라서 수많은 이름으로 불리는 그 갖가지 역할이 화신입니다.

이와 같이 삼신三身을 이해하는 것에서도 삶의 교훈을 찾을 수 있습니다. 우리는 본래로 원만한 달인데, 그 달을 얼마나 많은 사람에게 비추느냐 하는 것은 각자 마음먹기에 달렸습니다. 법신은 형상이 아니라는 것도 그와 같은 말씀입니다. 참답고 여여한 진리의 본체는 형상이 아니요, 생멸도 아닙니다. 법신은 어떠한 경우에도 상相일 수가 없습니다. 비록 상을 통해서 법신을 유추해 알려고 하더라도 또한 옳지 않습니다. 상을 법신이라고 한다면 전륜성왕도 진리의 당체인 여래라는 결론에 이르게 됩니다. 여래는 스스로 "외형적인 모습으로 나라고 하거나 설법의 모습으로 나라고 여기는 자가 있으면 그는 사도를 행하는 사람이다. 여래는 꿈에도 보지 못한 자다."라고 하셨습니다.

법신은 모양이 아닙니다. 그러나 늘 참되고 어디에나 나툽니다. 들에 날아다니는 새도, 청정한 산 빛에도 법신이 나타납니다. 반야의 광명·본래의 면목을 밖에서 찾을 것이 아닙니다. 두두물물 자체가 법신이요, 반야의 광명입니다. 손가락 하나 움직이지 않고도 고향에 돌아갈 수 있는 이치가 바로 여기에 있습니다.

◉

겉모습에 속지 말라

수보리須菩提야 어의운하於意云何오 가이삼십이상可以三十二相으로 관여래부觀如來不아 수보리언須菩提言하대 여시여시如是如是니다 이삼십이상以三十二相으로 관여래觀如來니다

불언佛言하사대 수보리須菩提야 약이삼십이상若以三十二相으로 관여

래자觀如來者인댄 전륜성왕轉輪聖王도 즉시여래卽是如來로다 수보리須
菩提가 백불언白佛言하사대 세존世尊이시여 여아해불소설의如我解佛所
說義컨댄 불응이삼십이상不應以三十二相으로 관여래觀如來니다

"수보리야, 그대는 어떻게 생각하는가? 서른두 가지의 남다른 모습으
로써 여래라고 미루어 볼 수 있겠는가?"

수보리가 사뢰었습니다.

"예, 그렇습니다. 서른두 가지의 남다른 모습으로써 여래라고 미루어
볼 수는 있습니다."

부처님께서 말씀하셨습니다.

"만약 서른두 가지의 남다른 모습으로써 여래라고 미루어 볼 수 있다
면 전륜성왕도 곧 여래라 하겠구나?"

수보리가 부처님께 사뢰었습니다.

"세존이시여, 제가 부처님께서 말씀하신 뜻을 이해하기에는 반드시 서
른두 가지의 남다른 모습으로써 여래라고 미루어 볼 수 없겠습니다."

앞에서 견여래부라는 말이 있었습니다. 이는 '32상이 곧 여래라
고 보는가'라는 뜻이고 여기에서 관여래부는 '32상을 미루어서 여래
를 볼 수 있는가'라는 뜻입니다. 다시 말해 32상 그대로를 여래라고
하지는 않지만 32상을 통해서 여래를 이해할 수 있는 길은 있다는 뜻
입니다. 이렇듯 견見자와 관觀자의 차이를 잘 알아야 합니다.

잘생긴 모습, 32상은 석가모니 부처님만의 특색은 아닙니다. 사
천하를 다스리는 전륜성왕도 32상을 갖추고 있습니다. 전륜성왕은
인도인들이 바라던 가장 이상적인 군주입니다. 전생에 복을 많이 짓

고 덕을 닦아서 생김새도 부처님과 똑같은 32 길상을 갖추었고, 복덕이 구족해서 천하를 다스리며 온 백성의 존경을 받는 군주입니다. 하지만 모습은 부처님과 똑같다 할지라도 아직 깨달음은 이루지 못했습니다.

부처님께서 32상을 미루어서 여래라고 볼 수 있겠느냐고 묻자, 수보리는 처음에 미루어서 볼 수는 있겠다고 대답했다가 "전륜성왕도 곧 여래라 하겠구나?" 하는 부처님의 말씀에 금세 깨닫고 아니라고 대답합니다. 형상이 여래라고 하는 것은 얼토당토 않은 이야기요, 형상을 통해서 여래를 이해한다는 것도 맞지 않은 말입니다. 물에 비친 달을 가지고 하늘의 달을 이해할 수 있겠습니까? 물에 비친 것이 달이 아닐 수도 있고, 설령 진짜 달이 비친 것이라 할지라도 물에 비친 달로는 하늘의 달을 알 수 없습니다.

겉 다르고 속 다르다는 말이 있듯 형상을 미루어서 그 사람의 됨됨이와 인격을 짐작할 수는 있겠지만, 겉모습이 그 사람은 아닙니다. 요즘 겉모습에 치우쳐 살아가는 우리들이 꼭 마음에 새겨야 할 대목입니다. 요즘 젊은이들 사이에 "죄는 용서해도 못생긴 것은 용서 못한다."는 말이 나돈다고 합니다. 실제로 죄를 지었는데도 불구하고 얼굴이 예쁘다는 이유로 용서하라는 네티즌들, 얼짱 거지가 인터넷을 달구고 있는 현실이기에 금강경을 더욱 열심히 전해야 할 사명감을 느낍니다. 법신은 철저하게 상을 떠나 있다, 겉모습에 속지 말라는 말을 전하고 또 전해 그들의 마음 깊이 자리 잡을 수 있도록 에너지를 보냅니다.

상相에 미혹되지 않아야 진짜 부처님을 볼 수 있다

이시爾時에 세존世尊이 이설게언而說偈言하사대
약이색견아若以色見我커나 이음성구아以音聲求我하면
시인행사도是人行邪道라 불능견여래不能見如來니라

그때 세존께서 게송으로 말씀하셨습니다.
"만약 육신으로써 나를 보려 하거나,
음성으로써 나를 찾으려면
이 사람은 잘못된 길을 가는 것이다.
결코 여래는 볼 수 없으리라."

금강경의 제3 사구게로 당신의 가르침을 배우는 우리들을 최대한 존중해 주시는 내용이라 할 수 있습니다. 만일 살아 있는 부처님이 지금 우리 앞에 계신다면 우리는 전부 그 모습을 진짜 부처님으로 알고 공경할 것입니다. 아니 등상불로 조성된 부처님도 공경합니다. 등상불이 진짜 부처님이 아니라는 것은 알지만, 등상불을 통해 부처님을 생생하게 느끼고 신심을 내는 것이 우리들입니다. 부처님의 훌륭한 외모나 뛰어난 설법을 공경하기 때문입니다. 중국 당나라 때는 신언서판身言書判(용모·언변·문장력·판단력)을 관리를 선발하는 네 가지 표준으로 삼았고, 그 뒤에도 인재를 뽑을 때 신언서판을 중요한 선발 기준으로 삼았습니다. 불경스럽긴 해도 부처님을 신언서판에 대비시킨다면 신은 부처님의 몸이고, 언은 부처님의 말씀입니다.

그런데 부처님께서는 만일 모습이나 음성으로 여래를 본다면 삿

된 도라고 하셨습니다. 부처님의 진정한 모습은 형상에 있는 것도 아니고 설법을 잘하는 음성에 있는 것도 아니라고 하셨습니다. 여래는 모든 것을 초월해 있으면서도 모습을 나타내고 설법을 하시기 때문입니다. 보통사람들도 얼굴 모습과 말솜씨로 그 사람을 평가할 수 없습니다. 지혜가 뛰어나면서도 어눌한 사람이 있고, 말솜씨는 번지르르한데 속이 텅 빈 사람도 있습니다. 부처님은 더 말할 나위가 없지요.

　이러한 사구게를 통해 생명의 실상을 꿰뚫어볼 수 있는 혜안을 갖춰야 합니다. 부처님께서는 금강경 사구게만 수지 독송하고 다른 사람을 위해 해설해 주어도 큰 복덕을 누릴 수 있다고 하셨습니다. 사구게가 나왔으니 제1사구게부터 되새겨보는 것도 좋습니다.

　제1사구게는 제5 여리실견분에 나오는데, "범소유상凡所有相 개시허망皆是虛妄 약견제상비상若見諸相非相 즉견여래卽見如來."입니다.

　제2사구게는 제10 장엄정토분에 나오는데, "불응주색생심不應住色生心 불응주성향미촉법생심不應住聲香味觸法生心 응무소주應無所住 이생기심而生其心."입니다. 육조 혜능 스님이 이 게송을 듣고 크게 깨달았다는 내용은 앞에서 설명드렸습니다.

　제3사구게는 제26 법신비상분의 "약이색견아若以色見我 이음성구아以音聲求我 시인행사도是人行邪道 불능견여래不能見如來."입니다.

　제4사구게는 제32 응화비진분의 "일체유위법一切有爲法 여몽환포영如夢幻泡影 여로역여전如露亦如電 응작여시관應作如是觀."입니다.

　금강경에서도 사구게만큼은 줄줄 외워서 환하게 알고 있어야 합니다. 사구게의 뜻만 제대로 이해하고 다른 사람에게 설명해 줄 수 있어도 대법사 노릇을 할 수 있습니다. 요즘과 같은 대중불교시대에는 누구든지 불교 공부를 해서 포교사, 법사 노릇을 해야 합니다. 자기 인연에 따라서 한 사람이라도 앉혀놓고 훌륭한 가르침을 이해시키려는 노력을 해야 합니다.

얼마나 멋진 부처님 말씀입니까? 그 어느 성인과 비교할 수 없는 훌륭한 가르침을 펼치셨으면서도 그런 것을 가지고 여래로 본다면 이 사람은 사도를 행하는 것이고, 여래를 볼 수 없을 것이라고까지 말씀하십니다. 어떤 종교, 어떤 철학, 어떤 성인이 이런 말씀을 하실 수 있겠습니까? 불교 경전 한 권 읽어보지 아니하고, 불자들이 불상에 절을 하는 것을 보고 불교를 우상숭배라고 매도하는 사람들이 많습니다. 제대로 공부하지도 않고 편견에 사로잡혀 유일신唯一神에 매달리는 사람들이야말로 우상숭배자입니다.

부처님께서는 살아 있는 부처님의 모습을 보고 부처님이라고 하든지 부처님의 고귀한 인생이 무르녹아 있는 음성을 듣고 부처님이라고 생각한다면 사도邪道를 행하는 것이고 미신을 행하는 것이리고 분명히 말씀하셨습니다. 그것 역시 상相이기 때문입니다. 상을 걷어내고 상에 떨어지지 않고, 집착하지 않고, 상에 미혹되지 않아야 진짜 부처님을 볼 수 있다고 하셨습니다. 부처님만 보는 게 아니라 우리들의 진아眞我를 보는 것입니다. 우리들의 영원한 생명, 지극한 행복, 무량대복, 한량없는 신통을 보는 것입니다. 상相을 떨치고 보면 이 모습 그대로 부처님입니다. 참으로 부처님과 금강경과의 인연은 큰 행복이고 큰 재산입니다.

제27분
無斷無滅分
아주 없는 것이 아니다

아뇩다라삼먁삼보리, 즉 최상의 깨달음은 일체 상이 끊어져서 텅 비었으나 그렇다고 아무것도 없는 단멸 또한 아닙니다. 집착하기 좋아하는 중생들은 말만 떨어지면 거기에 매달립니다. 그래서 말을 할 수도 없고 안 할 수도 없습니다.

이 27분 무단무멸분無斷無滅分에서는 그러한 착각과 오해를 불식시키기 위해서 단도 없고 멸도 없다고 한 것입니다. 여기서 단斷은 시간적으로 끊어졌다는 표현인데, 태어나서 늙고, 병들고, 죽으면 인생이 끊어졌다는 뜻에서 끊을 단자를 씁니다. 그런데 무단無斷이라 하였습니다. 얼핏 끊어진 것같이 보이지만, 사실은 끊어진 것이 아니라는 것입니다. 또한 멸滅은 공간적으로 눈에 보이던 것이 안 보인다는 겁니다. 부처님께서는 깨달음을 설하실 때 공의 이치를 자주 언급하셨습니다. 반야부 600권이 전부 공의 이치를 설하고 있습니다. 모든 존재의 실상이 공한 것, 텅 비어 없는 것이라는 입장에서 말하고 있습니다.

그런데 자칫하면 시간적·공간적으로도 소멸해서 아무것도 없는 것을 깨달음의 경지로 오해할 수 있습니다. 하지만 여기에서 볼 수 있듯 단멸이 없다는 것은 없는 것이 아니라는 뜻으로 오히려 모든 현상이 그대로 여실하게 존재하는 것임을 알 수 있습니다. 사람이 죽었을 때 화장을 하거나 땅에 묻었을 때, 혹은 작은 종이 한 장을 불에 태웠을 때 없어진 것 같지만 공간적으로 결코 없어진 게 아닙니다. 단지 형태만 변화되었을 뿐입니다. 그것을 질량불변의 법칙이라고 합니다. 따라서 영원히 있는 것으로 알아도 안 되고, 전혀 없는 것으로 알아도 안 되고, 시간적으로나 공간적으로 아예 없다고 이해해도 안 됩니다.

그렇다고 해서 늘 고정 불변하는 어떤 실체로 존재하고 있다고 이해해도 안 됩니다.

거듭 말씀드리지만, 있다는 말과 없지 않다는 말은 다릅니다. 없지 않다는 말이 있다는 뜻은 아닙니다. 있는 것을 한 번 부정한 것이 단멸이고, 거기에서 한 번 더 부정하면 없는 것도 아닌 것이 됩니다. 우리가 흔히 알고 있는 산은 산이라는 말은 그대로 있다는 뜻이고, 또 산은 산이 아니고 물은 물이 아니라는 말은 단멸이라는 뜻이 됩니다. 절대부정을 거쳐서 다시 절대긍정으로 돌아오는 길이 있는데, 그것이 단멸도 아니라는 말입니다. 산은 다만 산일 뿐이고 물은 다만 물일 뿐입니다. 처음의 긍정에서 다시 부정으로, 부정에서 다시 긍정으로 되었을 때 모든 것을 실상대로, 사실대로 제대로 꿰뚫어 볼 수 있다고 하는 것입니다.

첫눈에 섣부른 판단을 하면 안 됩니다. 그 고비를 한 번 넘겨서 부정할 때 새로운 사실을 발견하게 됩니다. 부정으로 볼 것만은 아니라는 것입니다. 그래서 무단무멸입니다. 부정을 거친 뒤 새로운 긍정을 하는데, 처음에 봤을 때의 긍정과는 또 다른 차원입니다. 사람을 연상하면 이해가 쉽습니다. 처음에 본 것과 두 번째, 그리고 세 번째 봤을 때 다릅니다. '그 사람 그런 면만 있는 줄 알았더니 그게 아니구나, 맨 처음에 봤던 것은 더욱 아니구나'라는 경험이 있을 것입니다.

불교에서 흔히 말하는 존재의 공성空性이나 무無의 철학이 상당히 고준합니다. 그렇다고 해서 그것이 부처님의 깨달음인가 하면 그건 아닙니다. 부처님의 깨달음은 중도로 표현됩니다. 긍정과 부정을 거친 뒤에 다시 긍정의 차원으로 돌아섰을 때, 그것은 긍정도 아니고 부정도 아니면서 긍정적인 입장과 부정적인 입장을 다 수용하는 것입니다. 이러한 것이 부처님의 깨달음, 불교의 궁극적인 견해라고 할 수 있습니다.

◉

긍정과 부정, 절대 긍정으로 나아갈 때 조화로운 삶이 펼쳐진다

수보리須菩提야 여약작시념汝若作是念호대 여래如來가 불이구족상고
不以具足相故로 득아뇩다라삼먁삼보리得阿耨多羅三藐三菩提아 수보리
須菩提야 막작시념莫作是念하대 여래如來가 불이구족상고不以具足相故
로 득아뇩다라삼먁삼보리得阿耨多羅三藐三菩提라하라

"수보리야, 그대가 혹 생각하기를 '여래는 잘 갖춰진 상호를 마음에 두지 않았기 때문에 최상의 깨달음을 얻었다'라고 하지 않는가? 수보리야, 그러한 생각을 하지 말라. '여래는 잘 갖춰진 상호를 마음에 두지 않았기 때문에 최상의 깨달음을 얻었다'라고 하지 말라.

앞에서는 부처님께서 수보리에게 32상 80종호를 다 갖춘 외적인 모습으로 부처님을 볼 수 있느냐고 묻고 그건 아니라는 대답을 이끌어냈습니다. 그런데 여기에서는 그렇게 부정하는 것을 최상의 깨달음이라고 생각하느냐고 묻고는 절대 그렇게 생각하지 말라고 하였습니다. 아울러 구족具足한 상을 쓰지 않은 것으로 최상의 깨달음을 얻었다고 생각하지 말라고 하였습니다. 앞에서 구족색신具足色身과 구족제상具足諸相이라는 구절이 나온 적이 있었는데, 다 같은 뜻으로 여러 가지 상相을 결함 없이 온전하게 갖춘 것을 뜻합니다. "여래는 잘 갖춰

진 상호를 마음에 두지 않았기 때문에 최상의 깨달음을 얻었다고 하지 말라."는 말씀은 우리 육신, 즉 외적인 현상을 부정하는 것으로 최상의 깨달음을 얻었다고 생각하지 말라는 말씀입니다. 다시 말해 부정에서 절대 긍정으로 나아갔을 때 조화로운 삶이 펼쳐지고, 깨달음도 이루어진다는 것입니다.

거울에 비친 나의 모습은 실상이 아닙니다. 그렇다고 해서 내가 거울 앞에 섰을 때 나 아닌 다른 모습이 비치는 것은 결코 아닙니다. 거울에 비친 나와 실제의 내가 둘이 아닙니다. 큰물이든 작은 물결이든 물이라는 성질에서 보면 동일한 것입니다. 여래의 입장에서 볼 때도 구족한 상호相好와 진실한 여래가 관계없는 것이 아닙니다. 상에 매달리지 않고 툭 트인 마음으로 활달한 인생을 살아야 하겠지만 '꼭 상이 없어야 된다'는 생각만 해서도 안 됩니다. 우리들이 부대끼면서 매순간 만나는 모든 현상에서도 얼마든지 깨달음을 얻을 수가 있기 때문입니다. 상이 있으면 있는 대로, 없으면 없는 대로 주저함이 없이 깨달음을 구하는 것입니다.

긍정이든 부정이든 치우치는 것은 바른 길이 아닙니다. 손바닥과 손등이 함께 공존하여서 완전한 손이 되듯이 부정과 긍정, 있음과 없음이 조화롭게 균형을 잡아갔을 때 좋은 가정, 좋은 사회, 좋은 관계가 됩니다. 우리 사회, 우리 가정, 우리 자신이 그렇게 존재하고, 부처님의 깨달음도 역시 그렇다는 것입니다. 부처님의 깨달음의 세계는 너무 높은 경지라서 우리와 동떨어진 것으로 생각할 수도 있지만, 깨달음을 내 인생의 교훈으로 받아들여야 성장할 수 있습니다.

◉ 염세주의는 불교가 아니다

수보리須菩提야 여약작시념汝若作是念하대 발아뇩다라삼먁삼보리심자發阿耨多羅三藐三菩提心者는 설제법단멸說諸法斷滅이 막작시념莫作是念이니 하이고何以故오 발아뇩다라삼먁삼보리심자發阿耨多羅三藐三菩提心者는 어법於法에 불설단멸상不說斷滅相이니라

수보리야, 그대가 만약 생각하기를, '최상의 깨달음에 대한 마음을 일으킨 사람은 모든 것이 아주 없다고 말한다'라고 하는가? 그런 생각을 하지 말라. 왜냐하면 최상의 깨달음에 대한 마음을 일으킨 사람은 모든 것이 아주 없다고 말하지 않기 때문이니라."

지금까지는 금강경에서 계속 파상破相, 상을 깨뜨리는 작업을 해왔습니다. 그런데 '있다'는 데에 떨어지지 말라고 하니 이제는 '없다'에 집착하게 됩니다. 그래서 이 두 가지 문제를 조화시키기 위해 단멸斷滅이 아닌 것을 말합니다.

최상의 깨달음에 마음을 일으킨 사람들은 모든 존재의 없는 상태, "시간적으로도 공간적으로도 완전히 없는 것만 이야기 하는가?"라고 물으면서 그런 생각을 하지 말라고 하였습니다. 무단무멸분無斷無滅分에서 꼭 유의해야 할 점이 바로 없다는 데 치우쳐서도 안 되고, 있다는 데 치우쳐서도 안 된다는 것입니다. 또한 단멸은 하나의 과정으로서 부정하는 것이지 궁극적인 부정은 아닙니다. 그래서 단멸상을 설하지 않는다고 한 것입니다.

불교 공부를 조금 한 사람들이 잘 걸리는 병이 있습니다. "무상

하다, 일체가 공하다, 무다, 마음이 부처다." 하여 외형적인 것을 일체 무시합니다. 또한 마음만 운운하면서 인생살이를 부정합니다. 그래서 잘 살던 사람이 공연히 허무감이나 무상감에 젖어 피폐한 삶을 살기도 합니다. 그렇게 되면 불교를 만나지 않은 것보다 못한 상태가 된 것입니다. 현실에 눈이 어두운 물질주의자로 탐·진·치 삼독에 젖어 사는 것도 문제지만, 현실을 극단적으로 부정하는 것도 문제입니다.

염세주의자는 불자가 아닙니다. 불교는 어디에도 치우치지 않는 조화로운 삶을 살라고 합니다. 불교에서는 '한 번 죽고 나면 그만이다' 하는 단멸상이나 '천당에서 영원히 산다'는 상견常見을 정견으로 보지 않습니다. 부처님의 깨달음의 세계와 교화 활동이 둘 다 중요하듯이 우리들의 마음공부와 실천이 조화를 이루어야 참 불자라고 할 수 있습니다. 아무것도 없는 무기공無記空에 빠지는 것을 바라는 사람은 없을 것입니다. 또한 얼핏 생각하면 천당에 머무르는 것은 행복할 것 같지만 그 또한 바람직하지 않습니다. 복을 다 쓰고 나면 열악한 세상에 떨어질 수도 있고, 더 큰 문제는 무기력에 떨어질 수도 있기 때문입니다. 그러므로 원력을 세워 열심히 살아가면서 자신의 삶을 활짝 펼쳐야 합니다.

제28분 不受不貪分

누리지 않고 탐하지 않는다

보살은 복덕을 받지도 않고 탐하지도 않습니다. 보살이 반야를 행하면 자연히 복덕이 따르고 무상보리가 따릅니다. 진리도 깨닫게 됩니다. 진리를 깨달음에 있어 가장 큰 걸림돌은 자기 자신에 대한 집착입니다. 아집我執을 떠나보내면 일체 만물에서 참 여래를 봅니다. 그래서 일체 법에 아我가 없음을 깨달은 지혜의 공덕은 그 어떠한 물질적인 보시보다 크다고 하였습니다.

한편 진리를 깨달았으나 정이 남아 있어 우리들에게 깨달음을 전해주는 보살은 무상無相이며 무아無我입니다. 복덕을 구하거나 탐하지 않습니다. 반야의 삶을 사는 보살이 무슨 복덕을 바라며 무슨 보리를 바라겠습니까? 바라지 않으니 달리 받을 리도 없습니다. 그렇듯 일체 법이 텅 비어 아我가 없으니, 그저 무심히 체득하여 실천할 뿐입니다.

참으로 소중한 것은 구하지 않고 얻는 것이고, 탐하지 않아도 갖추게 됩니다. 주어서 받고 탐해서 얻는 것이 별것이겠습니까. 사람 사람이 본래로 산 있고 물 있는 곳에 영화도 없고 욕됨도 없는 몸인 것을 알아야 합니다.

◉

진리는 밖으로 드러나지 않는다

수보리須菩提야 약보살若菩薩이 이만항하사등세계칠보以滿恒河沙等世界七寶로 지용보시持用布施하고 약부유인若復有人이 지일체법무아知一切法無我하야 득성어인得成於忍하면 차보살此菩薩이 승전보살勝前菩薩의 소득공덕所得功德이니라

"수보리야, 만약 어떤 보살이 항하의 모래 수와 같이 많은 세계에 가

득 찬 금은보화로써 널리 보시한 이가 있고, 또 어떤 사람은 모든 존재의 무아無我의 도리를 알아서 그 숨은 이치를 깨달으면 이 보살이 얻은 공덕은 앞의 보살이 얻은 공덕보다 훨씬 뛰어나리라.

수많은 물질적인 보시보다 일체법무아一切法無我의 숨은 이치를 깨닫는 공덕이 훨씬 크다는 얘기입니다. 이론적으로라도 일체법무아에 대해 확실히 이해해야 됩니다. 일체법무아는 고정 불변한 실체가 없다는 말입니다. 여기에서 법은 모든 사물과 사건입니다. 불교에서 말하는 사건이란 해가 뜨고 지는 것, 꽃이 피고 낙엽이 지는 것도 사건입니다. 사람이 만나는 것도 헤어지는 것도 사건입니다. 밥을 먹고 배설하는 것도 사건입니다. 시간이 흘러감에 따라서 변화하는 모든 사실, 사건이 법입니다. 사물도 역시 법에 들어갑니다.

곰곰이 생각하면 이 모든 것에 고정 불변한 실체가 없다는 것은 이해할 수 있는 이치입니다. 이 세상에 단 한 가지도 가만히 그 자리에 있는 것이 어디 있습니까? 심지어 불교에서는 영원한 것의 대명사인 다이아몬드도 변한다고 합니다. 우리 안목으로 볼 때는 아주 느리게 변하니까 변하지 않는 것처럼 보이지만 무한한 세월을 놓고 볼 때는 다이아몬드도 변합니다.

불교에서는 진리를 참을 인忍자로 표현하는 경우가 있습니다. 무생법인無生法忍, 생사가 없는 진리를 이렇게 표현합니다. 왜 진리를 인자로 표현할까요? 진리, 일체법무아라는 사실, 진실은 눈에 나타나는 것이 아닙니다. 이미 그런 속성을 가지고 있지만, 세월이 지난 뒤에야 아는 것입니다. 컵은 컵대로, 연필은 연필대로, 카메라는 카메라대로,

우리 육신은 육신대로, 내 마음은 마음대로 생멸 변화하는 것이 나타나지는 않지만 들어 있습니다. 무생인無生忍, 생사가 없는, 생멸이 없는 이치도 틀림없이 있지만 밖으로 드러나는 것이 아니기 때문에 인자를 씁니다. 참는다는 것은 밖으로 나타내지 않는다는 뜻입니다. 참고 있으면 기쁜지 슬픈지 아픈지 아무도 모릅니다. 또한 바닷물이 짜지만 짠맛은 안 보입니다. 물만 봐서는 바닷물인지 민물인지 분별하기 힘듭니다. 왜냐하면 짠맛은 안 나타나기 때문입니다. 더 쉽게 예를 들면, 단청의 물감을 만들 때 아교를 씁니다. 하지만 아교는 눈에 보이지 않습니다. 이게 인忍입니다.

　이와 같이 공성, 진리, 법은 눈에 보이지 않습니다. 하지만 본 사람은 환히 압니다. 바닷물을 다루는 사람은 짠맛을 잘 알고, 단청장丹靑匠은 물감 속에 아교가 들어 있다는 것을 너무 잘 압니다. 잘 알면 활용도 잘합니다. 깨달은 사람이 존재의 실상을 꿰뚫어본 진리의 내용은 밖으로 드러나지 않기 때문에 불교에서는 진리를 인자로 표현합니다. 매우 의미심장한 표현입니다.

　항하의 모래수와 같이 많은 세계를 칠보로 가득 채워서 보시한 것보다 진리의 가치가 더 크다는 것을 이해한다면 불법을 가슴으로 이해한다고 말할 수 있을 겁니다. 설사 이렇게까지는 이해하지 못하더라도 자신이 지닌 알량한 물질보다 불법이 소중하다는 것만 이해하더라도 불법의 가치를 상당히 안다고 할 수 있습니다. 이런 구절을 볼 때마다 부끄러움을 느껴야 합니다. 이렇게 가치 있는 것을 언제쯤 깨닫게 될 것인지 과제로 삼고, 늘 반성해야 합니다. 불교를 공부한다고 하면서 과연 불법에 얼마만한 가치를 두고 사는가? 말로는 불법 운운하면서 평소 아끼는 것을 불법보다 더 가치 있게 여기고 있는 것은 아닌가 생각해 보시기 바랍니다.

◉

복덕을 다 누리지 말라

하이고何以故오 수보리須菩提야 이제보살以諸菩薩이 불수복덕고不受福德故니라 수보리須菩提가 백불언白佛言하사대 세존世尊이시여 운하보살云何菩薩이 불수복덕不受福德이닛고 수보리須菩提야 보살菩薩은 소작복덕所作福德을 불응탐착不應貪著일새 시고是故로 설불수복덕說不受福德이니라

왜냐하면 수보리야, 모든 보살들은 복덕을 누리지 않기 때문이니라."
수보리가 부처님께 사뢰었습니다.
"세존이시여, 어찌하여 보살이 복덕을 누리지 않습니까?"
"수보리야, 보살은 자신이 지은 복덕을 반드시 탐하거나 집착하지 않기 때문이다. 그러므로 '복덕을 누리지 않는다'고 말하느니라."

복덕이라는 것이 눈에 보이는 것도 아닌데 복덕에 관한 이야기가 많습니다. 어찌 보면 허상에 사로잡혀서 복덕을 탐하는 것이 아닌가 하는 면도 없지 않습니다. 우리는 보살을 이상적인 삶의 모델로 삼고 있습니다. 우리가 닮고자 하는 보살은 복덕을 받아들이지 않고 탐하지 않습니다. 보살은 일체 법이 무아인 것을 깨달아서 진리를 터득한 복덕이든 이 지구상에 칠보를 가득 채워서 보시한 복덕이든 관심이 없습니다. 보살은 이미 모든 사람과 모든 생명과 혼연일체가 되었기

때문입니다. 누구에게 주고받고 하는 관계가 아닌지라 좋은 일을 해서 거기에 따르는 복덕을 받는다거나 탐착한다는 것은 있을 수 없는 일입니다.

제가 근래 자주 말씀드리는 분이 있습니다. 그분은 이 시대 최고의 보살, 최고의 부처님이라고 할 수도 있는데, 대만에 자제공덕회를 설립해서 전 세계적으로 보살행을 펼치는 증엄 스님이 바로 그분입니다. 증엄 스님은 불교인이다, 기독교인이다 차별이 없습니다. 인류가 이미 나와 한 몸이기 때문에 그런 사람에게는 종교의 차별이 없습니다. 그래서 스님이면서도 어느 지역에 기독교인이 교회가 없어서 예배를 못 본다는 소식을 듣고 교회를 지어주었습니다. 이 정도는 되어야 진정한 불자라고 할 수 있습니다. 그런 사람에게 무슨 복덕과 과보가 있겠습니까? 불교인이다 기독교인이다, 나다 너다, 보수다 진보다, 노동자다 사용자다라는 것이 어디 있겠습니까? 이미 그 모두를 떠난 상태입니다. 그런 사례 하나가 우리에게 '불교란 이런 것이구나' 하는 것을 여실히 보여주고 감동을 줍니다.

몇 년 전에 불교신문에도 났습니다만, 증엄 스님은 이슬람교 국가라고 할 수 있는 인도네시아에 텔레비전 방송국을 차려주었습니다. 이러한 보살행은 한 생각 돌이키면 누구나 할 수 있는 일입니다. 그렇기 때문에 그런 일을 성취했습니다. 물론 쉬운 일은 아닙니다. 증엄 스님과 같은 경지는 아니더라도 복덕을 누리지 않고 탐착하지 않는 행동을 습관화시키면 인생살이가 행복해질 것입니다. 제가 염화실 명언 명구에 올린 내용인데, 법연 스님의 사계四戒가 매우 감동적입니다.

첫째, "세불가사진勢不可使盡이라, 세력이 설사 있다 하더라도 그 것을 다 활용하지 말라."는 말씀을 가슴에 새기면 아주 좋습니다. 세력을 다 활용해서 잘 된 사람 못 봤습니다. 우리 역사에서도 그것을 입증해 줍니다.

둘째, "복불가수진福不可受盡, 복이 설사 있다 하더라도 그걸 다 받아쓰지 말라."고 했습니다. 제가 "흘러가는 물은 한이 없지만은 그 물을 쓸 나의 복은 한이 있다. 흘러가는 물까지도 그런 자세로 볼 줄 아는 마음이 있어야 한다."는 해설도 붙였습니다. 있다고 해서 흥청망청 써대면 복이 흘러나갑니다. 은행예금 곶감 빼먹듯 다 빼먹고 나면 빈 통장만 남는 것과 같은 이치입니다. 제가 아는 보살님 중에 세속적으로 상당히 복이 많은 분이 있는데, 이분은 복을 아껴 쓸 줄 아는 분입니다. 보시하는 삶이 몸에 배어 있어 늘 복을 짓습니다. 그런데 자기 개인을 위해서는 철저하게 절제하며 살아갑니다. 웬만한 사람들이면 몇 개씩 갖고 있다는 그 흔한 명품 가방 하나 없을 정도로 복을 누리지 않고, 늘 복 짓는 데 힘쓰는 그 보살을 보면 참 불자라는 생각이 듭니다.

셋째, 규구불가행진規矩不可行盡이라는 말도 있습니다. 규구는 모범적인 것, 규칙, 원칙을 말하는데, 그것도 다 행하지 말라고 했습니다. 더러 빈틈도 있고, 허점도 보여야 인간적입니다. 요즘 성인聖人으로 칭송받는 달라이 라마의 소탈한 모습에서 많은 것을 느껴야 합니다. 달라이 라마를 시봉한 청전 스님이 쓴 책에 의하면, 달라이 라마는 늘 스스로 "나는 부처님의 제자일 뿐이지 관세음보살의 화신도 아니고 부처도 아니다, 나를 그렇게 보지 말라."고 강조한답니다. 법문하시다가 코를 훼~엥 풀어서 사람들을 한껏 웃게 하고, 사람들이 웃으니까 더 웃으라고 코를 한 번 더 푼 일화도 있었다고 합니다. 그것이 바로 규구불가행진規矩不可行盡입니다. 덜 떨어진 사람이 모양새에 신경 쓰고, 딱 굳은 자세로 행동하는 것입니다.

사계의 마지막 항목이 "호어불가설진好語不可說盡, 좋은 말이라 해서 다 하지 말라."는 것입니다. 좋은 말이라 해서 다 해 버리면 금세 바닥이 나 버립니다. 여기서 자기가 지은 공덕, 좋은 일, 잘한 일에 대해 절대 탐착하지 않는다는 겁니다. 축구할 때 자기 혼자 골을 넣은 것처럼 설쳐 대는 사람들도 많습니다. 철없는 사람들의 일이라고 봐 줄 수도 있습니다만, 자신의 공을 아껴서 두고두고 쓸 수 있어야 합니다. 자기가 지은 복을 자랑하지 않는다 해서 누가 가져가는 게 아닙니다.

탐착한다는 것은 내게로 당겨오는 일입니다. 컵을 이쪽에서 저쪽으로 옮기면 이쪽에는 컵이 없습니다. 내가 만약 일을 하고 보수를 받았다면 한 쪽은 비어지게 됩니다. 보살은 스스로 아무리 복을 많이 지었다 하더라도 한 쪽이 비는 것을 원치 않기 때문에 자기 쪽으로 당기지 않습니다. 그래서 진리의 가르침을 통해 수많은 복덕을 지었으면서도 복덕을 받아들이지도 않고 탐착하지 않는 것입니다.

제29분

威儀寂靜分

위의가 조용하다

불교에는 삼천 위의 팔만 세행이라는 말이 있습니다. 위의는 행동거지입니다. 수행자들은 삼천 가지, 좀 더 세분화하여 팔만 가지의 미세한 행동거지가 반드시 따라야 한다는 말입니다. 종교인은 만인의 사표가 되어야 하기 때문에 말씨, 몸가짐, 눈빛, 걸음걸이, 지식, 성격 심지어 필체까지 잘 다듬고 갖추어야 한다는 말입니다.

위의적정이라는 말은 가고 오고 앉고 머물고 눕고 하는 모습이 적정하다는 것입니다. 가도 가는 것이 아니고 와도 오는 것이 아니고 앉아도 앉는 것이 아니고 누워도 눕는 것이 아니므로 고요할 적, 고요할 정을 썼습니다. 그런데 금강경 제29분 위의적정분에서는 오고 가고 앉고 눕는 모습을 여래로 본다면 잘못 이해한 것이라고 합니다. 이 말씀은 앞에서도 누누이 강조하였지만, 어떤 고정된 모습을 부처님이라고 할 수 없다는 것입니다. 궁극적으로는 우리에게도 해당되는 내용입니다. 우리 마음과 연관시켜 생각해도 되고, 눈에 보이는 모든 사물, 관념, 희로애락, 가족관계 등도 마찬가지입니다. 일체에 대해 고정관념을 텅 비워야 한다는 말입니다.

여래란 본래 감도 없고 옴도 없어서 여래라 합니다. 부처님께서는 "만일 사람들이 여래가 온다거나 간다거나 앉는다거나 눕는다거나 한다면 그 사람은 나의 말을 전혀 이해하지 못하는 사람이다."라고 하셨습니다. 가고 옴이 있으면 상相이 있고 상이 있으면 집착이 있습니다. 그래서야 어찌 시방과 삼세에 충만하고 융통 자재할 수 있겠습니까? 다만 물이 맑으면 달이 나타나고 물이 흐리면 달이 숨습니다. 이와 같이 달이 오고 감이 아니듯이 물이 맑고 흐림을 인연할 뿐입니다. 한마음 청정하면 부처가 나타나고 한마음 어두우면 부처가 숨는 것은 마음이 청정하고 흐림이 있을지언정 부처가 오고 감이 있는 것은 아니기 때문입니다. 그 자리는 본래 위의와 거동이 텅 비어 고요할 뿐입니다.

부처도 여래도 신도 내 마음이 만든 것이다

수보리須菩提야 약유인若有人이 언여래言如來가 약래약거약좌약와若來若去若坐若臥라하면 시인是人은 불해아소설의不解我所說義니 하이고何以故오 여래자如來者는 무소종래無所從來며 역무소거亦無所去일새 고명여래故名如來니라

"수보리야, 만약 어떤 사람이 말하기를 '여래가 혹 온다거나, 간다거나, 앉는다거나, 눕는다'라고 하면 이 사람은 내가 말한 이치를 이해하지 못한 사람이니라. 왜냐하면 여래는 어디로부터 오는 것도 아니며, 또한 어디로 가는 것도 아니기 때문이다. 그러므로 '그렇게 오다'라고 부른다."

세존은 세상에서 존경받을 만한 분, 여래는 진리에서 오신 분, 진리를 깨달으신 분, 진리 그 자체라는 뜻입니다. 인간을 볼 때 현상적인 입장과 역사적인 입장, 궁극적인 입장이 있습니다. 예를 들어서 우리 주변에서 늘 만나는 천차만별의 남녀노소는 역사적이고 현상적인 입장에서 보는 것입니다. 하지만 인간의 내면, 궁극적 입장에서 보면 모두가 여래입니다. 그래서 행동거지를 보고 여래라고 한다면 부처님께서 설한 뜻을 이해하지 못하는 사람이라고 하신 것입니다.

외형적으로는 오고갈 수 있지만, 궁극적 입장에서 보면 온 것도 아니고 간 것도 아닌지라 오고 가는 것을 자유자재로 합니다. 쉽게 말해서, 우리 육신이 이동하려면 걸어가든 차를 타고 가든 시간이 걸립니다. 그런데 교통수단도 필요 없고 시간도 걸리지 않습니다. 거리가 멀고 가까운 것도 상관없습니다. 아무리 먼 거리도 0.1초 안에 갈 수 있습니다. 불교를 공부한 불자는 무슨 말인지 눈치 챘을 겁니다. '그것이 우리의 주인공이다, 그것이 모든 일을 이뤄가고 일체의 성패를 결정짓는다'는 것을 잘 알고 있습니다. 궁극적 나라고 하는 것을 여기에서는 과감하게 여래라고 했습니다만, 이제 어느 정도 스스로 여래적인 면을 충분히 이해하셨을 것입니다.

불교는 간혹 눈에 들어오는 현상을 이야기하기도 하지만, 그 너머에 있는 또 다른 차원의 사실에 눈을 뜨라고 합니다. 진리를 깨닫고 철들어서 좀 더 성숙된 삶, 지혜로운 삶을 살라는 것이 불교입니다. 그래서 여래도 모습으로 이해해서는 안 된다는 겁니다. 진짜 나는 어디로부터 온 것도 아니고 가는 것도 아닙니다. 자유자재로 순식간에 수억 만 리도 갈 수 있는 여래입니다. 불교에서 흔히 잘 쓰는 "무소종래無所從來 역무소거亦無所去, 와도 온 것이 없고 가도 간 것이 없다."는 말이 여기에 해당됩니다. 불교를 전혀 모르는 사람이라면 도대체 무슨 소리냐고 하겠지만, 불자들은 이해합니다. 말장난이 아니라 궁극적인 입장이 있다는 사실을 알고 있기 때문입니다.

"불신보변佛身普遍 충만어법계充滿於法界, 부처님의 몸이 법계에 가득 차 있다고 하였습니다. 우리는 '부처님'이라고 하면 신앙의 대상, 위대한 스승, 복을 주는 분, 성자로서의 삶을 살았던 분을 떠올리는

데, 여기서 부처님은 진리, 우리의 궁극적 입장을 가리킵니다. 그래서 고명여래故名如來, 이름을 여래라 한다고 하였습니다. 석가모니 부처님과 달마와 저와 모든 분이 똑같이 평등합니다. 같은 격입니다. 그래서 위의가 적정한 것입니다. 가고 오고 앉고 눕고 하는 것이 끊어진 자리가 똑같다는 의미입니다.

우리 마음은 여래와 같이 오고 감이 없으면서 자유자재로 오고 갑니다. 이 마음 밖에 다른 여래가 어디 있겠습니까? 일체유심조, 전부 다 마음이 만들었다고 했습니다. 부처도 여래도 신도 내 마음이 만든 겁니다. 불교는 진리를 확연하게 깨달으신 부처님이 당신의 마음에 비쳐온 존재의 실상 그대로를 이야기한 겁니다. 그렇기 때문에 공부를 하고 수행이 깊어지고 눈이 열릴수록 수긍이 갑니다. 부처님의 말씀을 듣고 '아! 정말 맞는 말이다' 하는 생각이 들면 어느 정도 철이 들었다 할 수 있습니다.

제30분 一合理相分

하나로 된 이치의 모습

일합이상이란 하나로 뭉쳐진, 하나로 통일된 이치의 모습이라는 뜻입니다. 여기에서는 가장 작은 먼지와 가장 큰 삼천대천세계라는 표현을 썼는데, 가장 작은 것과 큰 것에 대한 실상을 파악해 내는 내용입니다.

삼천대천세계는 작은 미진들이 모여서 이루어진 것입니다. 그래서 이 세계는 실존하는 한 덩어리라고 할 수도 없고, 미진이라고 할 수도 없습니다. 세계도 미진도 근본은 텅 빈 것이기 때문입니다. 일체 만유가 또한 텅 빈 것입니다. 만유의 본질인 이치와 밖에 나타난 현상의 관계도 마치 미진과 세계의 관계와도 같습니다. 상相이 곧 이치이며 이치가 곧 상相입니다. 법신과 화신의 관계 또한 그러합니다. 법신이 곧 화신이며 화신이 곧 법신입니다. 그러나 법신과 화신은 같다고도 할 수 없으며, 다르다고도 할 수 없습니다. 이것이다 저것이다 하고 집착할 일이 아닙니다. 한 덩어리인 세계의 본질과 현상은 하나도 아니며 여러 개도 아니기 때문입니다.

불교는 모든 것을 연기緣起로 봅니다. 우리 육신도 지·수·화·풍 사대와 오온이 화합하여 이루어졌고, 풀 한 포기, 나무 한 그루까지도 인연이 합해져서 이루어진 것입니다. 이 세상 만물이 수많은 분자와 원자가 합해져서 이루어졌다는 것은 현대 물리학자들이 증명해 내었습니다. 물리학자들은 물질의 최소단위를 쿼크라고 명명하였는데, 그것조차도 어떤 고정 불변한 하나의 독립된 물질이 아니라 분석할 수 없어서 그렇지 합해진 것임을 입증하였습니다. 그렇듯 우리 눈에 들어오는 모든 것은 전부 일합一合, 하나로 합해진 것입니다.

먼지도 역시 무상無相, 공空한 것이고, 그 먼지가 한 덩어리로 합해져 형성한 지구, 우주도 역시 공하고 무상한 것입니다. 그래서 앞에서 말씀드린, "금강경은 무상위종無相爲宗이다."라는 것을 놓치면 안 됩니다. 인연에 의해서 합해져서 한 덩어리가 되어 어떤 형체를 이룬다고 해도 그것은 그대로가 공입니다(當體卽空). 모든 것을 당체즉공으로 보는 것이 보살의 안목입니다. 지·수·화·풍 사대와 오온으로 이루어졌다고 하나하나 분석해서 보는 것을 분석공分析空이라고 하는데, 이는 성문·연각의 소견입니다. 보살은 자기 자신은 물론이고 사랑하는 가족 친지, 일체사를 당체즉공으로 압니다. 그래서 집착하지 않고 더욱 열정적으로 사랑하고 봉사합니다. 자기 자신부터 공하다는 것을 알기 때문에 남김 없는 보살행, 머묾 없는 훌륭한 보살행이 나오는 것입니다.

이 세상 모든 것이 그저 이름일 뿐

수보리須菩提야 약선남자선여인若善男子善女人이 이삼천대천세계以三千大千世界로 쇄위미진碎爲微塵하면 어의운하於意云何오 시미진중是微塵衆이 영위다부寧爲多不아

수보리언須菩提言하사대 심다甚多니다 세존世尊이시여 하이고何以故오 약시미진중若是微塵衆이 실유자實有者인댄 불佛이 즉불설시미진중卽不說是微塵衆이니 소이자하所以者何오 불설미진중佛說微塵衆이 즉비미진중卽非微塵衆일새 시명미진중是名微塵衆이니다

"수보리야, 만약 선남자선여인이 삼천대천세계를 부수어 아주 작은 먼지를 만들었다면 그대는 어떻게 생각하는가? 이 작은 먼지들이 얼마나 많겠는가?"

수보리가 말씀드렸다. "매우 많습니다, 세존이시여. 왜냐하면 만약 이 작은 먼지들이 진실로 있는 것이라면 부처님께서는 곧 작은 먼지들에 대해서 말씀하시지 않으셨을 것이기 때문입니다. 왜냐하면 부처님께서 말씀하시는 작은 먼지들은 곧 작은 먼지들이 아니고, 그 이름이 작은 먼지들이기 때문입니다.

작은 산 하나를 부수어서 먼지를 만들었다고 하더라도, 아니 흙한 주먹만 가지고 먼지를 만들었다고 하더라도 그 숫자가 어마어마할 텐데 삼천대천세계를 부수어서 먼지를 만들었다면 그 숫자가 얼마나 많겠습니까?

앞에서 수없이 나왔지만, 미진(가는 먼지)은 미진이 아니라 이름이 미진이라는 즉비卽非의 논리입니다. 부처님께서 설하신 미진이 미진이 아니므로 이 이름이 미진입니다. 미진은 이 세상에서 가장 작은 것을 뜻하는 말입니다. 먼지 같은 것이야 있다고 해도 괜찮지 않느냐는 생각을 할 수도 있겠지만, 여기에서는 철저히 없음으로 해서 미진이 살아나는 입장을 취하고 있습니다. 미진무상微塵無相입니다. 이 세상 모든 것이 그저 이름일 뿐입니다. 이 세상에서 가장 작은 먼지부터 가장 큰 삼천대천세계에 이르기까지 모든 것이 무상이고 공한 것임을 아는 것이 중도中道입니다.

◉

집착하지 않으면 관계가 좋아진다

세존世尊이시여 여래소설삼천대천세계如來所說三千大千世界가 즉비세계卽非世界일새 시명세계是名世界니 하이고何以故오 약세계若世界가 실유자實有者인댄 즉시일합상卽是一合相이니 여래如來가 설일합상說一合相은 즉비일합상卽非一合相일새 시명일합상是名一合相이니다
수보리須菩提야 일합상자一合相者는 즉시불가설卽是不可說이어늘 단범부지인但凡夫之人이 탐착기사貪著其事니라

세존이시여, 여래께서 말씀하신 삼천대천세계도 곧 세계가 아니고, 그 이름이 세계일 뿐입니다. 왜냐하면 만약 세계가 진실로 존재하는 것이라면 그것은 곧 하나로 된 모습입니다. 여래께서 말씀하시는 하나로 된 모습이란 곧 하나로 된 모습이 아니고 그 이름이 하나로 된 모습일 뿐이기 때문입니다."
"수보리야, 그 하나로 된 모습이라는 것은 실은 이야기 할 수 없는 것인데 다만 범부들이 그것에 대하여 탐하고 집착하기 때문이니라."

이번에는 미진을 삼천대천세계 또는 세계라는 낱말로 바꿔놓았습니다. 사람들에게 지구가 어떻게 생겼느냐고 물으면 지구는 둥글다고 합니다. 그런데 현실에서는 둥글다는 것을 못 느낍니다. 천문학자들이 측정한 결과 둥글다고 하니까 그런 줄 알 뿐입니다. 땅은 평평하고, 낮은 곳으로 강물도 흐르고, 바다도 있고 높은 산도 있습니다. 눈에 보이는 것은 둥글어 보이지 않습니다. 둥글다고 할 때는 둥글다고 할 만한 조건이 되었을 때만 둥근 겁니다. 덮어놓고 둥글다고 하면 틀린 겁니다. 우리가 이야기를 할 때도 우리에게 문제 되는 것만 문제시해야 됩니다. 이는 아주 중요한 말입니다. 문제 되는 것도 아닌 것을 계속 문제시하고, 문제를 가정해 놓고 이럴 경우 어떻다는 식으로 말

합니다.

천문학자는 지구가 둥글다고 하겠지만, 우리 보통사람에게는 전혀 문제될 것이 없습니다. 우리에게 문제가 되는 것은 눈에 비친 현상, 이 모습 이대로 지구입니다. 둥근 것이 둥근 것이 아니라 이 이름이 둥근 것이라고 말할 수 있는 겁니다. 지구도 그렇고 세계도 그렇습니다. 우리가 편의상 그렇게 이름을 붙였을 뿐입니다. 그렇기 때문에 이름에 속지 말고 이름에 집착할 필요도 없는 것입니다.

실로 있다는 것은 고정된 모습, 한 덩어리로 있다는 뜻입니다. 그런데 끊임없이 변합니다. 천문학자의 입장에서 지구 밖에서 지구를 바라봤을 때는 지구는 둥급니다. 그러나 보통 사람에게 지구는 평평하게 보입니다. 그런데 우리 눈앞에 펼쳐져 있는 것도 끊임없이 변하는 겁니다. 한 순간도 그냥 있지 않습니다. 실로 고정된 것이 없습니다. 즉비일합상, 한 덩어리의 고정된 모습은 일합상이 아니라는 말씀이 또 나옵니다.

"하나로 된 모습이라는 것은 실은 이야기 할 수 없는 것인데 다만 범부들이 그것에 대하여 탐하고 집착하기 때문"이라고 하였습니다. 범부는 성인의 반대말로서 우리 모두를 지칭하는 말입니다. 성인이 지혜로운 사람이라면 범부는 어리석고 미혹에 빠진 사람이라는 뜻입니다. 미혹에 빠지고 어리석어서 모든 존재의 실상을 실상대로 꿰뚫어보지 못하는 사람이 금방 깨질 유리그릇을 영원한 것처럼 알고 탐착한다고 합니다. 자기가 아는 만큼 거기에 집착하는 것입니다. 큰 것은 큰 것대로, 작은 먼지는 작은 먼지대로 우리 머릿속에 와 있습니다. 보통 범부의 소견으로는 무엇이든 머리에서 지우기가 힘듭니다.

앞에서도 말씀드렸지만, 일체가 인연으로 잠깐 뭉쳐져 있을 뿐인데, 우리는 그것을 탐착합니다. 예를 들어서, 낯선 사람 10여 명이 일정 기간 같은 곳에서 생활하게 되었다고 칩시다. 그러면 고향, 출신학교, 성姓, 취미, 종교 등의 공통점을 찾아내고, 공동체 의식을 형성시킵니다. 그것도 일합상이라 할 수 있습니다. 이 지구도 먼지들이 뭉쳐져서 형성되었고 우리 육신도 마찬가지입니다. 그런데 부처님 입장에서 보면 텅 빈 것인데, 범부들은 자기하고 가까운 사람은 탐착하고, 공통점이 부족하여 덜 가까운 사람은 배척합니다. 탐착하든 배척하든 고통이 생기는 것은 마찬가지입니다.

그래서 금강경에서는 자꾸 지우고 비우라고 하는 것입니다. 앞에서부터 별별 것을 다 지워 오다가 여기에서는 작은 먼지도 지우고 가장 큰 삼천대천세계도 지우라고 합니다. 그럴 때 우리 마음속의 온갖 번뇌 망상, 이런 고집, 저런 주의주장, 내가 옳다고 생각하는 것도 지워집니다. 내가 옳다는 것이 얼마나 알량한 일인지 모릅니다. 옳음의 실체도 없고 정말 옳은 것도 아닙니다. 그저 자기 좁은 소견에서 옳게 보일 뿐이지 실로 옳은 것은 아닌 겁니다. 그렇듯 좁은 소견을 지워버리고 집착을 깨뜨려 버린다면 먼저 자신이 시원해집니다. 해방감이 충만할 겁니다. 옆 사람도 '아, 저 사람이 그런 고집에서 벗어났다, 그런 집착이 이미 없어졌다'며 좋아할 것입니다. 그렇게 되면 나와 상대방이 서로 세우고 있던 날이 없어져 버립니다. 이러한 이치를 알게 되면 인간관계가 좋아지는 것입니다.

지구가 있고 없고, 먼지가 있고 없고가 중요한 것이 아닙니다. 인간관계에서 자기 소견, 주의주장, 자기 고집을 한 번 생각하고 두 번 생각하다 보면 마음 심자가 떨어져서 모양 상자가 되고, 그것이 하나의 구체적인 현상으로 드러나게 됩니다. 그래서 금강경에서는 생각 상자를 쓰지 않고 모양 상자를 씁니다. 우리 몸을 예를 들어 봅시다. 간은 부드러워야 하는데, 염증이 생기거나 굳어지면 간경화가 되어 회복하기 어렵습니다. 어떤 사람에 대한 생각도 마찬가지입니다. 처음에는 잠깐 나쁘다고 생각했던 것이 시간이 흐를수록 구체화되어 그 사람은 나쁜 사람이라는 선입견이 완전히 굳어집니다. 그 사람과 아무 상관 없이 내 머릿속에서 그 사람은 나쁜 사람이 된 것입니다. 이게 큰 병이라는 겁니다. 부처님은 금강경을 통해서 우리 마음속에 도사리고 있는 상병을 깨뜨려주십니다.

그러다보니 금강경에서는 이 세상 사람들이 좋아하는 것, 불교에서 중요하다는 용어를 전부 끌어다가 계속 깨뜨리는 수고를 하는 것입니다. 그 모든 것이 오로지 우리 마음속, 인간관계에서 잘못 인식되어 있는 상념, 이미 덩어리로 굳어져가는 관념을 과감하게 깨뜨린다면 금강경을 공부한 보람이 있으리라 생각합니다.

제31분

知見不生分

지견을 내지 않는다

지견은 불교에서 아주 잘 쓰는 말인데, 일반인들이 상식적으로 아는 것과는 조금 차원이 다릅니다. 지혜, 소견과 약간 비슷하지만 다릅니다. 깨달음에 대한 이해로 보면 됩니다. 불교 공부하는 사람들은 "그 사람 지견이 있어." "공부가 된 줄 알았더니 그 사람 지견이 아주 형편없더군."이라는 표현을 씁니다. 불법을 통한 지혜, 또 다른 차원의 안목이라는 뜻으로 지견을 쓰는 것입니다. 불자는 지혜와 더불어 지견도 익숙하게 써야 합니다. 여기 지견불생이란 '내지 말라'는 뜻입니다. 지혜를 내는 것이 좋을 것 같지요? 아닙니다. 왜 그런지 여기 지견불생분에서 꿰뚫어 알 수 있습니다.

예를 들어 불교 공부를 하면 재미가 있습니다. 세상을 보는 눈도 조금 달라집니다. 그런데 그것을 내지는 말라는 뜻입니다. '안다. 본다'라고 하는 것이 있어서는 안 됩니다. 사람의 마음으로 분별하는 것, 알음알이로 생각하고 헤아려 아는 것과 보는 것이 끊어져서 생기지 않아야 비로소 반야바라밀의 실답게 알고 실답게 보는 것이 살아나게 됩니다.

여래가 언제 아견, 인견, 중생견을 말한 적이 있었습니까? 여래는 그런 말을 한 적이 없습니다. 여래가 그런 말을 했다면 그는 여래가 아닙니다. 그러므로 모든 존재에 대하여 이렇게 알아야 합니다. 이렇게 본다라고 하는 것이 없어야 된다고 알아야 하며, 보아야 하며, 믿어야 됩니다. 백 가지로 많이 아는 것이 구하는 것 없음만 같지 못하다는 이치를 깨달아야 합니다. 다만 구함이 없고 집착함이 없음을 배우면 곧 마음은 나지도 않고 멸하지도 않습니다. 나지도 않고 멸하지도 않는 것, 그를 일러 부처라 합니다.

업장을 참회하는 대신 힘써 보살행을 하라

수보리須菩提야 약인若人이 언불설아견인견중생견수자견言佛說我見人見衆生見壽者見이라하면 수보리須菩提야 어의운하於意云何오 시인是人이 해아소설의부解我所說義不아 불야不也니다 세존世尊이시여 시인是人이 불해여래소설의不解如來所說義니 하이고何以故오 세존世尊이 설아견인견중생견수자견說我見人見衆生見壽者見은 즉비아견인견중생견수자견卽非我見人見衆生見壽者見일새 시명아견인견중생견수자견是名我見人見衆生見壽者見이니다

"수보리야, 만약 어떤 사람이 말하기를 '여래가 나라는 지견과 남이라는 지견과 중생이라는 지견과 수명에 대한 지견을 말하더라'고 한다면, 수보리야, 그대는 어떻게 생각하는가? 이 사람은 내가 말한 이치를 제대로 이해한 것인가?"

"아닙니다, 세존이시여. 이 사람은 여래께서 말씀하신 이치를 이해하지 못하였습니다. 왜냐하면 세존께서 말씀하신 나라는 지견과 남이라는 지견과 중생이라는 지견과 수명에 대한 지견은, 곧 나라는 지견과 남이라는 지견과 중생이라는 지견과 수명에 대한 지견이 아닙니다. 그 이름이 나라는 지견과 남이라는 지견과 중생이라는 지견과 수명에 대한 지견일 뿐입니다."

앞에서는 아상·인상·중생상·수자상에 대해 설했습니다. 상相은 어떤 견해에서 나옵니다. 예를 들어서 자아의식, 자기 자신에 대한 고집과 유사한 의식, 사고를 아상 또는 아견이라고 합니다. 부처님께서

는 아상, 아견에 대한 설법을 많이 하셨습니다.

그런데 편의상 그런 것이지 아견(자아의식)·인견(차별의식)·중생견(열등의식)·수자견(한계의식) 등이 고정불변한 실체가 있기 때문에 설한 것은 아닙니다. 우리 범부들이 살아가면서 그런 성향을 드러내기 때문에 어쩔 수 없이 설하게 된 것입니다. 부처님의 말씀을 제대로 이해한 사람들은 부처님께서 설령 그런 소리를 했다 하더라도 방편으로 하신 말씀이라고 생각하고, 환영으로 지나가는 소리였다고 이해해야 됩니다. 수보리는 이미 공부의 깊이가 상당한 수준이었기 때문에 부처님께서 아상·인상·중생상·수자상에 대해 말해도 거기에 넘어가지 않습니다. 왜냐하면 사상에 대한 실체를 알고, 실상을 꿰뚫어 보았기 때문입니다.

우리는 수보리처럼 아상·인상·중생상·수자상·아견·인견·중생견·수자견을 귀에 못이 박히도록 들어도 그것이 고정불변의 실체로 존재하는 것이 아니고, 부처님께서 중생의 상황에 맞춰서 해 주신 말씀, 이름일 뿐임을 이해해야 합니다. 아상·인상·중생상·수자상은 본래 없는 것입니다. 어느 날 저 푸른 하늘에 구름이 일어나듯이 잠깐 인연에 의해 일어났던 것입니다. 그렇기 때문에 없앨 수 있습니다. 아무리 구름이 짙게 깔려 있어도 걱정하지 않습니다. 시간이 지나면 푸른 하늘이 나타날 것이기 때문입니다.

부처님께서 "아견·인견·중생견·수자견을 말했지만 곧 아견·인견·중생견·수자견이 아니다. 왜냐하면 실답게 있었던 것이 아니기 때문이다."라고 간곡하게 말씀하고 계십니다. 만일 있었던 것이라면 부처님께서 이렇게 부정하지 않습니다. 그렇기 때문에 우리는 더 이

상 번뇌 망상, 탐·진·치 삼독심에 갈등할 필요도 없습니다. 본래 없는 것이고 사라질 것이기 때문입니다.

금강경에서는 사상四相에 대해 집중적으로 말하는데, 불교에서는 삼독을 주로 이야기합니다. 사상이든 삼독이든 팔만 사천 번뇌든 결국 한 꾸러미입니다. 이제 이 모든 것을 문제 삼지 않아도 됩니다. 한국불교는 참회를 강조하는데, 그럴 필요가 없습니다. 번뇌와 지혜가 따로 없습니다. 어느 날 번뇌 무명이 깨달음의 지혜로 얼굴을 바꿉니다. 저 구름 낀 하늘이 푸른 하늘이 되고 푸른 하늘이 때로는 구름 낀 하늘이 되는 겁니다. 긍정적인 사람은 항상 밝은 태양과 푸른 하늘만 생각합니다. 구름 좀 끼었다고 해도 금세 걷힐 것이라 생각하며 걱정하지 않는 것이 금강경 공부한 사람의 삶입니다.

금강경에서 여러 차례 사상을 말하면서도 그것은 실체가 있는 것이 아니라고 했습니다. 즉비의 논리를 확실히 인식해야 합니다. 금강경에서 중요하게 생각하는 사상의 문제까지도 즉비의 논리에 해당됩니다. 금강경은 사상마저 다 날려 버리고 부수어 버리는 입장인 것입니다. 저 앞에서는 사상을 상당히 중요하게 다뤘는데 여기 금강경 끝부분에서는 완전히 바닥을 내어서 없다는 입장을 강조합니다. 죄의식을 갖고 전전생부터 자신이 알게 모르게 지은 업장을 참회하는 대신 힘써 보살행을 하십시오. 과거에 얽매이지 말고 지금 이 순간 마음을 잘 쓰고, 보살행을 하면 됩니다. 금강경 공부를 통해서 모든 부정적인 것을 시원하게 날려 보내시면 진정으로 행복한 삶이 열립니다.

금강경 공부가 제일 재미있는 까닭

수보리須菩提야 발아뇩다라삼먁삼보리심자發阿耨多羅三藐三菩提心者는 어일체법於一切法에 응여시지應如是知하며 여시견如是見하며 여시신해如是信解하야 불생법상不生法相이니라 수보리須菩提야 소언법상자所言法相者는 여래如來가 설즉비법상說卽非法相일새 시명법상是名法相이니라
"수보리야, 최상의 깨달음에 대한 마음을 일으킨 사람은 모든 존재에 대하여 반드시 이와 같이 알아야 하며, 이와 같이 보아야 하며, 이와 같이 믿고 이해해서 존재에 대한 상相이 나지 않아야 한다. 수보리야, 존재에 대한 상이란 여래는 곧 존재에 대한 상이 아니고 그 이름이 존재에 대한 상이라고 말할 뿐이니라."

최상의 깨달음에 마음을 일으킨 사람, 다른 말로 보리심을 발한 사람은 인생을 의미 있게 살고 싶어 하는 사람입니다. 우리 불자는 다 보리심을 발한 사람입니다. 그래서 심지어 지나가는 개에게도 소와 돼지에게도 "발보리심 하라."고 말할 정도로 보리심에 대해 관심을 갖는 이들이 불자입니다.

부처님께서는 발보리심한 우리들에게 모든 존재에 대해 이와 같이 알라, 즉 즉비卽非로 알라고 하셨습니다. "중생이 곧 중생이 아니요, 이 이름이 중생이다. 번뇌가 곧 번뇌가 아니요, 이 이름이 번뇌다. 공덕이 곧 공덕이 아니라 이 이름이 공덕이다. 공부가 곧 공부가 아니라 이 이름이 공부다. 시간이 곧 시간이 아니라 이 이름이 시간이다. 수행이 곧 수행이 아니라 이 이름이 수행이다." 등 모든 것을 대입시킬 수 있습니다.

"수보리야, 존재에 대한 상이란 여래는 곧 존재에 대한 상이 아니고 그 이름이 존재에 대한 상이라고 말할 뿐이니라." "아버지라고 하는 것은 곧 아버지가 아니고 이 이름이 아버지다. 어머니라고 말하는 것은 곧 어머니가 아니고 이 이름이 어머니다."라는 것은 금강경의 공식입니다. 수학공식 외우듯 외워야 합니다. 그런데 이 말은 아무것도 하지 말라는 뜻이 아니라 무슨 상황이든 고정관념에 매이지 않고 적극적으로 하라는 말입니다.

옛날 어떤 선비가 글을 열심히 읽고 있었습니다. 때마침 여름날 소나기가 쏟아졌습니다. 마당 한쪽에서 보리를 말리고 있었는데, 보리가 빗물에 둥둥 떠내려갔습니다. 밭일하러 나갔던 부인이 쫓아 들어왔지만 이미 보리는 다 떠내려간 뒤였습니다. 그런데도 선비는 사랑방에서 글만 읽고 앉아 있는 겁니다. 그와 같은 선비를 쫄다구 선비라고 합니다. 속이 꽉 막힌 융통성 없는 선비라는 뜻으로 쓰는 말입니다. 그렇게 글공부해서 뭐 하겠습니까? 명색이 선비라고, 남편 뒷바라지한다고 부인이 일체 농사일에다 집안일을 다하는 것은 그렇다 손치더라도 비가 오면 열어 놓은 장독이라도 덮고, 보리라도 걷어야 하지 않습니까?

"선비를 선비라 하니 곧 선비가 아니라 이 이름이 선비"인데, 그런 상황이 되어서는 안 됩니다. 조선조 오백년 동안 유생들이 그렇게 꽉 막힌 소견을 가지고 살았기 때문에 심지어 『공자가 망해야 나라가 산다』는 책까지 나오게 된 것입니다. 불자들은 남자, 여자라는 상대적인 상에서 벗어나 융통 자재하고 원융 무애하게 살아가야 합니다. 금강경의 이치에 맞추어 살 줄 알아야 중도적中道的 삶을 살아가는 불자라고 할 수 있습니다.

부처님께서는 법상도 부정합니다. 법은 진리입니다. 진리라는 이름으로 전쟁도 하고 순교도 합니다. 그런데 부처님께서는 법조차도 존재하는 것이 아니고, 그 이름이 법이라고 하였습니다. 금강경의 결론에 해당되는 장면에서 법상을 날려 버렸습니다. 금강경에서 계속 이야기해 온 것 가운데 가장 중요하게 여겼던 아견·인견·중생견·수자견, 아상·인상·중생상·수자상을 부정하더니 법상까지 부정하고 계십니다. 법(眞理)마저도 고정된 것이라고 생각하지 말고, 법상마저도 남겨두지 말라고 합니다. 끝까지 자취를 쓸어버리는 겁니다.

사찰에서는 마당을 쓸 때 뒤로 가면서 쓸지 절대 앞으로 가면서 쓸지 않습니다. 그것이 바로 금강경의 도리입니다. 철저히 부정하는 그 배경에 대긍정이 깔려 있습니다. 마당을 뒷걸음질하면서 쓸면 쓰는 사람의 발자국마저도 지워버립니다. 발자국이 없는 마당은 텅 비었습니다. 하지만 발자국이 없는 것이지 마당마저 없어지는 것은 아닙니다. 그렇게 우리 마음이 텅 비었을 때 모든 것을 긍정적으로 받아들이고 조화롭게 사는 이치가 나옵니다. 그것이 대긍정입니다. 법상이란 이와 같이 알고 이와 같이 보는 지혜입니다. 그런데 그것마저도 내지 말라고 했습니다.

불교 공부할 때 이런 이치에 심취해서 공부하면 재미있습니다. 돈벌이보다도 공부가 재미있고 가치 있다고 여기게 됩니다. 그랬을 때 금강경의 사구게만이라도 제대로 수지 독송하고 서사하고 다른 사람을 위해 해설해 주면 그 복이 금은보화를 보시한 것보다도 훨씬 뛰어나다는 말이 서서히 이해가 되지 않을까 생각합니다.

제32분

應化非眞分

응·화신은 진신이 아니다

부처님은 크게 법신法身·보신報身·화신化身의 세 가지 몸으로 봅니다. 여래 10호라고 하여 열 가지 이름으로 부처님을 보는 입장도 있습니다. 하늘에 있는 하나의 달은 법신을 뜻하고, 달빛은 보름달이냐 초승달이냐에 따라 광도가 다른데 그것을 보신, 공덕의 몸이라고 말합니다. 응화신應化身의 신은 몸 신자이고 응자는 중생에게 맞춘다, 응해 줄 응자입니다. 응화신은 중생에게 맞춰 교화하는 부처님입니다. 역사적으로 등장하셨던 석가모니 부처님을 흔히 응신·화신이라 합니다. 천강유수천강월千江流水千江月, 천 개의 강에 천 개의 달이 있다는 것으로 부처님의 응화신을 상징적으로 표현하는 것입니다.

우리는 다 같은 마음, 활발발한 마음자리를 가지고 있습니다. 그 마음의 걸림 없는 능력을 부처라고 하는데, 우리는 아직 부처님처럼 환하게 밝은 달은 아닙니다. 중생 업을 지었기에 중생답게 살고, 사람 업을 지었기에 사람답게 사는 것입니다. 하지만 사람이 밤나지저럼 산다고 해서 본래 갖춰진 부처자리가 변한 것은 아닙니다. 살아가는 모습, 조작된 것은 모두 가짜입니다. 본래부터 갖추고 있는 부처자리가 진짜입니다. 이 말은 우리 모두가 본래 부처임을 강조하는 것입니다.

한편 부처님의 위덕, 영향력을 표현할 때 유여천일출喩如千日出, 마치 천 개의 태양이 동시에 뜬 것과 같다고 합니다. 그것이 공덕의 몸, 보신이라 할 수 있습니다. 우리는 부처님과 같은 마음을 가지고 있습니다. 단지 수행력과 덕이 부족할 뿐입니다. 그래서 궁극적인 차원은 같지만 밖으로 나타나는 현상은 차이가 나는 것입니다. 그야말로 그믐달이 되면 캄캄해서 신도 못 찾을 정도입니다. 그런데 초닷새, 초엿새가 되면 희끄무레 밝아져서 어지간한 길은 찾아갈 수 있고, 보름달이 되면 산중에서는 글도 읽습니다. 저도 학인시절 달빛 아래에서 글을 많이 읽었습니다. 팔만대장경으로 유명한 해인사에 지금은 야경夜警을 하는 사람이 따로 있습니다만, 제가 공부할 때만 해도 학인들이 순번을 돌아가며 야경을 했습니다. 학인 시절, 휘영청 밝은 달빛이 아까워 도량을 돌면서 경전을 읽었습니다. 목판영인본은 활자가 커서 충분히 읽을 수 있습니다.

어쨌든 석가모니 부처님 같은 분은 천 개의 달이 뜬 것과 같이 밝은 분이라고 합니다. 그러나 진짜 달이 구름에 숨으면 천 개의 달도 따라서 사라지고, 부처님이 교화를 거두면 아무것도 없이 사라지기 때문에 진짜가 아니라고 합니다. 금강경의 마지막 32분, '응화신이 진신이 아니다'라고 이름 짓고 상相을 떠나야 부처님을 볼 수 있다는 것과 아울러 금강경 공덕에 대해 강조하는 것으로 결론을 맺고 있습니다.

부처님께서는 불법에 마음을 낸 사람들은 반드시 이 금강경을 읽고, 남을 위해서 해설하여 주라고 하셨습니다. 경을 전부 하기 힘들면 사구게만이라도 수지 독송하고 남을 위해 일러주면 말로 표현할 수 없는 불가사의한 복덕이 있다고 하셨습니다. 이 세상의 그 어떤 좋은 일을 해서 지은 복보다도 천 배 만 배 낫다고 하셨습니다. 그렇다면 이 경을 수지 독송하고 남을 위해 일러주려면 어떻게 해야 할까요?

부처님께서는 "상에 집착하지 말라, 모양다리를 취하지 말라, 너다 나다, 있다 없다, 옳다 그르다, 남자다 여자다, 선이다 악이다, 중생이다 부처다, 성인이다 범부다 하는 따위의 분별을 하지 말라."고 하셨습니다. 만상의 참모습은 그와 같은 차별상이 아닙니다. 사람의 본래면목은 생김새, 알음알이에 있는 것이 아닙니다. 우리는 늘 습관적으로 그와 같은 것에 집착하며 살아가고 있습니다. 지금까지 금강경을 공부하면서 마지막 결론부분에 이르렀으면 최소한 이 정도는 알아차렸을 것입니다. 참으로 있는 모습, 참모습, 본래의 모습으로 상에 집착하지 않으며 살아가야 합니다. 이것이 바로 금강경을 수지 독송하는 일입니다. 여여 부동하며 무상無相한 것, 이것이 진실로 반야의 삶이며 여래의 삶입니다.

● 다이아몬드 같은 삶으로 바꾸는 비법

수보리須菩提야 약유인若有人이 이만무량아승지세계칠보以滿無量阿僧祇世界七寶로 지용보시持用布施하고 약유선남자선여인若有善男子善女人이 발보살심자發菩薩心者가 지어차경持於此經하야 내지사구게등乃至四句偈等을 수지독송受持讀誦하야 위인연설爲人演說하면 기복其福이 승피勝彼하리니 운하위인연설云何爲人演說고 불취어상不取於相하야 여여부동如如不動이니라

"수보리야, 만약 어떤 사람이 한량없는 아승지 세계에 가득 찬 금은보화를 가지고 널리 보시한 이가 있고, 만약 또 다른 어떤 선남자선여인이 있어서 보살의 마음을 내어 이 경전을 가지고 네 글귀만이라도 받아 지니고 읽고 외워서, 다른 이를 위해서 설명하여 준다면, 그 복이

앞의 복보다 훨씬 뛰어나리라. 어떻게 하는 것이 '남을 위하여 설명하여 주는 것'인가? 상相에 끌려 다니지 않고 여여如如하여 동요하지 않는 것이니라.

대승불교의 특징은 보살행에 있습니다. 부처님께서도 평생 동안 보살행을 하셨습니다. 당신의 깨달음이라는 재산을 가지고 대시주자가 되어서 가는 곳마다 구석구석 찾아다니며 반열반에 드시기 직전까지도 나눠주는 보살행으로 일관하셨습니다. 그런데 금강경에는 보살사상, 보살 정신, 보살행에 대한 이야기가 부족합니다. 그래서 제가 금강경이 우리의 고질적인 상병을 고치는 데는 뛰어난 처방임은 분명하지만, 모든 경전을 대표하기에는 조금 부족하다는 표현을 여러 차례 하였습니다. 자기만 이롭게 한다 하여 대승불교에서는 소승불교를 사정없이 매도해 버립니다. 그런 입장에서 볼 때 금강경은 2% 부족하다 해도 과언이 아닙니다.

그런데 금강경 결론 부분에서 '보살의 마음'이라는 말이 나옵니다. 아무리 지혜가 높고 깨달음이 출중하다 하더라도 보살의 마음이 없으면 부처님의 바른 제자라 할 수 없다는 것입니다. 제아무리 수행력이 높고 지혜가 있다 하더라도 다른 사람을 배려하고 안타까워하고 깨우쳐 주고자 하는 마음이 없다면 아무 소용이 없습니다. 금강경에서도 그 점을 강조하여 보살의 마음으로 금강경이나 사구게만이라도 잘 간직하고 외우고 쓰고 남을 위해서 전해주면 그 복이 세상에 가득 찬 금은보화를 보시한 공덕보다 훨씬 뛰어나다고 했습니다.

바로 연이어서 부처님께서 자문자답하신 점에 주목해야 합니다. '어떻게 하는 것이 남을 위하여 설명하여 주는 것인가?' 여러분은 어떻게 생각하십니까? 그동안 이 점에 대해 깊이 생각하지 않으셨지요? 그저 막연히 법회 장소에 인도하는 것, 수많은 법회, 포교활동이 위인 연설이라고 알고 있었을 것입니다. 그렇기 때문에 부처님께서는 비수와 같은 질문과 답을 통해 새로운 눈을 뜨게 해 주신 것입니다. "상相에 끌려 다니지 않고 여여如如하여 동요하지 않는 것이니라."라는 부처님의 말씀에 평소 알고 있던 설법 포교 연설에 대한 안목이 완전히 깨지셨습니까?

이 말씀은 상에 집착하지 말라는 말입니다. 우리는 좋은 일이든 나쁜 일이든 상에 끌려 삽니다. 금세 변하고 말 것에 집착하여 번뇌 망상을 지어냅니다. 그런데 의심이 들 것입니다. '나쁜 일에 대해 집착하지 말라는 말은 이해하지만, 신나고 좋은 일에 대해서는 좀 집착해도 되지 않을까, 동기 유발이 될 수도 있을 텐데' 하고 말입니다. 또한 보시한 일에 대해 사람들에게 알리는 것은 생색을 낸다기보다 다른 사람들에게 보시하는 습관을 길러주는 일이 될 수도 있지 않겠느냐고 할 수도 있습니다.

하지만 무슨 일이든 상에 머물면 병통이 생깁니다. 상을 낸다는 것 자체가 다른 사람과 나를 분별하는 것이고, 그 자체가 바람직하지 않습니다. 그래서 좋은 일을 하고도 상을 취하지 말라는 것입니다. 그냥 모르는 척 시치미를 떼면 됩니다. 조그만 흔적도 남기지 않으면 됩니다. 적당한 예화가 될지 모르겠지만, 어느 사찰에 주지스님이 버선 발로 뛰어 내려가서 영접할 정도로 큰 불사를 한 사람이 있습니다. 절에 오면 늘 주지실로 직행하고, 공양 상도 따로 주지실에서 받을 정도로 대접 받아야 할 사람입니다. 절에는 간혹 그렇게 특별대접을 받고 싶어 하는 분들이 있습니다. "시주 좀 받아서 불사를 했는데 어떻게나 생색을 내는지 다시 기둥 뽑아가라고 했습니다."라는 말을 스님들에게 가끔 들을 정도로 무주상보시가 힘든 것입니다.

그런데 그렇게 큰 불사를 한 사람이 늘 후원에서 대중과 함께 일하고 공양하고 법문을 듣습니다. 대중들도 그 사람이 시주를 많이 했는지 적게 했는지 전혀 모릅니다. 불취어상 여여부동입니다. 그 사람은 행동으로 이미 큰 설법을 하고 있는 겁니다. 말로써 설법하는 것보다 훨씬 더 큰 감동을 줍니다. 그게 진정한 위인연설입니다. 상을 내지 않는 여여부동한 모습의 삶이야말로 진짜 설법하는 사람이요, 설법의 실체며 설법의 진면목입니다. 100%인지는 모르겠습니다만, 저는 늘 이 대목을 이렇게 이해하고 스스로 감동합니다.

아무리 청산유수처럼 말을 잘한들 무슨 이익이 있겠습니까? 물론 여러분이 잘 알고 있듯이 자기 혼자 묵묵히 읽고 있었는데, 들은 사람은 온 천지를 진동하는 듯한 충격과 깨침을 얻을 수 있습니다. 실제로 금강경 한 구절이 육조 혜능 대사와 같은 위대한 성인을 탄생시킨 일이 있습니다. 육조 혜능 대사 같은 경우 일자무식의 나무꾼 총각이 우연히 금강경 읽는 소리를 듣고 마음이 밝아졌습니다. 나뭇짐 지고 다니다가 다이아몬드 한 짐, 금강경을 짊어지고 온 것입니다. 이런 경우가 진정한 위인연설입니다.

금강경을 제대로 공부하기만 하면 나무 한 짐 같았던 우리 인생을 다이아몬드 한 짐같이 빛나는 인생으로 바꾸어놓을 수도 있습니다. 어떻게 공부하고 어떻게 이해하느냐에 달려 있습니다. 지구만큼 큰 다이아몬드보다 금강경이 훨씬 더 가치 있다고 했어도 도대체 가슴에 와 닿지 않는 사람들이 많습니다. 우리가 제대로 느끼지 못하는 것은 우리의 문제이지 결코 금강경이나 부처님 문제가 아닙니다. 예컨대 태양은 아주 밝은데 맹인은 어둡다고 합니다. 그게 누구의 허물이겠습니까? 맹인의 허물이지 태양의 허물은 아닙니다. 금강경의 가치도 마찬가지입니다.

◉

상을 없애면 우리 안의 신통묘용이 드러난다

하이고何以故오

일체유위법一切有爲法이

여몽환포영如夢幻泡影하며

여로역여전如露亦如電하니

응작여시관應作如是觀이니라

왜냐하면,

모든 작위作爲가 있는 것은

마치 꿈같고, 환영 같고, 물거품 같고, 그림자 같고,

이슬 같고, 번개 같으니

반드시 이와 같이 관찰하도록 하라."

금강경의 마지막 제4사구게입니다. 일체 유위법은 모든 조작이 있는 법을 말합니다. 우리 육신의 눈으로 보이는 현상 너머, 실상을

보라는 것입니다. 눈에 보이고 귀에 들리는 현상에 속아서 살기 때문에 문제라는 것이지요. 말 한 마디만 해도 그렇습니다. 뜻을 새기지도 않고 소리에 반응하다 보면 백발백중 오해하게 되어 있습니다. 말을 듣고 어떤 심정에서 그런 말이 나왔는지 잘 새겨보고, 그 사람의 기분에 대한 배려까지 해 주면 오해의 여지가 없습니다. 세상을 볼 때도 일차적인 관점에서 보면 오해하기 쉽고 편견에 빠져 잘못 볼 경우가 많습니다.

여기 마지막 사구게에 나오는 몽夢·환幻·포泡·영影·로露·전電을 금강경의 육유六喩(여섯 가지 비유)라고 합니다. 우리가 눈으로 보고 생각으로 그려지고 마음에 잡히는 모든 함이 있는 유위법有爲法은 모든 것이 다 꿈과 같고 환과 같고 물거품과 같고 그림자 같고 이슬과 같고 번개와 같은 것입니다. 잠시 형태를 취할 뿐이지 찰나 간에 사라지고 맙니다. 금강경은 이 사구게로 결론을 맺습니다. 꿈을 꾸다가 꿈에서 깨보세요. 꿈속의 일이 순식간에 없어집니다. 환상도 그렇고, 물거품, 그림자, 이슬, 번개도 마찬가지입니다.

이렇게 모든 것이 순간이고, 무상하다는 것을 강조한 것은 사람들이 그만큼 상相에 집착하기 때문입니다. 반야의 등불을 밝혀서 보면 순식간에 스러지는 것인데, 상에 매달려서 괴로워하고 슬퍼하고 분노하면서 또 다른 업을 짓는 게 중생사입니다. 금강경의 가르침은 불쑥불쑥 상相 내고 싶은 마음을 자제하는 것입니다. 나이 들었다고 상 낼 일도 아니고, 돈 많다고 상 낼 일도 아닙니다. 스님이라고 속인이라고 상 낼 일도 아닙니다. 못났다 잘났다, 배웠다 배운 게 없다는 것도 가당찮은 상입니다.

상이 올라올 때마다 "금강반야바라밀 금강반야바라밀 금강반야바라밀"을 외우면 상이 스르르 가라앉는 경험을 해 본 분들도 있을 것입니다. 금강경은 우리들의 삶에 있어서 제일 큰 병, 제일 큰 문제인 상병을 고쳐주는 가르침입니다. 금강경 공부로 반야지혜가 빛을 발하게 되면 내 삶도 환해지고 세상도 환해집니다. 그것은 다른 데서 오는 것이 아닙니다. 이미 내 안에 갖추고 있는 것입니다. 그것이 신통묘용입니다. 하지만 상에 걸려버리면 활발발한 신통묘용이 기를 못 폅니다. 그래서 처음부터 끝까지 금강경에서 그토록 간곡하게 상을 없애라고 하는 것입니다. 상을 거둬냈을 때 본래 갖추고 있던 자비와 지혜가 제대로 작용을 하기 때문입니다.

◉

금강경 전법, 인류 평화의 지름길

불설시경이佛說是經已하시니 장로수보리長老須菩提와 급제비구비구니及諸比丘比丘尼와 우바새우바이優婆塞優婆夷와 일체세간천인아수라一切世間天人阿修羅가 문불소설聞佛所說하고 개대환희皆大歡喜하야 신수봉행信受奉行하니라

부처님께서 이 경을 다 말씀하여 마치시니 덕이 높으신 수보리 존자와 여러 비구 비구니와 우바새 우바이와 일체 세간의 천신들과 아수라들이 부처님의 말씀을 듣고는 모두 다 크게 기뻐하여 믿고 받아들이며 받들어 수행하게 되었습니다.

모든 경전은 여시아문으로 시작해서 환희봉행이나 신수봉행으로

끝납니다. 금강경을 빨리 읽는 요령이 있습니다. "여시아문하여 신수봉행하니라." 하면 금강경 한 편 다 읽은 겁니다.

지금까지 부처님께서는 제자 수보리와의 대화를 통해 상을 떠났을 때 나타나는 우리의 값진 인생에 대해 활짝 열어 보여주셨습니다. 그리고 그 자리에 있던 모든 대중이 크게 기뻐하며 부처님의 가르침을 받들어 행할 것을 맹세하는 것으로 경전을 마칩니다.

금강경은 오천여 자에 지나지 않는 짧다면 짧은 경전이지만, 그 안에 삼라만상의 실상과 참된 지혜가 완벽하게 담겨 있습니다. 그동안 공부한 내용을 몇 가지 되짚어보면서 가슴에 새겼으면 합니다.

금강경의 원제목은 금강반야바라밀경입니다. 금강 반야는 다이아몬드와 같은 지혜, 바라밀은 도피안, 모든 문제를 해결한다는 것으로 다이아몬드와 같은 날카롭고 빛나고 견고한 지혜로써 모든 문제를 해결하는 부처님의 말씀이라는 뜻입니다. 제목만 보더라도 우리 인간의 숱한 문제를 해결해 주는 열쇠임을 알 수 있습니다.

그런데 인간사 수많은 문제 중에서 무엇이 가장 큰 문제일까요? 여러 가지가 있습니다만, 그 가운데서도 아상我相(나에 대한 고집), 인상人相(남이라고 하는 데에서 오는 온갖 고집과 차별심), 중생상衆生相(궁극적인 입장에서는 부처님과 다를 바 없다는 의식을 가져야 하는데 죄 많은 중생, 부족한 인간이라고만 치부한다면 그 또한 큰 병이라는 것), 수자상壽者相(나이에 대한 한계의식)입니다. 금강경에서는 상병을 문제로 보고 응병여약, 병에 따라 약을 준다는 입장에서 치료하고 있습니다.

아상, 인상, 중생상, 수자상 이 네 가지 상 가운데 가장 고치기 쉬운 것이 수자상인지라 조금 더 자세히 설명해 드리겠습니다. 어린 사람은 어린 대로 '나는 어리니까' 하는 의식을 갖게 되고, 나이 든 사람은 '이 나이에 내가 뭘 할 수 있겠어' 하는 생각을 대수롭지 않게 합니다. 하지만 깨달은 사람의 안목에서 볼 때는 이러한 것이 큰 병입니다. 불교에서는 결코 나이를 인정해 주지 않습니다. 나이는 숫자에 불과하기 때문입니다. 나이가 많다고 나이 많은 행세를 하는 것도 병이고, 자포자기해서 더 이상 희망을 품지 않는 것도 병입니다. 인간은 유한한 존재가 아닙니다. 한계의식을 가질 존재는 더더욱 아닙니다. 우리의 본성 자리, 궁극적 삶의 자리에는 나이가 문제되지 않습니다. 이렇게 나이에 대한 의식을 극복하고 늘 꿈을 꾸고, 꿈꾸는 것을 바로 실천에 옮길 때 불교를 만난 보람이 있을 것입니다.

앞에서도 언급했지만, 금강경의 대지大旨는 파이집현삼공, 두 가지 집착을 깨뜨리고 세 가지 공을 드러내는 것입니다. 아집(나라는 것에 대한 집착)과 법집(나 이외의 모든 것을 법이라 하는데, 법에 대한 집착)을 깨뜨리버리고 아공我空·법공法空·구공俱空의 이치를 나타내는 것입니다. 구름이 사라지면 저절로 푸른 하늘과 빛나는 태양이 드러납니다. 상병을 치유하는 데 더 이상의 특효약이 없을 정도로 뛰어난 금강경을 통해 상병을 깨고 나면 굳이 빛나는 태양과 푸른 하늘을 이야기하지 않아도 대자유의 삶이 펼쳐지고 날마다 좋고 행복한 삶이 펼쳐집니다. 특히 금강경은 돌아가신 분을 위한 최상, 최선의 선물이 될 것입니다. 실제로 49재를 지낼 때 금강경 독송을 많이 하고, 금강경 법공양을 많이 올립니다. 금강경을 통해 생명의 실상을 깨치게 해 주고, 저승의 어두운 길을 밝히는 참으로 밝고 밝은 등불이 되기 때문입니다.

한편 금강경에서 중요하게 다루는 것이 즉비卽非의 논리입니다. "금강경은 곧 금강경이 아니다. 그러므로 이 이름이 금강경이다."라는 것입니다. 금강경을 제대로 알면 굳이 금강경이라 할 것이 없습니다. 그것을 기점으로 해서 이 세상에 존재하는 모든 것, 불교든 부처님의 일이든 중생의 일이든 즉비의 논리에 해당되지 않는 것은 아무것도 없습니다.

"부처님도 곧 부처님이 아니라 이 이름이 부처님이다. 마찬가지로 중생도 곧 중생이 아니라 이 이름이 중생이다. 보살도 보살이 아니라 이 이름이 보살이다. 부처님의 깨달음도 곧 깨달음이 아니라 이 이름이 깨달음이다. 병으로 제일 중요하게 다뤘던 사상(아상·인상·중생상·수자상)도 곧 아상·인상·중생상·수자상이 아니라 이 이름이 아상·인상·중생상·수자상이다."라는 것입니다.

이 모든 것이 결코 실재하는 것이 아니라 어떤 상황으로 말미암아 잠깐 일어난 한 조각 구름 같은 것입니다. 그와 같이 생겼던 것이어서 실제로 존재하는 것이 아닙니다. 그래서 부처님께서는 일단 그것을 부정하는 겁니다. 실재하는 것이라면 부처님께서 부정하지 않으셨겠지요. 아무리 혜안이 뛰어나고 중생들을 위한 방편이라 하더라도 부정할 수 없으셨을 것입니다. 없는 것이기 때문에 자신 있게 부정하신 것입니다. 그렇기 때문에 거기에 연연해하지 말라는 겁니다. 금강경에서 중요하게 여기는 사상四相도 부정하고, 그것과 한 꾸러미로 탐·진·치 삼독과 내지 팔만 사천 번뇌 망상도 다 부정합니다. 어둠은 본래 없기 때문입니다. 어둠이 존재한다면 교실에 불을 켰을 때 어둠이 문을 통해 나가는 시간이 있을 것 아닙니까? 문을 잠그면 어둠이

나가지 못해야 하지 않습니까? 그런데 나갈 틈이 없습니다. 불을 켜면 환하게 밝아집니다. 어둠이라는 게 있다면 그렇게 될 수 없습니다. 어둠이 있다고 하는 것이 착각이고 환영입니다.

그와 같은 이치가 우리 존재의 실상입니다. 알고 보면 이 세상의 실상이기도 합니다. 모든 것이 그렇게 존재합니다. 우리는 혜안·법안이 부족하기 때문에 이론에 그치는 경우가 많지만, 눈을 뜨고 보면 틀림없이 그렇게 비칩니다. 그렇기 때문에 성인, 특히 부처님은 과감하게 상병은 본래 없는 것이라는 가르침으로 우리의 상병을 치료하는 겁니다. 그것이 금강경에서 여러 번 만날 수 있었던 즉비의 뜻입니다.

참으로 "반야바라밀이 즉비반야바라밀이요, 시명반야바라밀이다."라는 구절은 유쾌, 통쾌, 상쾌한 말입니다. 속이 뻥 뚫리는 말입니다. "나의 고통은 곧 나의 고통이 아니요, 이 이름이 나의 고통이다. 나의 병은 곧 나의 병이 아니요, 이 이름이 나의 병이다. 나의 공로와 공덕은 곧 나의 공로와 공덕이 아니고 이 이름이 나의 공로와 공덕이다."라고 했을 때 그 사람이 얼마나 빛나겠습니까? 그런 마음을 가졌을 때 나의 짐, 나의 아픔, 온갖 문제가 시원하게 해결됩니다. 문제점은 말할 것도 없고 나의 좋은 점마저도 즉비의 논리를 적용시켜서 쓸어버린다면 내 인격은 어느새 훌쩍 성장해 있을 겁니다.

이와 같이 금강경의 가르침은 단순하면서도 인간의 병을 치료하는 데 정곡을 찌르는 가르침입니다. 그래서 자고로 단순하고 소박하게 사는 선사들이 금강경을 매우 좋아했습니다. 우리나라 최대 종단인 대한불교조계종은 선종을 계승하였기 때문에 금강경을 소의경전으로 하게 된 것입니다.

　우리들은 모두 육조 혜능 스님이 나무 한 짐 팔러 다니다가 금강경을 통해 다이아몬드 한 짐을 짊어지고 간 역사를 가슴 깊이 새겨야 합니다. 더 나아가 지금 우리의 삶에 되살리겠다는 목표를 세우고 스스로 금강경을 열심히 공부하고, 자꾸 다른 사람을 위해 설해 주는 연습을 해야 합니다. 우리나라는 전법이 절대 부족한 상황입니다. 금강경을 더욱 많은 사람들에게 전해서 스스로 본래 지니고 있는 자기 안의 신통 묘용을 드러내 당당하고 값진 삶, 행복한 삶을 열어갈 수 있도록 해야 합니다. 나와 내 가족, 우리나라 사람들의 행복에서 나아가 온 인류가 진정으로 평화롭게 살 수 있는 가르침, 근원적인 깨달음을 이룰 수 있는 경전이 금강경이라는 사실을 명심하고 금강경 전법에 힘쓰시기를 간곡히 바랍니다.

무비스님 新 금강경강의

ⓒ 무비, 2010

2010년 11월 4일 초판 1쇄 발행
2024년 2월 23일 초판 17쇄 발행

지은이 무비
펴낸이 박상근(至弘) • 편집인 류지호 • 상무이사 김상기 • 편집이사 양동민
편집 김재호, 양민호, 김소영, 최호승, 하다해 • 디자인 쿠담디자인
제작 김명환 • 마케팅 김대현, 이선호 • 관리 윤정안
콘텐츠국 유권준, 정승채, 김희준

펴낸 곳 불광출판(03169) 서울시 종로구 사직로10길 17 인왕빌딩 301호
　　　　대표전화 02) 420-3200 편집부) 420-3300 팩시밀리 02) 420-3400
　　　　출판등록 제300-2009-130호(1979. 10. 10.)

ISBN 978-89-7479-639-6 (03220)

값 17,000원

잘못된 책은 구입하신 서점에서 바꾸어 드립니다.
독자의 의견을 기다립니다. www.bulkwang.co.kr
불광출판사는 (주)불광미디어의 단행본 브랜드입니다.